JN437948

일과 삶 그리고 사색

곽 창 근 저

을지출판공사

■ 머리말

삶의 지혜를 줄 수 있다면 가치 있는 일

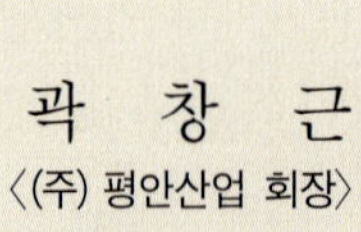

이 글은 2006년 2월 28일부터 2014년 5월 현재까지 8년여 동안 회사 인트라넷으로 직원들에게 보낸 월요편지를 모은 글입니다. 이 글은 직원들에게 보낸 편지이지만 나 자신에게 쓴 편지이기도 합니다.

1971년부터 경영하고 있는 건축자재를 생산하는 (주) 평안산업은 비록 작은 규모의 회사이지만 어려움에 부닥칠 때마다 반성하며 때론 신념과 용기의 원천이 되기도 했던 글입니다.

1852년 미국의 여류작가 해리엇 비처 스토(Harriet Beecher Stowe, 1811~1896)는 흑인 노예의 참상을 서술한 〈톰 아저씨의 오두막(Uncle Tom's Cabin)〉을 출판했습니다. 이 한 권의 책이 미국 남북전쟁의 단초가 되었고 그 결과 미국의 역사는 물론 세계의 역사를 바꾼 책으로 회자되고 있습니다.

비록 보잘것없는 글이지만 단 한 사람에게라도 용기를 주고 삶의 지혜를 줄 수 있다면 그리고 자신을 돌아보는 계기가 된다면 이번 일이 가치가 있는 일이라고 위안을 받습니다.

이 글은 8년여 동안
회사 인트라넷으로 직원들에게 보낸
월요편지를 모은 글입니다.

더 욕심을 낸다면 자녀들과 후손들에게 아버지, 할아버지의 삶과 생각을 유추할 수 있는 계기가 되었으면 합니다. 세월이 가면 없어질 흔적이지만 그 위에 새로운 역사가 쓰여지기를 바라는 꿈을 갖고 있습니다.

책을 낼 수 있도록 용기를 주신 박정섭 학형과 바쁜 중에도 많은 시간을 할애하여 이 책이 나오기까지 힘써 주신 경희대학교 명예교수이며 시인이신 원응순 박사에게 감사를 드립니다.

2014년 5월 29일

상봉동 사무실에서

(주) 평안산업 연혁

1955년	창업
1960년	상표등록 (元)자표
1963년	건설부 장관상 수상
1964년	상봉동 공장 신축
1965년	대법원장 상 수상
1971년	평안기업사를 평안산업사로 상호 변경
1973년	서울특별시 콘크리트제품 지정공장으로 지정받음
1973년	미국 Columbia 사제 Model 8 블록 제조설비 도입 설치(전자동 설비)
1974년	영동 연락사무소 사옥 신축
1975년	한국상품대상 수상 주택자재 생산면허 취득(제 122호)
1980년	Split Block 제조설비 도입
1982년	KS표시 허가 취득
1984년	곤지암공장 준공 (미국 Columbia 사제 Model 16 설치)
1986년	포천공장 준공
1990년	포천공장 증설 (미국 Columbia 사제 Model 16 HFL 설치)
1991년	곤지암공장 증설 (미국 Columbia 사제 Model 16 HFL 설치)
1993년	레미콘 제조설비 증설

사 훈

성실한 인간
정확한 제품
신의 있는 거래

성실하지 못한 사람이 어떻게 좋은 제품을 만들 수 있겠는가.
성실하지 못한 사람이 어떻게 다른 사람과 더불어 살 수 있겠는가.
성실하지 못한 사람이 어떻게 좋은 이웃을 만날 수 있겠는가.

좋은 제품으로 사회적 책임을 다하자.
나쁜 제품을 만드는 것은 죄악이다.
내가 만든 제품은 내가 책임진다.

약속을 지키는 사람이 되자.
내 이익, 작은 이익을 탐하지 말자.
상대방에게 해 되는 일은 하지 말자.
나로 인해 상대가 불편하지 않게 하자.

■ 축하 말씀

감동을 주기에 충분한 글들

-곽창근 저 「일과 삶 그리고 사색」을 읽고

원 응 순

〈시인, 경희대 명예교수, 영문학 박사〉

게걸들린 시간이여! 사자의 발톱을 무디게 하고,
대지로 자기의 귀여운 새끼를 탐식케 하고,
사나운 호랑이의 턱에서 날카로운 이빨을 뽑아버리고,
활기에 찬 장수할 불사조를 불살라 죽이고,
질주하면서 계절을 즐겁게, 슬프게 하여도 좋다.
날쌘 발걸음의 시간이여! 네 마음대로 해보아라,
넓은 세계와 곧 사라질 그 모든 아름다움에 대해,
하지만 한 가지 극악한 죄만은 금지시키나니:
오! 내 애인의 아름다운 이마에 너의 시간 새기지 말라.
너의 그 낡은 붓으로 그 이마에 주름을 긋지 말라,
길이 후손들에게 미의 모범이 되도록
너의 행로에서 그를 더럽혀서는 안 되나니,
　늙은 시간이여! 네 아무리 몹쓸 죄를 저지를지라도,
　그는 내 시 속에서 영원히 젊음을 잃지 않고 존재하리라.
(셰익스피어 : 소네트 19번)

위의 글은 영국의 대문호 윌리엄 셰익스피어의 소네트(14행시)로서 '시간(Time)' 이라는 불가항력적인 힘에 도전하여 영원히 존재할 수 있는 길은 글(시나 산문)을 써서 보존할 수 있다는 주제를 다룬 시입니다.

얼마 전 오랜 친구인 이 책의 저자가 쓴 많은 양의 글을 읽고 나서 먼저 셰익스피어의 위의 시를 머리에 떠올리게 되었습니다. "월요편지"의 형태로 쓴 글들은 그냥 사장시켜 버리기에는 매우 귀중하고 의미 있는 글로 감동을 주기에 충분한 글들이었습니다. 그러므로 함께 더불어 나누어 읽는다면 시간을 초월하여 많은 다른 사람들에게 유익과 희망을 줄 수 있다고 생각합니다.

"(주)평안산업" 하면 그 제품의 품질과 신용평가에서 단연 손꼽히는 회사로서 건축업계에선 모르는 사람이 없을 정도로 잘 알려진 회사입니다. 적어도 50년에 가까운 역사를 가지고 평안산업이 한 분야에서 정상에 자리할 수 있는 것은 여기서 일하는 직원이나 사장이 일체가 되어 혼신의 믿음과 열정을 쏟아 부은 결과라고 생각합니다.

특히 오늘의 "평안산업"이 자타가 공인하는 수준에 오르는데 크게 공헌한 분이 바로 이 책의 저자인 곽창근 회장의 리더십이라고 봅니다. 아마도 편지 형식으로 쓴 이 책을 읽는 사람들은 그의 소박하면서도 친근한 경영철학에 크게 감동을 받게 되리라고 확신합니다. 그것은 어떤 심오한 이론과 철학에 바탕한 것이 아니라, 인간 곽창근 회장의 직원들에 대한 따뜻한 사랑과 확실한 믿음의 표현이기 때문입니다. 그에게는 독선이란 찾아볼 수 없습니다. 그러므로 그의 생각은 구구절절이 애정 어린 긍정적인 사고와 행동으로 보듬어 주고 있습니다.

저자는 기업이 어려움과 시련을 겪을 때마다 사원들에게 용기와 희망을 주기 위해 훌륭한 사람들의 글을 인용하여 격려하고 위로하며 때로는 권면해 주고 있습니다.

여기에는 평범한 속담이나 우화를 비롯하여 예수의 말씀과 논어와 맹자의 말씀, 더 나아가 서구의 사상가인 소크라테스, 니체, 칼라일, 윈스턴 처칠, 찰스 다윈은 물론, 서구의 유명한 작가들인 '전쟁과 평화'의 톨스토이, '죄와 벌'의 도스도옙스키, 고리끼 그리고 '마지막 잎새'의 오 헨리 등, 그리고 살아 있는 세계 대기업의 창업주들의 성공담을 솔직하고 담백한 필치로 다가가 사원들의 마음과 영혼에 희망과 위로와 격려를 주고 있음을 볼 때에 얼마나 저자가 혼신의 힘을 다해 노력하는지를 잘 알 수 있습니다. 결국 평안산업의 미래는 밝게 빛날 것이라 확신합니다.

끝으로 평안산업의 미래의 번영을 축하하는 짧은 시로 대신합니다.

한 동안
한 마리 새는 울었다
숲이 두려워,

허나 오늘은
숲이 좋아
새들은
더불어 노래를 부른다

내일은
창공을 향해
높이 비상하리라.

포천공장 전경

포천공장 레미콘 배처플랜트

포천공장 배처플랜트 2호기

포천공장 배처플랜트 1, 2호기

포천공장 블록 제조공장 골재야적장

포천공장 블록 제조공장 골재호퍼

포천공장 블록공장 전경

포천공장 레미콘 외경

포천공장 전체 전경

포천공장 주택자재 사업부 입구

포천공장 블록 제조공장 야적장

광주공장 전경

광주공장 사무실

광주공장(블록 제조 설비)

광주공장 자동 양생시스템

리치몬드 파크 Pembroke Lodge(영국 런던, 2013. 8)

도롯코 열차 플랫폼(일본 교토, 2013. 5)

메트로폴리탄 미술관 앞 거리(미국 뉴욕, 2012. 2)

평화의 벽(프랑스 파리, 2011. 7)

장녀 박사학위 수여식장 (미국 미시건, 2008. 5)

옥스포드 거리(영국 옥스포드, 2013. 8)

학위수여식 참석(미국 미시건, 2008. 5)

진부령 알프스 스키장(진부령, 1990. 1)

칠순 기념 가족 모임(서울, 2007. 6)

칠순 기념 가족 모임(서울, 2007. 6)

국립 난초 정원(싱가포르, 2012. 2)

트라팔가 광장(영국 런던, 2013. 8)

트라팔가 광장(영국 런던, 2013. 8)

런던아이(영국 런던, 2013. 8)

Allure of the sea 크루즈선상(미국 마이애미, 2012. 1)

Costa Luminosa 크루즈선상(스웨덴 스톡홀름, 2011. 7)

차 례

1. 삶의 지혜

2. 위기관리

3. 명심보감

4. 직장 생활의 지혜

5. 우리나라

8. 자기 관리

9. 친구

10. 우리 공장

11. 정보화 시대

12. 사는 이야기

13. 감사의 기적

14. 건강

15. 행복

16. 도전

17. 판매의 지혜

18. 종북, 진보

19. 송구영신

20. 성공하는 공장, 실패하는 공장

21. 미래 이야기

22. 암적 존재

23. 메모의 힘

24. 공부의 힘

25. 긍정의 힘

26. 여행

1. 삶의 지혜

협동

그동안 업무 연락으로 글을 올렸는데 금주부터는 월요편지로 바꿨습니다. 가능한 한 매 월요일에 글을 올리겠습니다. 개나리 진달래가 피기 시작하더니 어느새 목련이 피고 벚꽃이 만발한 참으로 아름다운 계절, 아름다운 세상입니다. 잠시라도 세상 근심을 잊고 꽃에 취해 보는 여유를 갖도록 합시다.

〈파워 네트워킹〉(도나 피셔 저)이라는 책에 보면 '외로운 보안관 정신'을 버려야 성공할 수 있다고 합니다. '이 정도는 혼자 할 수 있다', '남의 도움은 필요없다', '남을 귀찮게 하고 싶지 않다', '모두 자기 일 하기도 바쁜데 이런 걸 부탁하면 어떻게 생각할까'라고 생각하며 혼자 끙끙대지 말고 손을 내밀어야 한다는 것입니다. 도움을 주고받는 것이 필요합니다. 항상 강조하듯이 정보를 공유하는 것, 협동하는 것이 꼭 필요합니다.

LG 경제연구원이 지적한 불량직원 7가지 유형 중에서도 독불장군형을 꼽고 있습니다. 우리의 지혜와 능력을 모두 합쳐 현재의 어려움을 돌파하도록 합시다. 사장 한 사람의 능력, 관리자 한 사람의 능력, 출중한 직원 한 사람의 능력으로 극복할 수는 없습니다. 우리 모두 동참하여 모두의 힘을 합칩시다. 그리고 한 사람도 방관자가 되지 맙시다.

오늘도 건강하고 활기찬 하루가 되기를 기원합니다.

월요편지 2006-05-08 오전 10:07:16

최선과 행복

어제 아침은 오랜만에 참으로 상쾌한 아침을 맞았습니다. 서울 하늘도 이렇게 찬란하고 깨끗할 수 있구나. 오늘 아침도 찬란한 햇살을 보면서 희망찬 일주일을 다짐해 봅니다. 얼마 전 한국웃음연구소 소장 이요셉의 글을 보았습니다.

작곡가 스트라빈스키는 어려운 바이올린 곡을 작곡하여 제자에게 주었습니다. 그 제자는 몇 주 동안 연습하다 지쳐서 찾아와 말했습니다.

"선생님 저는 정말 열심히 연습했는데 되지 않습니다. 이 곡은 너무 어려워 연주가 불가능합니다."

그러자 선생은 대답했습니다.

"알고 있다. 내가 그 곡을 통해 의도하는 것은 어떻게든 최선을 다해 연주해 보려고 애쓰는 그 마음이다."

자신이 원하는 최고의 상태를 꿈꾸면서 그것을 이루기 위해 최선을 다하는 모습이 가장 아름답다는 것을 말해주고 싶었다고. 우리 삶에 완벽이란 것은 존재하지 않습니다. 오직 최고를 향해 가는 최선의 노력만이 있을 뿐입니다. 행복의 모습도 비슷합니다. 최상의 행복이란 지금 그것을 이루려 할 때 이뤄진다는 것입니다. 행복의 또 다른 모습인 웃음은 어떠한가. 사람들에게 웃으라는 이야기를 하면 이런 말을 자주 듣습니다.

"사업이 조금 더 잘되면 웃겠는데……, 승진하면 더 많이 행복할 텐데……, 자식이 공부을 잘해 크게 성공하면……, 언제나 "……하면 더 ~할 텐데"라는 식으로 행복도 미루고 웃음도 미룬다는 것입니다. 심리학의 거장인 위리엄 제임스는 단언합니다.

"행복하기 때문에 웃는 것이 아니라 웃기 때문에 행복하다."

희망을 갖고 즐거운 마음으로 그리고 웃는 마음으로 사는 것이 절망하며 비탄 가운데 불평하면서 사는 것과는 분명히 다른 결과를 우리에게 줄 것은 확실합니다. 불만하고 불평하자면 끝없이 할 수도 있습니다. 그러나 불만 불평은 희망의 새싹을 트게 할 수는 없습니다. 희망과 자신감 그리고 최선으로 행복의 싹을 트게 합시다. 행복은 웃음과 희망과 자신감을 먹고 자랍니다.

지난 4월은 레미콘이 어려운 여건 속에서도 열심히 노력하여 좋은 성과를 올렸습니다. 광주공장의 주택 자재가 부진했고 토목 자재도 전년 동기비 저조하여 전체적으로는 전년보다 약 -3%의 실적을 냈습니다. 5월은 꼭 신장하는 달이 되도록 최선을 다하도록 합시다. 매출액 비교표를 참고하시기 바랍니다.

오늘도 건강하고 활기찬 하루가 되기를 기원합니다.

월요편지 2006-06-26 오후 1:30:45

법정 스님

법정 스님의 〈산방한담〉에 있는 글입니다.

"간절한 願(원)을 세워라."

원은 삶의 강한 용기인 동시에 새로운 의지라고 말하고 있습니다. 먼저 어떤 목적을 이루기 위해 원을 세우고, 다음으로 그것을 실행하는 것이 또한 정진입니다. 이를 원행이라고 합니다. 원만 있고 행이 없어도 안 되고 행만 있고 원이 없어도 안됩니다.

원과 행이 일치될 때 두 바퀴 달린 수레와 같이 제대로 굴러갈 수 있습니다. 원을 세움으로써 불확실하고 시들한 인생이 분명하고 생기에 찰 수 있고, 그에 따라 살아 있는 보람도 누릴 수 있습니다. 원이 없으면 우리들 인생은 빈껍데기처럼 공허합니다. 우리가 시들한 반복의 일상 속에서 거듭거듭 새롭게 태어나려면 저마다 자기 처지와 특성에 따라 청정하고 광대한 원을 세워야 한다고 말하고 있습니다.

우리 공장의 원은 무엇입니까? 현재의 난관을 극복하고 튼튼한 공장이 되는 것입니다. 그리하여 이 사회는 물론 같이 고생하는 모두에게 유익을 주는 공장이 되어야 합니다. 한 사람 한 사람의 원은 무엇입니까? 청정하고 광대한 원을 세웁시다. 그리고 이를 위해 정진합시다. 항상 절약하자는 말을 하곤 합니다. 이것도 원입니다. 필요 없는 전등 끄기, 컴퓨터를 위시하여 사용하지 않는 전기기기 끄기, 소모품 아끼기 등 행이 필요합니다.

이제 며칠 지나면 6월도 가고 금년도 절반이 끝납니다. 연초에 세웠던 원은 무엇인지 다시 한번 점검해 봅시다. 원을 이룩하기 위하여 얼마나 후회없이 행했는지 점검해 봅시다.

오늘도 건강하고 활기찬 하루가 되기를 기원합니다.

월요편지 2006-10-02 오전 11:06:22

추석

며칠 앞으로 추석이 다가왔습니다. 속담에 "추석만 같아라"라는 말이 있듯이 추수의 계절인 추석은 풍성한 명절이기도 합니다. 기네스북에 1995년 기록된 프랑스의 잔 칼망 할머니는 122세까지 장수했습니다. 할머니의 장수비결에 많은 사람들이 관심을 갖게 되었습니다. 그 비결은 "긍정적인 사고와 가치관"이라고 합니다. 장수비결을 묻는 기자들에게 할머니는 "좋은 추억은 좋은 영화처럼 항상 기억하고 웃으며 나쁜 추억은 빨리 잊어버리는 것"이라고 대답했습니다.

이번 추석에는 비록 작지만 좋은 추억, 즐거운 추억을 만드는 추석을 보내기 바랍니다. 우리의 가족에게, 자녀들에게, 부모님들에게 소중한 추억을 만드는 건강한 추석이 되기를 바랍니다. 따뜻한 말 한마디, 작은 선물 하나, 기발한 이벤트 하나, 할 수 없는 것이 아니라 할 수 있는 것을 열심히 생각합시다.

이 세상에서 가장 소중한 사람은 지금 내가 만나고 있는 사람이며, 이 세상에서 가장 가치 있는 일은 지금 내가 하고 있는 일이라는 말이 있지 않습니까. 소중한 가족, 소중한 나의 일에 정성을 다하는 지혜로운 추석이 되기를 기원합니다.

9월까지의 매출액 내역을 보냅니다. 레미콘이 작년 9월보다 2,000루베 이상 매출 호조를 보이면서 8월보다는 다소 개선되었습니다. 남은 3개월 최선을 경주하여 작년 실적을 꼭 초과 달성하도록 결심합시다.

즐겁고 건강한 추석을 기원합니다.

성공의 조건

파월은 걸프전 때는 미국의 합참의장으로 걸프전을 승리로 이끌었고 2001년부터 4년간 흑인 최초의 미 국무장관으로 미국민의 존경을 한 몸에 받았고 대통령 출마를 권유받기도 했던 가장 성공한 흑인 중의 한 분입니다. 그의 좌우명은 "시련은 나를 강하게 한다"라고 합니다. 이는 흑인으로서의 시련이 많았다는 증거이기도 합니다. 그는 흑인들의 울분과 분노를 비전과 꿈으로 승화시켜 성공한 인간 승리자입니다.

"성공으로 가는 길에 숨은 비결은 없다. 성공의 비결을 찾으려고 시간을 낭비할 필요는 없다. 성공이란 완전한 사람이 되려고 힘들게 일하고 실패로부터 성공의 교훈을 얻어내고 자기가 모시고 일하는 윗사람에게 충성을 다하고 끝까지 좌절하지 않고 버티는 인내력이 낳아주는 결과이다."

이것이 파월의 성공철학입니다. 우리는 개인적으로, 또는 공장의 현실 등이 만족할 수 있는 환경은 아닙니다. 그러나 불평의 대상, 좌절의 대상은 아닙니다. 만일이 아니라 어떻게 할 것인가를 생각해야 합니다. 파월이 만일 내가 흑인이 아니었다면만을 생각했다면 아무것도 이룰 수 없었습니다. 어떻게 할 것인가를 생각했기 때문에 그는 성공할 수 있었습니다. 우리도 재벌의 아들로 태어났다면, 좀 더 좋은 교육을 받았다면, 우리 공장도 좀 더 좋은 위치에 있었다면 등 만일은 아무런 도움도 되지 않습니다. 지금의 위치에서 무엇을 어떻게 할 것인가를 생각합시다.

오늘도 건강하고 활기찬 하루하루가 되기를 기원합니다.

현재의 의미

따뜻한 날씨가 계속되다 갑자기 추위가 닥친 지난 토요일은 몹시 추웠습니다. 추운 날 외출했다 집에 들어섰을 때 집은 참 따뜻하고 좋구나 하는 생각이 들었습니다. 돌아갈 집, 반기는 가족의 소중함을 느끼게 하는 추운 밤이었습니다. 우리 주변에는 돌아갈 집도, 반기는 가족도 없는 이들도 있습니다. 우리 공장의 식구 가운데 이런 사람은 없을 것입니다.

많은 사람들에게 삶의 지혜를 준 〈성공하는 사람들의 7가지 습관〉이라는 책의 저자인 스티븐 코비는 Present에 많은 관심을 갖고 있다고 합니다. 영어의 Present는 두 가지 뜻이 있습니다.

하나는 현재이고 다른 하나는 선물입니다. 즉 현재는 선물이고 축복이라는 것입니다. 따뜻한 잠자리, 사랑하는 가족이 있는 현재는 그 자체가 신이 주신 선물이고 축복입니다. 과거는 지나갔고, 미래는 아직 오지 않았습니다.

가장 중요한 것은 현재입니다. 현재를 선물로, 축복으로 생각하고 소중하게 여기고 이를 바탕으로 미래를 키워 나갑시다. 현재를 부정하는 것은 자신의 존재를 부정하는 것이 될 것입니다. 즉 부정적인 생각, 삶을 사는 것입니다. 현재를 선물로 생각하는 삶은 곧 긍정적인 삶을 사는 것을 뜻합니다. 긍정적인 삶만이 성공을 기약할 수 있습니다.

공장이 어려운 가운데서도 희망을 주는 일도 있습니다. 지난 7월 말에는 전년 동기 대비 매출이 -17%(83%)까지 추락하는 암담한 적도 있었습니다만 8월부터 조금씩 증가하여 11월 말에는 작년도 수준까지 회복이 되었습니다. 우리 모두가 열악한 환경

속에서도 열심히 노력한 결과로 알고 감사하고 있습니다. 매출액 비교 내역을 참고하시기 바랍니다.

추운 날씨에 건강하고 활기찬 하루하루가 되기를 기원합니다.

지혜로운 말

어제 아침은 오랜만에 즐거운 선물을 우리 모두 받았습니다. 우리가 잠든 동안에 함박눈이 내려 나무마다 눈꽃이 피었습니다. 참으로 세상이 아름답게 느껴졌습니다. 그리고 세상의 온갖 추잡하고 더러운 것들, 우리를 슬프게 하는 것들을 잠시라도 잊고 평안을 누리라는 하늘의 뜻 같기도 했습니다.

우리 속담에 "한마디 말로 천 냥 빚을 갚는다"는 말이 있습니다. 말의 중요함을 일깨워 주는 속담이기도 합니다. 성공을 부르는 말하기 8가지 노하우에 있는 말입니다. 우리 인간의 성공 실패는 사람과의 관계에서 비롯됩니다. 단 한마디의 말을 얄밉게 하는 사람이 있습니다. 반대로 아주 기분 좋게 말하는 사람이 있습니다. 누구를 좋아하겠습니까? 어떤 말이 상대의 마음을 움직일 수 있겠습니까? 어떤 말이 상대의 마음을 열게 할 수 있겠습니까?

간단하고 손쉬운 성공의 길이 있습니다. 내 말 한마디가 상대의 마음에 상처를 주지 않도록 조심하고 또 훈련합시다. 작은 실천이 큰 성공을 약속할 것입니다.

오늘도 건강하고 활기찬 하루하루가 되기를 기원합니다.

소크라테스

18일은 설날입니다. 건강하고 즐거운 설이 되기를 바랍니다. 구정을 지내고 나면 곧 봄이 오고 건축 공사도 시작됩니다. 그 동안 기계 정비도 끝이 났습니다. 우리도 설레는 마음을 갖고 새로운 한 해를 준비합시다. 기회 있을 때마다 항상 이야기하는 말을 또 하고자 합니다. 긍정적으로 생각하고 행동하자는 것입니다. 소크라테스의 유명한 이야기입니다.

소크라테스 부인이 악처인 것은 잘 알려져 있습니다. 하지만 그는 그 악처와도 잘살았습니다. 그는 악처와 살면서 이 세상의 어느 누구하고도 잘 어울려 살 수 있는 방법을 배웠다고 했습니다. 소크라테스는 부인과 첫날밤을 지내고 나서 이미 알았습니다. '내가 제명에 못 죽지.' 그러니 내가 긍정적으로 보호막을 치고 나를 지켜야 한다고 마음먹었습니다. 긍정적인 생각이 그를 살렸습니다.

이런 일화도 있습니다. 아침부터 부인의 잔소리가 끝없이 계속되었습니다. 이웃집 아저씨가 어떻게 사느냐고 했습니다. 그는 물레방아 소리도 듣기 따라서는 들을 만하다고 말하자 더욱 화가 난 부인이 바가지에 물을 담아와 소크라테스에게 퍼부었습니다. 그때 소크라테스는 천둥이 치고 나면 비가 오는 법이지라고 했습니다.

또 한 사람 긍정적인 삶을 살고 있는 사람이 있습니다. 하인즈워드입니다. 그가 언제나 환한 미소를 띠고 있는 것을 보았을 것입니다. 그 환한 미소는 선천적인 것이 아니랍니다. 의도적으로 연출했고 그것이 습관이 되어 긍정적인 삶의 태도가 되었다는 것입니다.

그는 혼혈아로서 따돌림과 손가락질을 받아 그는 학교 다닐 때 몹시 힘들었습니다. 그는 삶이 너무 우울하기 때문에 미키마우스가 항상 웃으니 미키마우스 문신을 몸에 새긴 후 우울할 때마다 그 문신을 보면서 자신을 웃게 만들었습니다. 좌절하고 우울할 때마다 웃는 문신을 보면서 적극적이고 도전적이며 긍정적인 정신을 키웠습니다. 긍정적인 생각이 오늘의 하인즈 워드를 만든 것입니다.

다시 한번 즐거운 설날을 보내시기를 기원 드리며 금년 첫 달의 매출액를 보냅니다.

마지막 잎새

월요편지가 목요편지가 되었습니다.

오 헨리의 단편소설 〈마지막 잎새〉는 우리 모두가 잘 아는 이야기입니다. 폐렴에 걸려 죽게 된 존즈는 창밖에 남아 있는 담쟁이넝쿨의 잎을 세며 마지막 잎새가 떨어지는 날 자기도 죽을 거라고 믿고 삶의 의지를 포기하고 있었습니다.

그녀의 친구 수우는 어떻게 하든 삶의 의지를 심어줘야겠다고 마음을 먹고 무명의 노화가인 베어만에게 부탁하여 폭풍이 몰아치던 날 밤 잎새 하나를 그리게 되었습니다. 폭풍이 지난 날 아침 커튼을 연 존즈는 떨어졌으리라 생각했던 마지막 잎새가 모진 폭풍을 이겨내고 살아 있는 것을 발견하게 되고 그 후 그는 삶의 의지를 되찾아 건강을 회복했습니다. 마지막 잎새는 희망을 상징한다고 생각합니다. 평범한 벽에 그린 작은 잎새 하나가 우리에게 죽음을 이길 수 있는 희망을 주는 큰 힘을 갖고 있음을 깨닫게 해 줍니다.

우리의 현실이 아무리 암담하다고 해도, 찾아보면, 또 생각하기에 따라서는 무수히 많은 희망의 마지막 잎새들이 있습니다. 탈무드에 앞 뒤 옆 모두가 막혔다면 위를 보라는 격언이 있습니다. 폭풍우 속에서 마지막 잎새를 그렸던 노화가는 그 일로 병이 들어 죽게 됩니다. 무명의 화가였던 그는 희망이라는 걸작을 남기고 갔습니다.

우리도 가정에서, 직장에서, 사회에서 희망을 주는 존재로 살아갑시다. 절망이 아니라 희망을, 좌절이 아니라 극복을, 체념이 아니라 도전을, 우리 모두 오늘도 승리하는 삶을 살기로 합시다.

월요편지 2007-06-04 오전 10:31:56

목표 세우기

미국의 일간지 US Today에서 2003년 조사한 통계입니다. 미국인을 대상으로 새해 목표 성취에 관한 조사를 했더니 목표를 세우고 글로 적지 않은 사람과 적은 사람의 성취도에 극명한 차이가 났습니다. 글로 적지 않은 사람의 성취도는 4%인 반면 글로 적은 사람의 성취도는 46%였습니다.

이달이 지나고 나면 금년도 반이 지나갑니다. 새해에 세웠던 목표를 한번 점검해 봅시다. 이룩한 것은 무엇이고 이룩하지 못한 것은 무엇인지? 아무것도 세운 것이 없다면 지금이라도 목표를 세우도록 합시다. 그리고 글로 쓰도록 합시다.

1월 9일 창립기념일 행사에서 말씀드렸듯이 금년은 최소 10~20%는 신장하겠다는 목표를 갖고 출발했으나 목표에 크게 미달하고 있습니다. 더욱 분발합시다. 비록 작은 규모의 공장이지만 사장 한 사람의 생각과 능력에는 한계가 있습니다. 여러분들의 참여를 다시 한번 간곡히 부탁합니다. 개선할 것과 새롭게 해야 할 것 등에 관하여 여러분들의 아이디어가 절실하게 필요합니다.

5월까지의 매출액 비교 내역을 보냅니다. 참고하시기 바랍니다.

항상 건강하고 활기찬 하루하루가 되기를 소원합니다.

본능 뛰어넘기

코카콜라 창업자의 이야기입니다. 코카콜라를 창업한 아서 G 헨들러는 알콜 중독자였습니다. 그는 알콜중독자 수용소에도 여러 번 다녀왔으나 술을 끊지 못하고 폐인처럼 생활을 하던 사람이었습니다. 어느 날 그는 "자신의 본능적 욕구를 거절"해야 한다는 마음의 소리를 듣게 되었습니다. 새롭게 굳게 결심하고 새 사람이 되고 새로운 사업을 시작한 것이 오늘의 코카콜라가 되었습니다.

우리의 삶은 본능적 욕구를 거절하는 데서 출발합니다. 술을 좋아하는 것, 일하기보다 놀기를 좋아하는 것, 도박을 좋아하는 것, 담배를 좋아하는 것, 남을 칭찬하기보다 비방하기를 좋아하는 것, 저축보다 소비를 더 좋아하는 것, 땀 흘려 운동하기보다 편하게 쉬는 것을 더 좋아하는 것, 자기 중심적으로 생활하는 것, 남이 보지 않으면 함부로 행동하는 것, 이성을 좋아하는 것 등 본능에 따라 생활하는 것이 많이 있습니다. 술 하나 다스리는 것이 코카콜라가 되었습니다. 본능에 충실하는 것은 실패의 원천입니다. 본능을 다스리고 자기를 다스립시다.

하루하루 건강하고 활기찬 나날이 되기를 기원합니다.

당나귀의 지혜

서양에 전해 오는 "당나귀의 교훈"이라는 우화가 있습니다.

어느 날 당나귀가 우물에 빠졌습니다. 어떻게 구출할까 궁리하는 동안 당나귀는 우물 안에서 계속 울어댔습니다. 농부는 결정했습니다. 이미 당나귀는 늙어 별로 가치가 없고 우물도 어차피 묻어 버려야 할 쓸모없는 것이었습니다.

그리하여 농부는 동네 사람들을 불러 우물을 메우기로 했습니다. 동네 사람들은 삽을 들고 우물을 메우기 시작했습니다. 사태를 파악한 당나귀는 더욱 무섭게 울부짖더니 그 후 조용해졌습니다. 한참 흙을 퍼 넣은 농부들은 우물 안 광경을 보고 깜짝 놀랐습니다. 흙이 들어올 때마다 당나귀는 그것을 털어 버리고 한 단계씩 위로 위로 올라오고 있었습니다. 흙이 거의 우물을 메웠을 때 당나귀는 뛰쳐나와 좋다고 뛰어갔습니다.

우리 공장에게도, 우리 인생에게도 우리 환경은 계속 흙 세례를 주고 있습니다. 시련에 지면 죽게 되고 시련을 이기면 더욱 강해집니다. 시련을 이기는 지혜, 용기, 노력이 더욱 필요한 세상에 우리는 살고 있습니다. 시련이 없을 수는 없습니다. 어떻게 극복하느냐만 남아 있습니다. 그 선택은 우리 각자의 몫입니다.

하루하루 건강하고 활기찬 삶이 되기를 기원합니다.

學歷이 아니라 學力

장마가 끝났다는 8월 들어 벌써 열흘 넘게 비가 계속되어 생활도 마음도 자칫 헝클어지기 쉬운 때입니다. 계획을 세워 하루하루를 알차게 보내는 지혜를 발휘합시다. 밤에 잠자리에 들 때 오늘 하루 무엇을 했는지 자문해 봅시다. 요즘 신정아, 김옥랑, 이창하 등 학력 또는 박사 학위를 위조했다가 하루아침에 나락으로 떨어지는 것을 보고 또 개탄하고 있습니다.

〈길이 없으면 길을 만들며 간다〉(신용호 저)는 책에 있는 글입니다.

學歷(학력) 아닌 學力(학력)으로 승부하라고 말하고 있습니다. 실천하는 학식을 學力이라고 합니다. 그런데 요즘 사회는 學歷에만 집착한 결과 사회생활에서 가장 소중한 인간됨을 망각하고 결국은 구렁텅이에 빠지게 됩니다.

독학으로 자수성가한 교보생명 창업회장 신용호 회장은 자신의 이력서 학력란에 "배우면서 일하고, 일하면서 배운다"라고 적었다고 합니다. 學歷은 과거의 일이고 바꿀 수는 없습니다. 그러나 學力은 미래에 관한 것이고 얼마든지 키울 수 있습니다. 끝없이 변화하는 지식사회를 살아가는 우리에게 필요한 것은 學歷이 아니라 學力이라는 사실을 명심하고 배우는 일을 게을리 하지 않도록 합시다.

계속되는 비와 무더위에 더욱 건강에 유념하고 활기찬 하루하루가 되기를 기원합니다.

사자와 가젤

찰스 다윈이 그의 진화론에서 한 말입니다.

"살아 남은 것은 가장 강한 종도, 가장 똑똑한 종도 아니다. 그것은 변화에 가장 잘 적응하는 종이다."

우리는 항상 변해야 산다고 말하고, 또 생각하면서도 잘 변화하지 못하는 잘못을 저지르고 있습니다. 우리의 환경은 계속 변화하고 있습니다. 그렇기 때문에 환경에 대처하는 방법도 변해야 합니다. 새로운 방식으로, 새로운 마음 가짐으로 일해야 합니다. 낡은 습관, 낡은 방식은 버리고 새로운 방식으로 살아야 합니다. 살아온 날이 중요한가, 살아갈 날이 중요한가 묻는다면 누구나 살아갈 날이 훨씬 중요하다고 할 것입니다. 새로운 날은 새로운 방식으로 살아야 합니다.

이 세상에는 절대적인 강자도 절대적인 약자도 없습니다. 아프리카 밀림에는 사자와 가젤이 같이 살고 있습니다. 생존 경쟁에서 가젤은 사자보다 더 빨리 달리지 않으면 잡혀 죽게 되고 사자는 가젤보다 더 빨리 달리지 못하면 굶어 죽게 됩니다. 사자도 가젤도 현실에 안주하거나 자만하면 죽음 뿐입니다. 우리는 살아남기 위해 변해야 합니다. 무엇을 바꿀 것인가, 어떤 새 방법을 취할 것인가, 진지하게 고민하고 결정합시다.

오늘도 건강하고 활기찬 하루하루가 되기를 기원합니다.

월요편지 2007-10-17 오후 1:37:31

톨스토이

대문호 톨스토이의 말입니다.

"우리가 잘못 알고 있는 것이 하나 있다. 우리는 항상 완벽을 추구한다. 하지만 가장 본받아야 할 인생은 한 번도 실패하지 않는 것이 아니라 실패할 때마다 조용히 그러나 힘차게 일어서는 것이다. 아무리 힘든 일이라도 해결책은 있게 마련이다. 그림자가 있는 곳에는 반드시 밝은 빛이 비친다."

장마가 끝나고도 지긋지긋하게 계속되던 비도 그치고, 추석이 지났는데도 레미콘도, 주택 자재도 매출이 회복되지 않고 있고 우리가 일할 수 있는 기간도 2개월밖에 남지 않았습니다. 매출 감소는 곧 일감 축소로 이어져 우리에게 고통을 주고 있습니다. 처한 환경만 생각하면 좌절할 수도 있는 상황이기도 합니다만 우리의 힘으로 현재의 난관을 극복해야 한다는 의지 또한 큽니다.

우리 평안산업은 1953년 창업 이래 50년이 넘었고, 제가 맡아 경영을 한 지도 37년이 되었습니다. 우리 속담에 축성보다 수성이 더 어렵다고 합니다만 자만하지 않고, 과거에 집착하지 않는다면 충분히 현재의 어려움을 극복할 수 있다고 확신합니다.

얼마 전 월요편지에서도 말씀드린 적이 있습니다만 변화에 신속하게 대처하지 못한 잘못도 있고, 막연하게 잘되겠지 하는 안일함도 있었지만 잘못을 되풀이하지 않고 우리 모두의 힘을 합쳐 노력하면 충분히 현재의 부진을 극복할 수 있다고 확신합니다. 모두의 동참과 분발을 부탁합니다.

건강하고 활기찬 하루하루가 되기를 기원합니다.

헬리콥터 뷰

미래에셋 박현주 회장의 말입니다.

"미래 관점에서 현재를 보는 습관이 나의 성공 비결이다."

산 위에서 바다를 보면 거대한 파도도 고요하게 보인다. 멀리 하늘에서 육지를 보면 한눈에 모든 것이 들어 옵니다. 이를 헬리콥터 뷰(Helicopter View)라고 합니다. 요즘같이 혼란한 시기엔 작은 일에 일희일비하지 않으면서 미래 관점에서 현재를 보고, 미래를 위해 현재의 삶을 설계하는 헬리콥터 뷰를 견지하는 그런 지혜가 필요합니다.

일 년 후 나, 10년 후 나, 오늘을 사는 나를 보면 알 수 있습니다. 오늘의 판단이, 오늘 내가 하는 일이 내일을 결정합니다. 오늘 하루를 소중하게, 알차게 보내는 노력을 경주합시다. 연말도 얼마 남지 않았습니다. 금년을 잘 마감하고 희망찬 새해를 맞이합시다.

하루하루 건강하고 활기찬 삶이 되기를 기원합니다.

협상 명심보감

저는 항상 기회 있을 때마다 기록의 중요성을 강조하고 있지만 오늘 신문에 중국 사람들의 기록에 관한 글이 있어 소개합니다.

중국인들의 〈협상 명심보감〉이란 글에 "무딘 붓이 총명을 이긴다"는 글입니다.

중국인들은 중요한 협상 무기 중 하나로 "철저한 기록에 의한 치밀한 사전 준비"를 꼽고 있습니다. 최근 이명박 대통령 취임을 축하하기 위해 방한한 중국의 한 단체가 한국의 한 원로 국회의원을 만났는데 그들은 놀랍게도 한국의 한 의원이 10여 년 전 중국을 방문했을 때 발언한 기록을 갖고 있었다는 것입니다. 이들은 또 이 대통령이 과거 현대건설 사장 시절 정주영 회장과 함께 중국을 방문했을 때 쓴 글도 챙겨왔다는 것입니다.

한 줄의 기록이 백마디 말보다 큰 힘이 됩니다. 기회 있을 때마다 이야기한 적이 있습니다만 저는 1971년 회사를 단독으로 경영하기 시작한 때부터 한 권의 노트를 갖고 있습니다. 사업 관계 또는 업무 관계로 만난 사람의 간단한 기록을 갖고 있습니다. 한 번 만난 사람을 10여 년이 지난 후 다시 만나는 경우도 있습니다. 그 사람에 관한 출생, 학교, 교우관계 등 간단한 기록이 그 사람과 10년 지기로 만드는 위력을 실감하게 됩니다. 우리의 부족함, 기억의 한계를 기록으로 극복하는 지혜를 갖도록 합시다.

말 한마디가 천 냥 빚을 갚는다는 말이 있듯이 한 줄의 글이 천 냥을 불러들일 수 있음을 명심합시다.

1~2월분 매출액 내역을 보냅니다. 두산건설 물량 때문에 레미콘이 신장했고, 토목자재도 두 공장 합하면 약 10% 신장했습니

다. 매출액이 작아 큰 의미는 없지만 작년 동기 대비 47% 신장되었습니다만 레미콘의 경우 두산을 제하면 매출액이 다소 감소하기도 했습니다. 금년에는 10% 이상 신장하겠다는 굳은 결심을 갖고 3월을 시작합시다.

항상 건강하고 활기찬 하루하루가 되기를 기원합니다.

5달러짜리 철

세계적인 호텔 체인인 힐튼호텔 창립자 콘라드 힐튼의 말입니다. 크게 생각하고, 크게 행동하고, 크게 꿈꾸어라.

5달러짜리 보통 철 조각이 어떤 형태로 바뀔 수 있는지 생각해 보라. 편자로 바뀌면 그 철은 10.50달러가 된다. 못으로 바뀌면 3,250달러가 되며, 시계의 부속품이 되면 자그마치 250,000달러로 가치가 뛰어오른다.

이는 사람에게도 똑같이 적용되는 원리이다. 실패하는 사람들 대부분은 자신의 능력을 잘못 판단하고 자신의 가치와 능력을 경시하는 경향이 있습니다. 반면 성공하는 사람들은 자신의 현재에 대하여 만족하지 않고 더 높은 목표를 설정하고 쉬지 않고 개선하고 노력하는 사람입니다.

현재에 안주하는 것은 곧 쇠퇴의 시작임을 명심하고 더 큰 나를 위한 노력을 계속합시다. 일 년 후, 십 년 후 내가 어떻게 될까 궁금해 할 필요는 없습니다. 그 답은 오늘을 사는 나에게 모두 있습니다. 세월에 떠내려가는 삶이 아니라 세월의 주인이 되는 삶을 살도록 노력합시다.

오늘도 건강하고 활기찬 삶이 되기를 기원합니다.

오늘의 의미

영국 스코틀랜드의 수필가 토마스 칼라일의 좋은 글이 있어 소개합니다.

"오늘을 사랑하라."

어제는 이미 과거 속에 묻혀 있고 미래는 아직 오지 않은 날이라네. 우리가 살고 있는 날은 바로 오늘, 우리가 사용할 수 있는 날은 바로 오늘, 우리가 소유할 수 있는 날은 오늘 뿐 오늘을 사랑하라. 오늘에 정성을 쏟아라. 오늘 만나는 사람을 따뜻하게 대하라. 오늘은 영원 속에 오늘처럼 중요한 날도 없다. 오늘처럼 소중한 시간도 없다. 오늘을 사랑하라. 어제의 미련을 버려라. 오지도 않은 내일을 걱정하지 마라. 우리의 삶은 오늘의 연속이다. 오늘이 30번 모여 한 달이 되고, 오늘이 365번 모여 일 년이 되고, 오늘이 3만 번 모여 일생이 된다. 오늘을 사랑하라.

칼라일의 또 다른 말 한 가지를 더 소개합니다.

"아무리 현실이 어렵더라도 꿈과 희망이 있는 한 사람은 쉽게 좌절하거나 포기하지 않기 때문에 결국에는 그 꿈을 이루게 된다."

목표가 확실한 사람은 아무리 거친 길에서도 앞으로 나갈 수 있지만 목표가 없는 사람은 아무리 좋은 길이라도 앞으로 나갈 수 없습니다. 우리가 처한 현실은 결코 순탄치 만은 않습니다. 그러나 꿈을 버리지 않고 오늘을 알차게 살면 현재의 어려움을 능히 극복할 수 있다는 확신을 갖고 오늘을 살아갑시다.

건강하고 활기찬 하루하루가 되기를 기원합니다.

성공의 공식

개나리 진달래가 피는 아름다운 계절입니다. 어제 올림픽대로에서 막 피어나는 화사한 개나리를 보면서 괴로운 일이 더 많은 세상이지만 시름을 잊고 세상은 참 아름답구나 하는 생각을 했습니다. 꽃을 보느냐 괴로운 면을 보느냐는 우리의 선택입니다. 꽃만을, 괴로움만을 볼 수는 없지만 양쪽을 조화롭게 보는 지혜가 필요하다고 생각합니다.

시카고 대학에서 성공한 사람들의 생활 패턴을 오래 관찰하여 얻은 연구 논문을 소개합니다. 성공한 많은 사람들의 라이프 스타일을 연구한 결과 몇 가지 공통점을 발견할 수 있었습니다.

① 보통 사람보다 3시간 일찍 일어난다. 이명박 대통령은 평생 하루 4시간밖에 자지 않는다고 합니다.

② 발걸음이 빠르다. 고 정주영 현대회장을 롯데호텔에서 본 일이 있습니다. 그는 차에서 내려 거의 뛰다시피 호텔 안으로 들어가는 것을 보았습니다. 정 회장을 잘 아는 사람에게 물어보니 항상 그렇게 빠르게 걷는다고 했습니다.

③ 언제나 앞자리에 앉는다. 강연회나 교회나 어떤 경우에도 항상 앞자리에 앉는 것이 중요합니다. 뒷자리에 앉는 것은 방관자, 소극적, 미온적인 자세입니다.

④ 긍정적으로 듣는다. 어떤 말이나 일을 대하는 태도입니다. 먼저 부정하지 않고 긍정적으로 생각하는 것이 중요합니다. 안되는 이유부터 생각하는 것이 아니라 되는 이유부터 찾아보는 태도가 필요합니다. 고 정주영 회장의 유명한 말이 있지 않습니까.

"해는 봤어."

하지 않을 이유만을 생각한다면 평생 아무것도 할 수 없습니다. 왜냐하면 모든 일에는 양면이 있습니다. 성공과 실패의 양면이 반드시 있습니다. 부정적인 면, 실패의 이유만을 생각한다면 평생 아무것도 이룰 수는 없습니다. 습관이 인생을 바꾼다는 말이 있지 않습니까. 우리의 생활양식을 성공 패턴으로 바꾸도록 노력합시다. 위에 말한 네 가지는 누구나 할 수 있는 것입니다.

만물이 소생하는 봄입니다. 가을에 풍성하게 추수할 씨앗을 심는 하루하루가 되기를 기원합니다.

오프라 윈프리

세계적 명성을 가진 미국의 흑인 여성, 토크쇼의 여왕 오프라 윈프리에 관한 것입니다. 1954년에 방탕한 어머니에게서 아버지가 누구인지도 알지 못하는 가운데 태어났고 9살에 강간을 당하고 14세 때 미혼모가 되었고, 모지게 가난한 가운데 자랐습니다. 그러나 오늘 그는 세계 최고의 영향력을 가진 여성이며 억만장자이기도 합니다. 그의 좌우명을 소개합니다.

① 고난을 지혜로 바꾸라. 고난을 통하여 교훈을 얻고 이것을 삶의 지혜로 바꾸라는 것입니다.

② 사소한 일도 중요한 일로 여겨라. 작은 것이 쌓여 큰 것이 된다는 말입니다. 작은 일을 완벽하게 하는 것이 곧 큰일을 성공할 수 있는 첩경이라는 것입니다.

③ 감사하기를 배우라. 불평할 것만 있고 감사할 것이 없다고 생각하지 말고 감사할 것을 찾고 긍정적으로 살아야 성공의 기회를 잡을 수 있습니다.

④ 꿈을 잊지 말라. 현실은 비록 어렵더라도 꿈을 잃지는 말라는 뜻입니다. 좌절하면 아무것도 이룰 수가 없습니다. 우리 개인도, 공장도, 사회도 그 환경만 생각하면 불평할 수도, 좌절할 수도 있습니다. 그러나 어려운 환경은 극복의 대상이지 체념, 좌절, 포기의 대상은 아닙니다. 위기를 기회로 만드는 지혜로운 삶을 살아갑시다.

하루하루 건강하고 활기찬 삶이 되기를 기원 드립니다.

소통

요즘 자주 회자되는 화두가 소통인 것 같습니다. 대통령과 국민간 원만한 소통이 잘 안되는 것이 문제로 제기되고 있기도 합니다. 미국의 유명 방송인인 래리 킹이 한 말입니다.

“다른 사람의 말을 귀 기울여 듣지 않으면 상대도 당신의 말을 귀 기울여 듣지 않는다. 말을 제일 잘 하는 사람은 논리적으로 말 잘하는 사람이 아니라 남의 말을 잘 들어 주는 사람이다.”

경청은 상대방에게 존경심을 심어 주고 상대방의 신뢰를 얻을 수 있는 첩경이기도 합니다. 상대방을 설득하려 하기보다 상대방의 말을 잘 들어주는 것이 더 효과적입니다. 상대방의 말을 잘 들어주어 친구를 만들고 우군을 만듭시다. 몇 년 전 세미나에서 소설 〈상도〉의 작가인 최인호의 강연을 들은 적이 있습니다.

그는 나이 든 사람은 “입은 닫고, 지갑은 열어라”는 말을 듣고 공감하고 이를 실천하려고 하나 저 자신 말을 많이 하는 것 같아 바꾸려 노력하고 있으나 잘되지 않을 때도 있어 말을 하고 난 후 후회할 때도 많이 있습니다. 살아온 세월이 상대적으로 많아 좋은 일이든, 나쁜 일이든 겪은 일이 많다 보니 경험하지 못한 세대와 이야기할 때 말을 많이 하게 되는 경향이 있으나 적게 하는 것이 정답이라고 생각합니다. 상대방의 말을 잘 경청하는 것은 분명히 삶의 지혜입니다. 지혜로운 삶을 살도록 노력합시다.

5월까지의 매출액을 보냅니다. 레미콘의 매출이 신장하고 포천공장도 다소 매출이 증가하여 전체적으로는 126%의 매출 증가가 있었습니다. 희망을 가질 수 있는 징표이기도 합니다. 불황 극복의 신념을 갖고 열심히 하면 반드시 좋은 결과를 만들어 낼 수 있습니다. 하루하루 건강하고 활기찬 삶이 되기를 기원합니다.

징기스칸

몽골고원에서 태어나고(정확한 출생지도 모름) 아버지가 에스게이라고 알려졌으나 이 또한 확실치도 않고 글을 쓸 줄도 모르나 세계를 제패한 사람이 징기스칸입니다. 그러나 그의 성공 비결이 있습니다. 그는 경청능력을 갖춘 대표적인 리더로 평가되고 있습니다. 징기스칸은 위대한 대황제일 때도 항상 부하들에게 이렇게 말했다고 합니다.

"나는 적게 말하고 많이 듣는다. 나는 듣지 않고는 어떤 결정도 하지 않는다. 내 귀가, 내 경청능력이 나를 가르쳤다. 나는 글을 쓸 줄도 모르지만 다른 사람의 말에 귀를 기울이면서 현명해지는 법을 배웠다. 바로 내 귀가 나를 가르쳤다."

나 자신 말을 많이 하지 않고 많이 듣겠다고 생각은 하나 잘 되지 않을 때가 많습니다. 이것 하나만 잘 고쳐도 훨씬 현명해질 수 있을 것입니다. 우리 모두 말을 많이 하지 않고 많이 듣는 지혜를 몸에 익히도록 합시다. 세계를 제패할 수는 없어도 현명함과 품위와 존경을 받는 삶을 살 수 있을 것입니다.

하루하루 건강하고 활기찬 삶이 되기를 기원합니다

박지성 선수

오늘은 자기 관리의 중요성에 대하여 말씀드리고자 합니다. 맨체스터 유나이티드의 박지성 선수는 자기 관리에 가장 철저한 선수로 또 가장 성공한 선수로 꼽고 있습니다. 명지대학교 시절 기술은 있으나 체력이 약한 선수로 평가되었던 선수였으나 노력으로 이를 극복한 선수입니다. 그는 축구 이외는 생각하지 않는다고 인터뷰에서 말할 정도로 축구에 모든 것을 올인한 선수이기도 합니다.

60을 바라보는 수원 삼성의 차범근 감독은 독일 프랑크푸르트 선수 시절 갈색폭격기로 불리면서 크게 활약한 선수였습니다. 그는 선수 시절 단 한 번도 술을 마신 적이 없다고 합니다. 철저한 자기 관리로 지금도 젊은 선수 못지않은 체력을 갖고 있다고 합니다.

그런 반면 한때 축구 신동이라는 찬사를 받으며 각광받던 선수가 어느 날 사라져 버린 우리가 기억하는 선수들도 많이 있습니다. 그들의 공통점은 조금 유명해지고 돈이 생기자 주색에 빠져 자기 관리에 실패했기 때문입니다. 한번 사는 인생의 성공 실패는 자기 관리의 성공 실패에 달려 있습니다. 나는 과연 잘 관리하고 있는가 다시 한번 철저하게 점검해 봅시다.

요즘 감기가 유행하고 있습니다. 더욱 건강하고 활기찬 삶이 되도록 건강관리도 잘합시다.

지난주 매출 내역을 늦게 보냈습니다. 오늘 다시 보냅니다. 참고하시기 바랍니다.

인사의 힘

1972년 동대문구에서 통일주체국민회의 대의원에 33명이 당선되어 모였는데 그중에서 눈에 띄는 사람이 두 명 있었습니다. 33명 중에서 가장 인사를 잘하고 윗사람을 잘 공경하는 두 사람, 한 명은 후일 대원그룹을 이룩한 고 권영우 회장이고 한 명은 우리나라에서 최초로 기성복 시대를 연 한국총판의 박학선 회장이었습니다.

두 명 모두 30대 초반이었고 고 권 회장은 2선 국회의원을 지내고, 버스 5천 대의 우리나라 최대의 버스 그룹과 세명대학교를 세웠습니다. 박 회장은 한국총판을 지금은 하지 않고 있으나 상록학교를 세워 어려운 학생들을 30년 넘게 가르치고 지역사회를 위하여 많은 일을 하고 있습니다. 그들이 인사를 잘하고 어른을 잘 공경한 것이 성공의 전부는 아니지만 성공의 밑거름이 된 것은 분명합니다. 인사를 잘하고 어른을 잘 공경하면 일단 인정을 받게 됩니다. 그리고 인간관계에서 비난을 받지 않습니다. 결과적으로 협력자는 생길지언정 적이 생기지는 않습니다.

얼마 전 인터넷에서 SK 김성근 감독의 이야기를 보았습니다. 요즘 인기 MC로서 전성기를 구가하고 있는 강호동 씨에 대하여 그가 성공한 이유가 있다며 강호동과의 일화를 소개하고 있습니다. 식당에서 강호동 씨를 만났는데 찾아와 인사를 했다고 합니다. 김 감독과 강호동은 일면식도 없는 사이라고 합니다. 강호동 씨는 김 감독을 인사 한 번으로 기자회견에서 일화를 소개할 정도의 열성팬을 만든 것입니다.

김 감독은 야구 선수로서 성공한 양준혁, 이승엽, 이상훈, 이

병규 등이 모두 인사성이 바르고 감독을 존경하고 지시에 잘 따르는 선수라고 했습니다. 인사성이 부족하면 선수로서 성공할 수가 없다고 말하고 있습니다. 성공 실패는 가까이 있습니다. 인사 잘하는 것, 어른 공경하는 것이 곧 성공의 비결입니다.

하루하루 건강하고 활기찬 삶이 되기를 기원합니다.

다윗과 골리앗

오늘 신문에 의미 있는 글이 있어 소개합니다.

“골리앗을 이기는 다윗의 지혜”란 글입니다.

① 자신의 약점을 인정하고 기존과 다른 전략을 쓰라.

② 규칙이란 강자가 만든 것이다. 규칙의 허점을 노려라.

③ 제도의 틀을 벗어나 궁리하고 터무니없어 보이는 행동도 과감히 시도하라.

지난 200년간 세계에서 벌어진 전쟁 중 인구와 군사력에서 10배 이상 차이가 난 다윗(약소국)과 골리앗(강대국)의 전쟁을 분석한 결과 골리앗의 승률은 71.5퍼센트였고 강자의 룰에 따르지 않은 전쟁에선 다윗이 63.6퍼센트 승리했습니다. 즉 다윗이 골리앗보다 승률이 2배 이상 높았음을 알 수 있습니다.

1951년 베트남이 프랑스군을 격퇴한 일, 미국의 조지 워싱톤 대통령이 영국을 상대로 벌인 미국의 독립전쟁, 제1차전쟁 당시 사우디 반도 사막에서 오스만 군대를 상대로 승리한 영국의 로렌스 장군 등, 우리 공장은 물론 사장 자신을 포함한 우리도 결코 골리앗이 아닌 다윗입니다. 그러나 우리가 이길 수 있는 확률은 60퍼센트가 넘습니다. 우리의 약점을 인정하고 우리에게 가장 적합한 전략을 쓰면 아무리 환경이 어렵더라도 충분히 이길 수 있습니다.

금융위기로 금년은 작년보다 경영 여건이 어렵습니다. 그러나 우리 모두의 노력으로 4월 말까지 작년 수준을 유지하고 있습니다. 공장의 규모도 크지 않고 직원도 많지 않습니다. 우리의 장점을 잘 살려 나가면 지난해 성장했듯이 금년도 성장할 수 있다고 확신합니다. 4월까지의 매출 내역을 보냅니다.

성공한 삶

신년을 맞은 지가 어제 같은데 벌써 6월도 중순을 지나고 있습니다. 금년 한 해도 성공한 한 해가 되겠다는 굳은 각오로 출발한 한 해가 이미 반이 지나갔습니다. 성공적인 한 해를 위하여 나는 어떻게 살았는가 돌이켜 보는 것도 의미 있는 일이라고 생각합니다. 한 번 태어나 한 번 살고 가는 것이 인생입니다. 그렇기 때문에 누구나 성공적인 인생을 살고자 노력합니다. 인생성공의 기준이 되는 글이 있기에 소개합니다.

19세기 미국 시인 에머슨의 시입니다.

「건강한 아이를 낳든 / 한 뙈기의 정원을 가꾸든 / 사회 환경을 개선하든 / 자기가 태어나기 전보다 / 세상을 조금이라도 살기 좋은 곳으로 / 만들어 놓고 떠나자는 것 / 자신이 한때 이곳에 살았음으로 해서 / 단 한 사람의 인생이라도 행복해지는 것 / 이것이 진정한 성공이다.」

인생의 성공이란 거창한 것이 아닙니다. 대통령이 되었다고 성공한 것은 아닙니다. 내 주변, 내가 사는 사회를 좀 더 살기 좋은 곳으로 바꾸는 것이 성공의 요체입니다. 나 때문에 내 주변이 불편하지는 않은지, 나의 존재가 이 사회의 해악적인 존재는 아닌지, 내가 있음으로 내 가정, 내 직장이 살기 좋은 가정, 일하기 좋은 직장이 되었는지 돌이켜 봅시다.

하루하루 건강하고 활기찬 삶이 되기를 기원합니다.

월요편지 2009-07-29 오후 5:07:48

일하는 것과 노는 것

25년 전 포천공장에 새로운 시설을 미국기계로 하느냐 독일기계로 할 것인가를 결정하기 위해 기계공장의 초청으로 독일에 갔습니다. 마침 부활절 휴가 기간이라 며칠을 일을 보지 못하고 저 때문에 휴가를 못간 부장과 지내면서 많은 이야기를 한 적이 있습니다.

그 부장이 독일에서는 일과 노는 것이 동시에 생겼다면 당연히 논다고 했습니다. 일은 놀기 위한 자금을 마련하기 위하여 한다는 것입니다. 그들은 일보다 노는 것이 더 가치 있는 것으로 되어 있었습니다. 그 당시 우리는 반대였습니다. 일을 버리고 놀러 갔다면 성실하지 못한 무책임한 사람으로 평가를 받을 것입니다.

그러나 20여 년이 지난 지금은 우리나라도 많이 변했습니다. 노는 것과 일의 가치가 거의 동등하거나 더 가치 있게 여기는 젊은이들도 적지 않다고 생각됩니다. 세월이 좀 더 흐르면 노는 가치가 일의 가치를 앞서는 세상이 될 것입니다. 다른 말로 하면 사람답게 사는 세상으로 변해 갈 것입니다. 일도 노는 것도 다 같이 가치 있는 것입니다.

오래전 영안모자 백 회장 가족과 동해안으로 여름휴가를 간 적이 있습니다. 그때 참으로 열심히 노는 것을 본 적이 있습니다. 일도 열심히, 노는 것도 열심히 그 결과 오늘의 크게 성공한 기업인이 되었다고 믿고 있습니다. 저는 백 회장만큼 열심히 놀 줄을 모릅니다. 그 차이가 성공의 차이일 수도 있다고 생각합니다.

몇 년째 슬럼프에서 탈출하지 못하고 있는 박세리 골프 선수가 아버지에게 골프만 가르치고 왜 노는 것을 가르쳐 주지 않았느냐고 말하는 것을 우리 모두 보았을 것입니다. 노는 것의 가치를 소중하게 생각하는 즐겁고 건강한 휴식이 되기를 기원합니다.

월요편지 2009-10-07 오후 3:03:59

즐겁게 일하기

즐거운 추석도 지나고 금년도 일할 시간이 두 달여 남았습니다. 어느 회사 사무실에 "당할 수가 없다"는 액자가 걸려 있었습니다.

그 내용은 "수동적으로 일하는 사람은 적극적으로 일하는 사람을 당할 수 없고, 적극적으로 일하는 사람은 웃으며 일하는 사람을 당할 수 없고, 웃으며 일하는 사람은 즐겁게 일하는 사람을 당할 수 없다"는 내용이었습니다.

일을 할 때 남이 시켜서 하는 경우의 능률이 1이라고 하면 자발적으로 하는 경우는 1.6배, 능동적으로 즐기면서 하는 경우의 능률은 2.5배의 성과를 낼 수 있다고 합니다. 모든 사람은 일하면서 살게 되어 있습니다. 어떤 태도로 일을 하는가의 문제입니다. 각자 자기가 지금 하고 있는 일을 비하하고 대수롭지 않은 일로 여긴다면 즐기면서 할 수 있겠습니까? 지금 맡은 일을 성실하게 하지 않는 사람에게 더 큰일이 주어지겠습니까? 삶의 태도, 일에 대한 태도가 곧 성공 실패의 관건임을 명심합시다.

지난달에는 레미콘과 보강토 블록이 선전하여 작년 대비 -10프로를 지켜 냈습니다. 이제 남은 두 달 최선을 다하여 전년도 매출을 달성하도록 노력합시다. 즐거운 마음으로 일하고, 즐거운 마음으로 살아갑시다.

매출액 내역을 보냅니다. 참고하시기 바랍니다.

벤자민 프랭클린

새해가 밝은 지 어제 같은데 벌써 13일이 지나갔습니다. 금년 한 해를 시작하면서 미국의 건국 초기 지도자였던 벤자민 프랭클린(1706~1790)의 말이 생각납니다.

"그대는 인생을 사랑하는가. 그렇다면 시간을 낭비하지 말라. 왜냐하면 시간은 인생을 구성하는 재료니까 똑같이 출발했는데 세월이 지난 뒤에 보면 어떤 사람은 성공하고 어떤 사람은 낙오자가 되어 있다. 이것은 하루하루 주어진 시간을 잘 이용했느냐 이용하지 않고 허송세월 했느냐에 달려 있다."

연초에 우리에게 귀한 교훈을 주는 말이라고 생각합니다. 특히 플랭크린의 13가지 덕목은 200여 년이 지난 지금도 우리에게 귀한 교훈을 주고 있습니다. 그중 몇 가지를 소개하면 ① 절제 : 배부르도록 먹지 말며 취하도록 마시지 말라. ② 침묵 : 피차 유용하지 않은 말은 피하라. ③ 규율 : 모든 물건은 제자리에 두라. ④ 결단 : 해야 할 일은 해낼 결심을 하라. ⑤ 절약 : 피차에 이득이 없는 일에 돈을 쓰지 말라. ⑥ 근면 : 시간을 허비하지 말라. ⑦ 성실 : 속임수로 남을 해하지 말라. ⑧ 극단을 피하라 등입니다.

우리에게는 누구에게나 똑같이 365일이란 시간이 주어졌습니다. 365일이란 자본이 주어졌습니다. 잘 이용한 사람은 성공한 한 해를 차지하게 되고 허송한 사람은 회한 속에 한 해를 마감하게 될 것입니다. 성공 실패는 거창한 데 있지 않습니다. 하루하루 시간을 알차게 이용하느냐 허송하느냐에 달려 있습니다. 하루하루가 모여 일 년이 되고 일생이 됩니다. 하루를 잘사는 것이 일생을 잘사는 것입니다.

건강하고 활기찬 삶이 되기를 기원합니다.

백지영 아나운서

MBC TV 뉴스데스크의 최연소이자 최장수 앵커로 일하면서 성공한 인사 3천여 명과 인터뷰한 백지영 씨가 그의 최근 저서 〈뜨거운 침묵〉에서 한 말입니다. 우리가 볼 때 성공한 사람으로 생각되는 백지영 씨도 보통 사람과 똑같은 생각을 하고 있음을 알게 됩니다.

그도 자기보다 성공한 사람, 자기보다 유식·유능한 사람, 자기보다 부유한 사람, 자기보다 좋은 환경에 있는 사람 등을 볼 때마다 불평하거나 질투하는 것이 아니라 내가 10바퀴 뛸 때 그들은 11바퀴 뛰었고, 내가 7시간 잘 때 그들은 6시간 자고, 내가 놀 때 그들은 일했다고 생각한다고 합니다.

그는 그가 인터뷰를 통해 만난 정상에 선 사람들에게는 한결같은 노력의 과정이 있었고 그들이 천재적 재능을 타고났을지는 몰라도 "피나는 노력"이 있었음을 확인할 수 있었다고 말하고 있습니다. 우리는 노력하지도 않으면서 불평이나 하고 있지는 않았는지 자문해 봅시다.

하루하루 건강하고 활기찬 삶이 되기를 기원합니다.

혁신 5계명

혁신을 강조한 말 중에 "마누라와 아이를 빼고 모두 바꾸자"는 삼성 이건희 회장의 말은 특히 유명합니다.

우리는 항상 변해야 산다고 이야기합니다. 변해야 사는데 그러나 어떻게 변해야 하느냐 쉽게 와 닿지 않을 때가 있습니다. 여기에 쉬운 답이 있어 소개합니다. 전 행정자치부 박명재 장관의 혁신 5계명입니다.

① 나부터

② 지금부터

③ 여기서부터

④ 할 수 있는 것부터

⑤ 쉬운 것부터 입니다.

우리는 자신은 안 변하면서 다른 사람이 변하기를 바라고 있습니다. 오늘이 아니라 내일 또는 기회가 되면 하겠다고 생각합니다. 내 주변이 아니라 나를 에워싸고 있는 큰 환경이 변하기를 기대하고 있습니다. 내가 할 수 없는 것들이 변화되기를 기다리고 있습니다. 손쉽게 할 수 있는 것부터 변화해야 합니다.

생각해 보면 우리들이 많이 잘못 생각하고 행동했음을 알 수 있습니다. 이 아침 지금 바로 변해야 하는 것이 무엇일까 성찰해 봅시다.

하루하루 건강하고 활기찬 삶이 되기를 기원합니다.

살아 있는 동안 행복하라

1911년 영국 호슬리의 가난한 가정에서 태어나 옥스포드대에 입학했으나 2학년 때 낙제하여 퇴학을 당한 후 농부, 요리사, 방문판매원 등으로 고생하다 평소에 관심이 있었던 광고업계에 39세의 늦은 나이에 투신하여 크게 성공한 세계적인 광고인으로 광고의 아버지로 추앙받고 있는 데이비드 오길비의 말입니다.

"나는 즐기면서 일하는 사람을 좋아한다. 만일 당신이 현재 하는 일로 즐거움을 느낄 수 없다면 다른 일을 찾아보라고 권하고 싶다."면서 영국 스코틀랜드의 속담을 소개하고 있습니다.

"살아 있는 동안 행복하라. 죽어 있는 시간이 길 것이니."

러시아의 작가 막심 고리끼도 말하고 있습니다.

"일이 즐거우면 세상은 낙원이요, 일이 괴로우면 세상은 지옥이다."

열정 없이 이루어진 위대한 업적은 없다. 그리고 이 세상에는 "약간의 열정"은 없다. 열정적이거나 열정적이지 않거나 둘 중에 하나이다. 열정은 일을 즐기는 데서 생겨난다.

우리는 아침에 눈을 뜨면 회사로 출근하여 일합니다. 일을 즐기지 않으면서 일한다면 얼마나 지루하고 힘들겠습니까. 우리가 하는 일에서 보람을 찾고 즐기는 마음으로 하루하루를 살아갑시다. 우리는 항상 우리가 갖고 있는 것이 작아 보이지만 그것을 놓친 후에야 비로소 그것이 얼마나 큰 행복이었는지 후회하게 된다고 합니다. 우리가 가진 것이 비록 작지만 소중하게 여기며 살아갑시다.

오늘은 몹시 춥습니다. 더욱 건강에 유념합시다.

채권자와 채무자

며칠 전 채권자의 "배로 갈아타라"라는 칼럼을 신문에서 보았습니다. 21세기 첫 10년은 채무자의 시대였으나 두 번째 10년은 채권자의 시대가 될 것이란 전망이었습니다. 과거 10년은 빚을 내서 집을 산 사람이 득이 되는 세상이었다고 하면, 물가가 오르고 금리가 올라가는 지금부터의 10년은 채권자가 득을 보는 세상으로 변했다는 것입니다.

몇 년간 계속된 국제금융위기를 극복하기 위하여 미국을 비롯한 각국이 과도하게 통화를 늘리고 정부지출을 늘리는 도박을 했기 때문에 전 세계적으로 물가가 상승하고 있고 그 결과로 금리가 상승할 수밖에 없게 되며 뒤이어 인플레이션 시대를 예고하고 있는 것이 현실이라고 진단하고 있습니다.

요즘 전세대란도 여기에 기인하는 현상이라고 생각됩니다. 쉽게 말해서 빚을 내서 집을 사는 우는 범하지 않는 것이 현명할 것이라고 생각합니다. 비록 빠듯한 삶이지만 부채를 줄이고 저축을 늘리는 지혜로운 삶을 살도록 노력합시다.

하루하루 건강하고 활기찬 삶이 되기를 기원합니다.

달라이 라마

1935년 티베트에서 태어나 1948년 제14대 달라이 라마로 즉위한 티베트족의 정신적, 신앙적 지주로 1989년 노벨 평화상을 수상한 달라이 라마의 말입니다.

"좋은 시절은 우리 적이다. 우리를 잠들게 한다. 역경은 우리의 친구다. 우리를 깨어나게 한다."

장정빈 저 〈사장처럼〉에서도 같은 말을 하고 있습니다.

"사람은 편안함보다 곤란함에서, 완벽한 승리보다는 아쉬운 패배에서 훨씬 많은 것을 배운다. 그러므로 승리보다 패배를, 성공보다 실패가 더 값질 때가 분명 있다. 왜냐하면 우리는 항상 승리할 수도 매번 성공할 수도 없다. 패배와 실패를 극복하고 승리할 수 있는 노하우를 가져야 한다."

그렇기 때문에 항상 좋은 것만, 항상 편안함만, 항상 좋은 환경과 조건만 동경할 필요는 없습니다. 우리가 어떠한 역경에 처하더라도 좌절하거나 포기해서는 안됩니다. 벌써 5월도 지나고 6월이 되었습니다. 성공적이 한 해를 위하여 마음가짐을 새롭게 합시다.

하루하루 건강하고 활기찬 삶이 되기를 기원합니다.

솔로몬 왕의 지혜

과거에는 "아는 것이 힘이다"라는 말이 있었습니다. 그러나 인터넷이 발달한 지금은 아는 것 즉 지식은 옛날처럼 남다른 힘을 발휘할 수 없는 시대가 되었습니다. 인터넷에 들어가면 모든 지식이 있기 때문입니다.

지금 우리에게 꼭 필요한 것은 지혜입니다. 지식이 아니라 지혜가 필요한 시대에 살고 있습니다. 지혜를 얻는 가장 확실한 방법은 독서라고 생각합니다. 많은 독서를 통하여 우리는 지혜를 얻을 수 있습니다.

지혜로운 왕인 솔로몬 왕에게 두 여인이 한 아기를 안고 찾아와 서로 자기 아들이라고 주장했습니다. 솔로몬 왕은 그러면 아기를 둘로 갈라 하나씩 가져가라고 했습니다. 이때 한 여인은 그렇게 하겠다고 하고 한 여인은 자기는 포기할 테니 저 여인에게 주라고 했습니다. 이 말은 들은 왕은 아기를 포기한 여인에게 아기를 주었습니다. 진짜 어머니는 아기가 죽는 일만은 참을 수 없었기 때문입니다. 판결은 지식이 아니라 지혜입니다. 지금은 아이디어의 세상이라고 합니다. 지혜는 아이디어의 다른 표현입니다. 지혜로운 사람이 되기 위한 노력을 경주합시다.

2월까지의 매출액을 보냅니다. 2월은 추위가 계속되면서 부진했으나 1월의 매출액 증가 때문에 큰 의미는 없으나 전년 대비 매출이 증가했습니다.

다섯 가지 물음

저녁 때 동료들과 술 마시며 회사가 왜 이 모양이냐고 실컷 욕했더니 다음 날 회장 비서실에서 전화가 와서 잘릴 줄 알았는데 삼성의 이병철 선대회장은 "회사를 원하는 대로 바꿔 보라." 하시면서 비서실 근무를 명하여 비서 생활을 시작한 삼성그룹내 혁신전도사, 구원투수, 아이디어맨으로 불리며 현재는 삼성의료원 사장으로 재직 중인 윤순봉 사장의 말입니다.

오늘의 삼성이 있게한 이병철 회장의 경영철학을 정리해서 말하고 있습니다. 이병철 선대회장의 경영기법은 "파이브 와이(Five Why)라고 합니다. 어떤 일이 잘못되면

"왜 그럴까."

"어떻게 그렇게 됐나."

"뭐가 잘못된 건가."

"어떻게 되고 있나."

"어떻게 해야 하는가."

다섯 가지 질문을 던져 직원들이 잘못된 근본 원인을 찾아내 바로잡게 했다는 것입니다. 잘못할 수도, 실수할 수도 있습니다. 문제는 똑같은 잘못을 반복하지 않는 것이 중요합니다. 잘못을 방치하면 더 큰 화를 불러옵니다. 나는 오늘 화를 자초하는 일은 하지 않았는가 돌이켜 보는 삶을 살아갑시다. 반복되는 삶이지만 실수를 계속하는 삶은 살지 맙시다. 하루하루가 다른 삶을 살아갑시다.

니체의 명언

독일의 실존주의 철학자 니체(1844~1900)의 명언입니다.

"인생에서 가장 중요한 때는 지금이고, 가장 중요한 사람은 지금 만나고 있는 사람이며, 가장 중요한 일은 지금 하고 있는 일이다."

우리 삶에서 가장 중요한 때는 지금입니다. 지금 실패하면 영원히 실패하는 것이고, 지금 성공하면 영원히 성공하는 것입니다.

지금 내 앞에 있는 가족, 직장 동료, 친구들이 가장 중요합니다. 그들과의 관계에서 실패하면 성공적인 삶을 영위할 수 없습니다. 지금 내가 만나고 있는 사람이 가장 소중한 사람입니다. 지금 하고 있는 일이 가장 중요하고 소중합니다. 지금 하고 있는 일을 실패한다면 어떻게 성공할 수 있겠습니까? 지금이 가장 소중한 시간이며, 지금 만나고 있는 사람이 가장 소중한 사람이며, 지금 하고 있는 일이 가장 소중한 일이다는 믿음을 갖고 충실한 삶을 살아갑시다.

과거는 지나갔고, 미래는 아직 오지 않았습니다. 가장 소중한 오늘 하루를 어떻게 지냈는가를 생각하고 잠자리에 듭시다. 하루하루 건강하고 승리하는 삶을 살기를 기원합니다.

월요편지 2012-07-19 오후 2:31:54

행운을 가진 사람

전 IBM 부사장 토마스 누난의 이야기입니다.

“실력도 중요하지만 그보다 같이 일할 수 있는 품성을 갖춘 사람이 필요하다.”

나는 과연 같이 일하고 싶은 사람인가 돌이켜 봅시다. 또 한 가지는 행운을 가진 사람을 좋아한다고 했습니다. 행운을 가진 사람은 조직에 큰 도움을 줄 뿐 아니라 주위 사람을 행복하게 만든다고 합니다. 어떠한 사람이 행운을 가진 사람인가에 대해서는 일본에서 경영의 신이라 추앙받는 파나소닉 창업자 마스시타 고노스케 말이 있습니다.

그는 “나는 운이 좋다”고 생각하는 사람을 채용한다. 그것은 운이 좋은 사람은 행운을 가져오기 때문이라고 하면서 운이 좋은 사람, 행운을 가져오는 사람이 되기 위한 조건을 제시하고 있습니다. 첫째는 운이 좋기 위해서는 미리 철저히 준비하고 노력하여야 한다. 둘째는 운이 좋으려면 주변 사람들에게 미리미리 덕을 쌓아야 한다고 말하고 있습니다.

나는 과연 운이 좋기 위해서 준비하고 노력하고 있는가. 나는 과연 주변 사람들에게 덕을 쌓고 있는가 돌아봅시다. 행운을 위하여 준비하고 노력합시다. 주변 사람 특히 같이 일하는 직장 동료를 귀하게 여기고 협력하고 사랑하는 덕을 쌓도록 노력합시다. 그리하여 성공한 사람, 좋은 일터를 만들도록 노력합시다.

장마도 중간을 지나고 있습니다. 더욱 건강하고 활기찬 삶이 되기를 기원합니다.

인사하기

1972년 통일주체국민회의 대의원에 당선되어 새로운 동료들을 사귀게 되었을 때 특별히 인사를 잘하는 두 사람이 눈에 띄었습니다. 그 당시 저는 30대 초반이었고 그들도 같은 나이였습니다. 그중 한 사람이 고 권영우 회장입니다. 그는 그 후 2선 국회의원을 지냈고, 제천에 세명대학교를 설립하고 총장을 지냈으며 사업적으로도 경기여객, 대원여객 등을 경영하면서 4년 전 작고할 당시 버스 5천 대의 큰 기업을 이룩했습니다.

나는 그가 크게 성공할 수 있었던 근본은 그의 인사하는 몸가짐에 있었다고 감히 말합니다. 또 한 사람인 박학선 회장도 우리나라 최초의 양판점인 한국양복 총판을 창업하여 사업적으로도 크게 성공했습니다. 현재 고양원더스 감독인 야신 김성근 감독의 저서에서 똑같은 의미의 글이 있어 소개합니다. 김 감독은 선수가 입단하면 야구를 먼저 가르치는 것이 아니라 인사하는 법부터 가르친다고 합니다. 그의 말입니다.

"인사하지 않는다는 것은 상대에 대한 존중이 없다는 것이고 존중이 없다는 것은 겸손이 없고, 겸손이 없으면 오만하다는 뜻이다. 오만은 자신의 실력을 제대로 모르고 있다는 것이다. 이런 선수들은 승부세계에서 살아 남을 수 없다. 그래서 제일 먼저 가르치는 것이 인사하는 것이다."

그는 계속하여 말합니다.

"상대가 나에게 예를 갖추고 있다고 생각하면 나 역시 상대에게 함부로 대하지 못하게 된다. 이러면서 존중하는 마음도 생기고 그 위에 동료애도 쌓이는 것이다. 나는 이런 기본을 중요하게 생각한다. 기본이 되어 있지 않으면 아무리 야구를 잘해도 오래 갈 수 없다."

저도 인사를 잘하지 않는 사람이었습니다. 그러나 두 친구를 만난 후 좋은 습관이라고 생각하고 의식적으로 인사하는 습관을 갖도록 노력했습니다. 인사는 친구를 만들지언정 원수를 만들지는 않습니다. 웃는 낯에 침 못 뱉는다는 말도 있지 않습니까. 인사는 친구를 만드는 첫걸음입니다. 성공한 삶을 바란다면 먼저 인사하는 습관부터 몸에 익힙시다.

지난달에는 태풍 등 비가 많이 와서 금년 들어 처음으로 작년 같은 달 대비 마이너스 성장을 했습니다. 9월에는 지난달에 하지 못한 것까지 열심히 노력합시다. 매출액을 보냅니다. 참고하시기 바랍니다.

친구의 죽음

요즘 만나는 사람마다 모두 어려움을 호소하고 있습니다. 개인이나, 공장이나, 국가나 모두가 위기 속에 있습니다. 자칫 좌절하기 쉬운 이때에 위로가 되는 글이 있어 소개합니다.

19세기 이탈리아 시인으로 「부활」, 「고독한 참새」 등의 명시를 남긴 레오파르디의 말입니다.

"누구나 커다란 시련을 당하기 전에는 진정으로 참다운 인간이 못된다. 그 시련을 통하여 자기의 존재 이유를 찾고 삶의 의미를 깨닫게 된다. 그러므로 커다란 시련을 겪기 전에는 누구나 어린 아이에 지나지 않는다."

1936년 뉴욕에서 태어난 정신과 의사이자 심리상담가인 **M** 스캇 펙의 말도 있습니다.

"삶은 고해(苦海)입니다. 이것은 이 세상에서 가장 확실한 진리 중 하나입니다. 진정으로 삶이 힘들다는 것을 알게 되면 삶은 더 이상 힘들지 않게 됩니다. 일단 받아들이게 되면 삶이 힘들다는 사실은 더 이상 문제가 되지 않기 때문입니다. 내가 어려우면 다른 사람도 어렵습니다. 나만 특별히 더 어려운 것이 아닙니다."

3일 전 정말로 가까운 친구가 세상을 떠났습니다. 동맥이 터져 쓰러져 4시간 만에 숨을 거뒀습니다. 그 친구는 부인이 3년 넘게 병석에 누워 있어 병간호에 24시간을 바쳐 고생하며 살았습니다. 정말로 무거운 짐을 내려놓고 갔습니다.

명이 다하는 순간까지 삶의 무거운 짐을 지고 가야 하는 것이 삶이라고 생각합니다. 그러나 그 짐을 끝까지 지고 가야 하는 것이 인생입니다. 짐 무겁다고 불평할 것이 아니라 어떻게 잘 지고 갈 것인가만 생각하고 삽시다. 우리 모두가 짐을 던져 버리면 이 세상은 어떻게 되겠습니까? 버려진 노인, 버려진 아이들, 버려진 공장, 버려진 양심, 버려진 질서, 버려진 국가 등 생각만 해도 끔찍한 세상이 아닙니까? 무거운 짐을 진 고난의 세상을 웃으며 가는 지혜가 필요합니다.

하루하루 건강하고 활기찬 삶이 되기를 기원합니다.

일과 죽음

유럽 중세 절대 권력인 교황청에 맞서 종교 개혁을 완성한 마틴 루터(Martin Luther, 1483~1546)의 말입니다.

"노동이 사람을 죽이는 경우는 없다. 그러나 빈둥거리며 지내는 것은 신체와 생명을 망친다. 새가 날기 위해 태어난 것처럼 인간은 노동을 하기 위해 태어났기 때문이다."

광고의 아버지 오길비도 스코틀랜드의 속담을 믿는다며 영국속담을 소개하고 있습니다.

"일이 아무리 힘들어도 사람이 죽는 법은 없다. 인간은 지루함과 심리적 갈등, 그리고 질병 때문에 죽는다. 일이 많고, 힘들다고 해서 죽는 사람은 없다."

일할 수 있다는 것은 축복입니다. 일할 힘이 없어서, 할 일이 없어서, 일을 하고 싶으나 할 수 없는 사람이 많습니다. 일할 수 있는 건강과 할 일이 있음을 축복으로 생각하고 열심히 노력합시다.

이제 구정이 지나면 한 해의 일이 시작됩니다. 설레는 마음을 갖고 준비합시다. 하루하루 건강하고 활기찬 삶이 되기를 기원합니다.

김정은의 생각

〈무지개 원리〉 저자이며 희망전도사로 널리 알려진 차동엽 신부(1958년생, 오스트리아 빈 대학 신학박사)가 〈희망의 귀환〉이란 책을 새로 출간했습니다. 이 책에 나오는 말입니다.

“사람의 뇌는 동시에 두 가지 감정을 가질 수 없다. 곧 사람의 머리에는 오직 한 의자만 있어서 여기에 절망이 먼저 앉아 버리면 희망이 함께 앉을 수 없고, 반대로 희망이 먼저 앉아 버리면 절망이 함께 앉을 수 없다. 절망을 없애려고 하지 말고 희망을 붙잡아라. 어둠을 몰아내는 것이 빛이듯이 절망을 몰아내는 것은 바로 희망이다. 절망과 싸우는 대신 자꾸 희망을 갖도록 노력해 보라. 희망을 품는 것이 절망을 몰아내는 비결이다.”

우리나라는 지금 사람으로 감내하기 힘든 악랄한 북한의 도발, 침체된 경기, 우리 공장 자신이 겪고 있는 판매 부진 등 절망적인 요소들이 너무도 많습니다. 이때에 우리가 가져야 할 마음의 자세를 가르쳐 주는 명언이라고 생각합니다. 절망, 희망 둘 중에 무엇을 선택하시겠습니까? 당연히 희망을 선택합시다. 나는 안보의 전문가도 아니며, 현재의 안보 상황에 대하여 잘 알지도 못합니다만 최소한도 전면전의 가능성은 없다고 믿고 있습니다. 그 이유는 전쟁이 발생하면 우리나라 전체가 파괴되고, 몇 천만 명이 생명을 잃을 것이지만 북한은 이 지구상에서 영원히 사라질 것도 분명합니다.

김정은이 자기가 죽는 자살 행위는 절대로 하지 않을 것입니다. 독재자는 죽음에 대하여 보통 사람보다 더 두려워합니다. 그는 가진 것이 많기 때문에 잃을 것이 우리 보통 사람보다 훨씬 많기 때문에 생명에 대한 애착이 더 큽니다. 김정은도 우리와 같은 사람입니다. 우리가 할 수 있는 생각은 그도 하고 있다고 생각합니다. 어려울수록 희망을 가집시다. 절망하는 사람과 희망을 가진사람, 누가 이 역경을 헤쳐 나갈 수 있다고 생각합니까? 그 답은 분명합니다.

하루하루 건강하고 활기찬 삶이 되기를 기원합니다.

미켈란젤로

이탈리아의 조각가, 화가, 시인, 건축가인 미켈란젤로(1475~1564)의 말을 소개합니다. 그는 특히 성시스타나 성당의 "최후의 심판"과 1499년에 제작된 조각 작품 "피에타"로 유명한 예술가입니다.

"이 부분은 손봤고, 저 부분은 약간 다듬었고, 여긴 약간 부드럽게 만들어 근육이 잘 드러나게 했죠. 입 모양에 약간 표정을 살렸고, 갈빗대는 약간 더 힘이 느껴지게 바꿨습니다."

미켈란젤로의 설명을 듣고 있던 방문자가 물었습니다.

"하지만 이건 모두 사소한 부분이잖소."

미켈란젤로가 말했습니다.

"완벽함은 결국 사소한 부분에서 나옵니다."

네덜란드의 후기 인상파 화가로 현대인의 사랑을 가장 많이 받는 후기 인상파의 거장 빈센트 고흐도 같은 뜻의 말을 했습니다.

"위대한 성과는 소소한 것들로 이뤄집니다."

그렇기 때문에 그 사소한 것들이 모이고 모여 인격을 만들고, 그 인격이 품성이 되어 성공으로 이어집니다. 우리 공장도, 우리 한 사람 한 사람도, 완벽한 공장, 완벽한 인간이 될 수 있습니다. 우리가 갖고 있는 잘못된 생각, 잘못된 습관, 잘못된 행동, 잘못된 생활 방식 등 사소한 것을 바꿈으로써 완벽한 공장, 완벽한 사람이 될 수 있습니다. 작은 것을 바꿉시다. 그것이 쌓이면 큰 것이 바뀌게 될 것입니다.

하루하루 건강하고 활기찬 삶이 되기를 기원합니다.

4월까지의 매출액을 보냅니다. 레미콘도 부진하지만 주택 자재는 더욱 부진합니다. 참고하시기 바랍니다.

두뇌까지 빌려라

1947년 미국에서 태어나 목사로 출발했으나 20여 권의 베스트셀러 작가이며 특히 리더십 분야에 탁월한 강연가로 명성을 얻고 있는 존 맥스웰(John Maxwell)이 그의 저서 〈매일 읽는 맥스웰 리더십〉에서 소개한 미국 28대 대통령 우드로 윌슨(1856~1924)의 말입니다.

"자기 자신의 두뇌뿐 아니라 빌려 쓸 수 있는 두뇌까지 모두 사용해야 한다."라고 역설하고 있습니다. 그는 계속해서 두뇌만 빌리는 것이 아니라 손도, 마음도 빌리라고 충고하고 있습니다.

미국 37대 린든 존슨 대통령(1908~1973)도 같은 말을 하고 있습니다.

"모두가 힘을 합쳐 해결하지 못할 문제는 없다. 그러므로 혼자서 해결할 수 있는 일은 거의 없다."

어려운 이때에 우리에게 시사하는 바가 큽니다. 서로 협력하여 힘을 합쳐야 이 난관을 통과할 수 있습니다. 우리 속담에도 "백지장도 맞들면 낫다"는 말도 있지 않습니까? 도움을 주고 도움을 받는 직장을 만듭시다. 그러기 위해서는 신뢰가 쌓여야 합니다. 신뢰가 쌓이기 위해서는 성실과 진실이 선행되어야 합니다. 성실, 진실, 신뢰, 협력이 가득한 직장을 만듭시다.

하루하루 건강하고 활기찬 삶이 되기를 기원합니다.

린치핀

1960년 미국에서 태어나서 스탠퍼드 대학경영학 석사이며 〈시작하는 습관〉, 〈린치핀〉 등의 베스트 작가이며 한때는 야후의 마케팅 담당 부사장을 역임하고 지금은 요요다인(Yoyodyne)의 CEO인 세스 고딘(Seth Godin)의 말입니다.

"남들과 다르다는 이유만으로 꼭 필요한 사람이 되는 것은 아니다. 하지만 꼭 필요한 사람이 되는 유일한 방법은 남들과 달라지는 것이다. 남들과 다른 것이 없다면 무수한 사람들 중 한 명에 불과하다. 대체 불가능한 사람만이 살아 남을 수 있다."

그는 우리에게 린치핀(Linchpin)이 되라고 말하고 있습니다. 린치핀이란 "누구도 대신할 수 없는 꼭 필요한 존재"를 말합니다. 우리는 살아 남기 위해서 꼭 린치핀이 되어야 합니다. 우리 공장에 꼭 필요한 사람, 우리 가정에 꼭 필요한 사람, 우리 사회에 꼭 필요한 사람, 나 아니면 그 누구도 대신할 수 없는 사람이 됩시다.

나는 우리 공장에서 과연 어떤 사람인가. 나는 우리 가정에서 과연 어떤 사람인가. 나는 과연 우리 사회에서 어떤 사람인가. 나는 친구, 직장 동료 사이에서 과연 어떤 사람인가 한번 돌이켜 봅시다. 부족한 점이 있다면 채우고 개선해 나아갑시다.

하루하루 건강하고 활기찬 삶이 되기를 기원합니다.

일과 휴식

연일 무더위가 계속되고 있으나 휴가도 끝나고 곧 서늘한 바람이 부는 가을을 그리며 생각나는 글이 있어 소개합니다.

“일만 알고 휴식을 모르는 사람은 브레이크 없는 자동차와 같이 위험하기 짝이 없다. 반대로 놀 줄만 알고 일할 줄 모르는 사람은 엔진 없는 자동차와 마찬가지고 아무 쓸모가 없다.”

이 말은 미국의 자동차 왕 헨리 포드가 한 말입니다. 그는 1863년 미국에서 태어난 공학기술자로 1903년 컨베이어 방식에 의한 생산방식으로 대중차인 포드 “A”형 차를 생산하여 자동차 대중화의 문을 연 당대 발명왕 에디슨과 필적되는 인물입니다.

불란서 시인(1821년생)으로 시집 〈악의 꽃〉으로 유명한 샤를 보들레르도 같은 말을 하고 있습니다.

“근로는 매일을 풍부하게 하며 휴식은 피곤한 나날을 더욱 값있게 한다. 일한 뒤의 휴식은 환희 속에 감사를 불러 온다.”

배터리가 모두 소진되고 마는 시점까지 기다려서는 안됩니다. 휴식은 결코 게으름도 멈춤도 아닙니다. 더 멀리 뛰기 위한 움츠림입니다. 일과 휴식에 대한 의미를 이야기해 주고 있는 말들입니다. 일에 대한 의미, 쉼에 대한 의미를 말해 주는 귀한 말들입니다.

일도 열심히, 노는 것도 열심히, 그 좋은 예를 영안모자 백성학 회장에게서 보곤 합니다. 그는 일도 열심히, 노는 것도 열심히 노는 사람입니다. 그렇기 때문에 크게 성공할 수 있었다고 저는 믿고 있습니다. 일하고 놀고, 놀고 일하고 열심히 살아갑시다.

하루하루 건강하고 활기찬 삶이 되기를 기원합니다.

좋은 이웃

중국 통일왕조 송나라의 후기(1127~1279) 남송(南宋) 시대에 살았던 계아(季雅)의 일화가 있어 소개합니다.

천금매택 만금매린(千金買宅 萬金買隣)이란 천금으로 집을 사고 만금으로 이웃을 산다는 말입니다.

계아는 좋은 이웃을 얻기 위하여 집값을 10배나 더 주고 좋은 이웃이 있는 집을 샀다는 고사가 전해지고 있고 지금도 중국 사람들은 관시〔關係 : 관계〕를 중하게 여기는 전통을 갖고 있습니다. 좋은 친구는 만금과도 같습니다. 좋은 친구를 사귀는 것은 곧 자신이 좋은 친구가 되는 것을 뜻하기도 합니다. 나 자신 좋은 친구가 될 자격이 있는가 돌아보고 매사에 비난받지 않는 삶을 살도록 노력합시다. 벌써 2월이 되었습니다. 금년에는 단 한 사람이라도 좋은 이웃을 만드는 삶을 살아갑시다.

지난 1월은 날씨가 좋은 때문이기도 하지만 좋은 출발을 했습니다. 또 새로운 사장이 세운 실적이기도 합니다. 금년은 좋은 한 해가 될 것을 믿습니다.

1월의 매출 내역을 보냅니다. 참고하시기 바랍니다.

월요편지 2014-03-03 오후 3:40:49

Understand의 의미

〈젊은 베르테르의 슬픔〉, 〈파우스트〉 등 베스트셀러의 저자, 세계적 문호 괴테(Johann Wolfgang von Geothe, 1749~1832, 독일)가 〈괴테의 말〉이라는 저서에서 한 말이 있어 소개합니다.

“타인의 마음을 이해하는 일에는 요령이 있다. 누구를 대하든 자신이 아랫사람이 되는 것이다. 그러면 저절로 자세가 겸손해지고 이로써 상대에게 좋은 인상을 주게 되고 상대는 마음을 연다. 영어에 이해한다(Under Stand)는 말이 있습니다. UnderStand는 타인의 밑(Under)에 선다(Stand)는 뜻입니다. 그래야만 진정으로 그 사람을 이해(Understand)하게 된다는 의미를 갖고 있습니다.

항상 역지사지(易地思之)하는 마음을 갖고 타인을 Understand 하는 마음으로 산다면 좋은 친구를 많이 갖게 되고 생은 윤택하게 될 것입니다. 스스로 높아지려는 어리석음에서 헤어납시다. 낮은 곳이라야 물이 흘러듭니다. 내가 높은 곳에 있으면 주변에 아무도 없게 되고 고독하게 될 것입니다. 삶이 풍요로울 수도, 삭막할 수도 있습니다. 그것은 우리가 하기 나름입니다.

하루하루 건강하고 활기찬 삶이 되기를 기원합니다.

주는 것의 의미

아인슈타인에 관해서는 월요편지(309쪽)에 이미 소개했으므로 생략합니다. 아인슈타인의 말 중에 귀한 말이 있어 다시 소개합니다.

"인간의 가치는 그가 무엇을 받을 수 있느냐가 아니라 무엇을 줄 수 있느냐로 판단된다"고 말했습니다. 미국의 케네디 대통령(1917~1963, 미국 제35대)이 1961년 취임사에서 한 말은 50년이 지난 지금도 널리 회자되고 있습니다.

"국민 여러분 조국이 여러분들을 위해 무엇을 할 수 있는 것인지 묻지 말고 여러분들이 조국을 위해 무엇을 할 수 있는지 스스로에게 물어라."

나만 생각하고 받을 것만 생각하는 사람이 아니라 내가 먼저 다른 사람에게 좋은 것을 줄 수 있는 사람들이 많은 세상을 만듭시다. 사랑을 주고, 존중을 주고, 관용을 주고, 배려를 주고, 관심을 주고, 칭찬을 주고, 생각해 보면 줄 것이 참으로 많습니다. 생각만 해도 행복이 넘치는 아름다운 세상이 아닙니까?

2월까지의 매출 내역을 보냅니다. 비교적 따뜻한 겨울이었고, 큰 의미는 없으나 예년에 비해 좋은 성적을 기록했습니다.

가야금 연주자 황병기

서양 고전음악과 달리 우리 국악은 왜 세계화되지 못하는가를 고민하면서 국악의 세계화를 위해 평생을 바친 국악인 가야금 연주자 황병기 교수(1936년 서울 출생, 서울 법대 졸업)의 말입니다.

"음악의 꽃은 역시 연주다. 정신은 속임수가 가능하지만 육체는 속임수가 불가능하다. 훈련이 중요하다. 가야금은 한 달만 쉬면 손가락에 물집이 잡히고 근육이 풀려 연주를 못한다. 대가가 된다는 것은 연습의 산물이다."

황병기 선생은 지난 60년 동안 하루도 거르지 않고 가야금 연습을 해왔다고 합니다. 그렇습니다. 끝없는 연습만이 대가를 만들고 지루한 반복이 천재를 만듭니다. 재능이 부족하다 탓하지 말고 노력 부족을 탓해야 합니다. 연습만이 재능을 이깁니다.

우리들도 장인도, 대가도, 달인도, 일인자도 무엇이든지 될 수 있습니다. 얼마나 연습하느냐, 얼마나 노력하느냐에 달려 있습니다. 이것은 명백한 진리입니다. 내가 하는 일에 장인이 되는 노력을 시작합니다. 실현 가능한 목표입니다. 장인이 되고 일인자가 되었을 때의 자신을 그려보며 하루하루의 노력을 쌓아 갑시다.

건강하고 활기찬 삶이 되기를 기원합니다.

2. 위기관리

처변불경

한 주를 즐거운 마음으로 출발합니다. 오늘 새벽 우리 태극전사들이 세계 최강 중 하나인 불란서를 상대로 승리 같은 무승부를 이뤄냈습니다. 토고전 때와 마찬가지로 먼저 실점하고서도 포기하지 않는 투혼으로 이룩한 값진 성과입니다. 우리들은 뒷심이 부족하다고 스스로 자조 섞인 마음을 갖고 지낸 적도 있습니다만 지금은 분명히 어떠한 위기도 스스로 이겨낼 수 있다는 자신감과 능력을 겸비한 나라가 되어 있음을 확인한 쾌거이기도 합니다.

오래전 대만에 갔을 때 處變不警(처변불경 : 어떠한 어려움에 처하여도 슬기롭게 대처하고 놀라지 말라는 뜻)이란 표어가 곳곳에 붙어 있는 것을 보고 국가는 물론 개인도 꼭 익혀야 할 경구라고 생각하고 어려움이 있을 때마다 마음속으로 새겨보는 말입니다.

그 당시 대만은 중국으로부터 금문도가 위협을 받고 있었고 대만은 2차 세계대전 후 미국 등 우승국들과 함께 유엔을 창설한 중요국가로 상임이사국이었으나 중국이 회원국이 되고 대만은 회원국 지위마저도 상실하게 되는 위기 상황이었으나 잘 대처한 결과 중국과의 관계에 많은 문제점을 안고 있지만 경제적으로는 부강한 나라가 되어 있습니다.

우리 공장도 어려운 상황에 처해 있는 것은 분명합니다. 그러나 우리가 어떻게 대처하느냐에 따라 발전의 동력을 잃지 않고 전진할 수 있으리라 확신합시다. "처변불경" 다시 한번 마음에 새기고 어려운 현재의 역경을 극복하고 우리 모두 승리자가 됩시다.

오늘도 건강하고 활기찬 하루가 되기를 기원합니다.

장마와 신앙

지난 주말은 엄청난 빗속에 보냈습니다. 많은 국민들이 가족, 재산, 일터를 잃는 고통 속에 보냈습니다. 더 이상의 피해가 발생되지 않도록 기원하고 있습니다. 불행 중 다행한 일은 우리 식구들은 큰 피해를 보지 않은 것으로 파악되고 있습니다.

어제 새벽에는 광주공장 제방이 범람위기까지 갔으나 임 부장이 새벽에 출근하여 지혜롭게 대처하여 위기를 잘 넘겼습니다. 조 계장도 출근하여 온종일 수고했습니다. 제방에 물이 찰랑찰랑하다는 보고를 받고 잠시 고민도 했습니다. 예배 시간이 10시인데 교회로 갈 것인가 공장으로 갈 것인가, 그러나 교회로 갔습니다. 그것은 믿음이 있기 때문이었습니다.

제가 공장을 시작해 1966년부터 40년이 되었습니다. 지난 40년간 교회에 나가 예배를 드린 시간을 계산해 보면 약 4,300시간이며 날수로는 180여 일이 됩니다. 제가 교회에 나가 예배를 드렸던 그 많은 시간 동안 단 한 번도 어려운 일이 생긴 적이 없고 또 어려운 일이 생기지 않는다는 확실한 신념을 갖고 있습니다.

어제도 예배를 드리고 나오다 어려서부터 교회생활을 같이 해온 박철호 장로님이 우리 공장을 방문한 적도 있어 비 피해는 없는가 물었을 때 제방이 위험하나 예배 드리는 동안은 절대로 안전했을 것이라고 말했고 저 자신 평안한 마음으로 예배를 드렸습니다. 예배가 끝나고 임 부장에게 전화했더니 장비를 불러 다리 밑을 정리하여 수위가 많이 낮아져 위기를 넘겼다는 이야기를 들었습니다.

종교이야기를 하고자 하는 것은 아닙니다. 우리는 살아가면서 많은 위기를 맞게 됩니다. 문제는 위기의 순간 마음의 평정을 가질 수 있느냐는 중요한 문제입니다. 우리 속담에 "호랑이에게 물려가도 정신을 차리라"는 말이 있습니다. 위기의 순간 허둥대어 잘못 판단하고 잘못 대처하여 큰 화를 자초할 수도 있습니다.

종교든, 굳은 신념이든, 아니면 조상이든 믿음의 대상이 꼭 필요합니다. 위기의 순간 나는 무엇을 믿고 의지할 것인가 자문해 봅시다. 만일 그 대상이 없다면 위기를 극복하기가 더 어려울 것입니다. 믿음의 대상을 갖는 것, 그것은 우리가 살아가는 데 꼭 필요한 지혜입니다.

장마 중에 더욱 건강에 유념하고 활기찬 하루하루가 되기를 기원합니다.

5미터 더

우리는 지난 3, 4년 동안 내달은, 봄에는, 가을에는, 내년에는 나아지겠지 하면서 희망을 버리지 않고 불황의 긴 터널을 지내오고 있습니다.

지난 몇 년 동안 모든 제조원가는 계속 인상되어 왔으나 제품가격은 제자리 또는 하락을 계속해 오고 있습니다. 그나마 작년에는 시멘트 가격이 하락하여 적자폭을 다소 줄여주기도 했습니다. 그러나 시멘트 업계도 더 이상 적자를 감당하기 어려워 4월 들어 3월 출고분도 소급하여 톤당 47,000원에서 55,000원으로 20% 가까이 인상되어 연간 4~5억 원의 추가 비용이 불가피하게 되었습니다. 현재 여건으로는 제품 가격 인상도 여의치 않아 작년보다 경영이 더 악화될 전망입니다.

한 등산가의 일화를 생각합니다. 알프스 산을 오르던 중 심한 눈보라를 만났습니다. 그는 산 정상에 가면 산장이 있다는 것을 잘 알고 있었으므로 눈보라가 더 심해지고 날이 어두워져도 사력을 다해 걸었으나 1m 앞도 보이지 않는 상황에서 걸어도 걸어도 산장이 보이지 않자 그는 길을 잘못 들었다고 절망하며 자포자기하여 얼어 죽었습니다. 날이 밝고 눈보라가 그친 후 얼어죽은 등산가를 발견했는데 죽은 장소가 산장에서 불과 5m밖에 떨어지지 않은 곳이었습니다.

"5m만 더 가자."

고난이 닥쳐올 때마다 스스로에게 다짐한다는 차동엽 미래사목연구소장의 말이 이 아침 우리에게 용기를 주는 것 같습니다. 저도 같은 경험을 갖고 있습니다.

50년 전 고등학교 졸업을 앞둔 마지막 수업 시간에 담임선생님이 하신 말씀을 평생 기억하고 있습니다.

Where There is a Will, There is a Way.
뜻이 있는 곳에 길이 있다.

어려움이 닥칠 때마다 마음에 새기면서 살아왔습니다. 경영 환경만 보면 절망할 수밖에 없습니다. 그러나 어떠한 상황에서도 승자와 패자는 있게 마련입니다. 우리는 승자가 되어야 합니다. 우리가 가진 지혜와 능력을 다하여 5m를 더 전진합시다. 그리하여 비바람과 어둠을 헤치고 찬란하게 떠오르는 태양을 맞이하는 감격을 누려 봅시다.

하루하루가 건강하고 활기찬 나날이 되기를 기원합니다.

한 박자 쉬어 가지

"일이 잘 안 풀릴 땐, 문제가 있으면 나는 그것을 생각한 다음, 무의식 속으로 내려 보낸다. 살다 보면 그것이 내 안 어딘가에 녹아 있다가 필요할 때 위로 올라와 문제를 해결해 준다."

러셀(B. Russell)의 말입니다.

휴맥스의 변대규 사장도 일이 잘 안 풀릴 때 이 방법을 사용한다고 합니다. 이것을 아이디어의 숙성기라고 생각합니다. 큰 문제에 봉착했을 때 지금 당장 명쾌한 정답을 찾는 대신 일정 기간 의식적으로 혼란기를 갖다 보면 어느 순간 나도 모르게 탁월한 해답이 튀어나오는 경우가 종종 있습니다. 이것은 중요한 의사결정을 뒤로 미루고 책임을 회피하는 것과는 전혀 다른 개념이라고 말하고 있습니다.

우리 개인은 물론 회사도, 사회도 많은 문제를 갖고 있고, 또 해답을 기다리고 있습니다. 너무 조급해 하지 않고 한 박자 쉬어 가는 지혜가 필요합니다. 문제를 회피하는 것이 아니라 시간을 갖고 해결하는 것이 더 현명한 해답을 얻을 수 있는 방법일 수 있습니다.

우리 공장도 문제도 많고 해결해야 할 것도 많이 있습니다. 당장 명쾌한 해결 방법이 없다고 조급해 하거나 좌절할 것이 아니라 문제 해결의 의지를 갖고 끈기 있게 노력하면 해결의 방법이 있다고 확신합니다.

오늘도 건강하고 활기찬 하루하루가 되기를 기원합니다.

뇌내혁명

연일 주가가 폭락하고 환율은 상승하고 건설회사의 부도설 등 온통 위기라는 말만 무성한 가운데 정부도 뚜렷한 대책을 내놓지 못하는 답답한 날들이 계속되고 있습니다.

〈뇌내혁명〉의 저자 하루야마 시게오의 말은 우리가 어떤 마음가짐으로 살아야 하는가의 해법을 제시하는 것 같습니다.

"무엇이든 플러스 발상을 하는 습관을 가진 사람은 면역성이 강하며 좀처럼 병에 걸리지 않는다. 그러나 마이너스 발상만 하는 사람은 한심스러울 정도로 쉽게 병에 걸린다. 똑같은 상황, 똑같은 라이프 스타일에도 불구하고 생기 있고 건강한 사람이 있는가 하면 늘 기운이 없고, 병약한 사람이 있다. 이 같은 차이는 대부분 마음가짐에서 비롯된다."

과거에는 이런 주장들이 단순한 주장에 불과했으나 이제는 과학적으로 다 검증되고 있습니다. 어떤 CEO는 최근의 위기를 기회로 살리기 위해 책상 앞에 "기회를 어떻게 살릴 것인가?" 라고 큼지막하게 써 붙여 놓았다고 합니다. 그리고 회사에서는 위기라는 말 대신 기회라는 말만 사용하면서 직원들을 독려하고 있다고 합니다. 우리도 위기를 말하기보다는 기회를 이야기합시다. 현재의 기회를 어떻게 활용할 것인가를 생각합시다.

하루하루 건강하고 활기찬 삶이 되기를 기원합니다.

월요편지 2009-01-14 오전 11:21:21

레이건 대통령

미국 제40대 레이건 대통령(1981~1988 재임)의 말입니다.

포수 두 사람이 사냥을 나갔습니다. 총알도 다 소진되었을 때 곰이 다가왔습니다. 위험을 느껴 달아나는데 그중 한 사람은 신발을 다시 매고 있었습니다. 지금 곰 몇 마리가 다가오고 있는데 신발을 맨다고 살아나겠느냐고 다른 사람이 말했습니다. 그러자 미안한 일이지만 자네보다 먼저 뛰면 곰이 자네를 잡아먹는 동안 난 살아날 수 있다고 했습니다. 즉 다른 사람보다 한 발짝 빠르면 생존하고 한 발짝 늦으면 죽는다는 이치를 말하고 있습니다.

지금 위기가 닥쳐오고 있습니다. 수출이 30퍼센트 감소했다고 하고 건축경기는 기대할 수도 없는 상황입니다. 금년은 작년보다 더 혹독한 위기가 현실화 된다고 말합니다. 획기적인 큰 것 하나로 위기를 돌파하겠다는 허황된 생각을 버리고 우리가 할 수 있는 작은 일을 착실히 하는 것이 위기 탈출의 첩경임을 명심합시다.

연중 제일 추운 시기입니다. 건강한 삶 속에서 허송하는 삶이 되지 않도록 열심히 노력하며 생활합시다.

무한 불성

(주)코오롱 사장 배영호에 관한 이야기를 하려고 합니다. 1998년 경영난에 빠진 코오롱 유화와 코오롱 제약을 맡아 적자에 허덕이던 회사를 흑자기업으로 만든 전문 경영인으로 소방수 CEO로 불리기도 합니다.

어렸을 때 아버지 사업이 부도가 나면서 가난이 시작되었고 초등학교 다니는 동안 10번이 넘게 이사를 다녔고 어렸을 때 꿈이 밥을 실컷 먹는 것이었다고 합니다. 그러나 그는 어려운 환경 속에서 좌절하지 않고 열심히 노력하여 오늘의 성공을 이룩했습니다.

그의 좌우명은 無汗不成(무한불성), 즉 땀 없이는 어떤 것도 이룰 수 없다는 것입니다.

모두가 어렵다고 합니다. 또 어려운 것이 현실이기도 합니다. 이를 극복할 수 있는 유일한 길은 땀이라는 사실을 명심합시다. 현재의 어려움을 땀 흘려 극복합시다.

건강하고 행복한 구정이 되기를 기원 드립니다.

월요편지 2009-02-10 오후 2:41:16

역샌드위치론

역샌드위치론의 전도사인 KOTRA(대한무역투자진흥공사) 조환익 사장은 모두가 앞날을 비관적으로 보고 앞날을 불안하게 생각하고 있는 이때에 우리에게 역샌드위치론을 말하며 용기를 주고 있습니다. 그동안 우리나라는 기술이 좋은 일본과 값이 싼 중국 사이에 낀 샌드위치 신세로 살아 남기 어렵다고 비관론을 펴는 사람이 많았습니다. 그러나 국제적인 금융위기를 맞아 기술도 우수하고 가격도 적절해 매력을 끄는 제품을 생산하는 나라로 호기를 맞았다고 희망을 이야기하고 있습니다.

조 사장은 한국산 품질이 놀랄 정도로 향상되었고 기술과 디자인 개발에 꾸준히 많은 투자를 해 왔고 부채비율을 낮추는 등 우리나라 기업들의 체질이 많이 강해져서 지금의 위기를 극복할 수 있는 힘이 있다고 자신하고 있습니다. 또 전 세계적으로 많은 돈이 뿌려져 계기만 잡으면 빠른 속도로 경제가 회복될 수도 있다는 것입니다. 우리나라도 건축경기는 기대하기 어려우나 SOC 사업 등 토목분야는 많은 일거리가 있을 것입니다. 여기에 잘 대비하고 노력한다면 현재의 난관을 능히 극복할 수 있다고 확신합니다.

우리 공장은 과잉 시설을 안고 있기는 하지만 최소한의 인원을 갖고 있습니다. 비록 많은 직원이 일하는 공장은 아니지만 힘을 합쳐 열심히 노력하면 큰 기업보다 효과적으로 위기를 극복할 수 있습니다.

지난 1월은 구정이 들어 있어 매출이 전년 동기 대비 다소 감소했습니다. 이달부터는 작년 대비 감소하지 않도록 최선을 다합시다. 1월분 매출액 내역입니다. 참고하시기 바랍니다. 건강한 가운데 새봄을 준비합시다.

아이비리의 권고

미국의 철강회사 베들레헴의 찰스 스왑 회장은 회사 경영이 극도로 부진하여 위기에 처하자 회사 고문인 아이비리에게 회사가 위기에서 벗어날 수 있는 전략보고서를 요청했습니다. 아이비리는 3개월에 걸쳐서 보고서를 만들었고 회사는 그것을 실행하여 3개월 만에 흑자회사로 전환하는데 성공했다고 합니다.

과연 그 내용이 무엇일까요? 그 보고서는 굉장히 두꺼운 것이 아니라 단 한 장짜리였는데 그 내용입니다.

"내일 당신이 하기를 원하는 가장 중요한 일 6가지를 적고 그것의 중요도에 따라 번호를 매기시요. 아침에 제일 먼저 제일 순위의 일만 바라보고 그 일이 완성될 때까지 열심히 하십시오. 나머지 일들도 똑같은 방식으로 하십시오. 한 번에 한 가지씩 그 일을 마칠 때까지 그런 식으로 계속하십시오. 오늘 해야 할 일 중 가장 중요한 일은 무엇인지요. 두 번째, 세 번째는 무엇인지요. 현재의 난관을 극복하는 길은 오늘 해야 할 가장 중요한 일을 완성하는 일임을 명심합시다. 위기 극복은 생각처럼 어렵거나 불가능한 것은 아닙니다. 오늘 해야 할 일을 내일로 미루지 않고 완성하는 것입니다."

하루하루 건강하고 활기찬 삶이 되기를 기원합니다.

깨진 유리창 법칙

홍석우 중소기업청장이 강연에서 인용한 "깨진 유리창 법칙"입니다. 줄리안이 뉴욕시장에 당선될 당시 뉴욕시는 거의 버려진 도시였고 1년에 살인 사건으로 죽는 사람이 2,500명에 달하는 범죄와 죽음의 도시였습니다. 그는 시장에 취임하자 브랜튼을 경찰청장에 임명하면서 뉴욕시의 질서 확립을 위해서 2가지를 반드시 시행하겠다고 약속했습니다.

첫째는 지하철의 무임승차를 전 경찰력을 동원해 막겠다. 둘째는 신호대기 때 스프레이를 뿌려서 전면 유리창을 닦아주는 행위는 허가를 받지 않고는 절대로 하지 못하게 하겠다. 그러자 시민들은 살인 사건으로 일 년에 2,500명이나 죽어 가는데 겨우 한다는 게 질서 확립이냐고 시큰둥한 반응을 보였습니다.

그러나 몇 년 뒤 뉴욕에서 살인사건이 250명으로 줄었다고 합니다. 이것이 범죄학에서 말하는 깨진 유리창 법칙입니다. 유리창이 깨진 건물을 방치하면 밤중에 주정뱅이가 건물에 소변을 보는 등 더욱 지저분해지지만 깨끗하게 관리하면 주정뱅이라도 그 건물에 소변을 볼 생각을 하지 않는다는 것입니다.

공장도 개인의 관리도 같습니다. 질서를 지키고 잘 관리하는 것이 성공의 첩경입니다. 허점을 보이지 않는 것이 중요합니다. 자재를 납품하여 보면 검수를 철저하게 하는 회사는 돈도 잘 주고 회사가 잘되지만 자재 검수를 제대로 하지 않는 회사는 곧 부실화되고 망하는 것을 경험을 통해 많이 보았습니다.

우리 공장도 질서를 지키고 잘 관리하면서 허점을 보이지 않는 것이 불황을 이기고 성장할 수 있는 원동력임을 명심합시다. 공장에 또 나에게 허점은 없는지 주변을 다시 한번 확인해 봅시다. 작은 잘못 하나가 큰 화를 불러옵니다.

지금도 있는 이야기인지는 모르겠으나 우리가 자랄 때 많이 듣던 이야기가 있습니다. 한 어린이가 강둑에서 놀고 있다가 강둑의 작은 구멍에서 강물이 흘러드는 것을 발견하고는 작은 주먹으로 구멍을 막아 강둑이 무너지는 것을 막고 한 도시를 구했다는 이야기입니다.

평안산업이라는 배가 가라앉지 않고 항해를 계속하느냐 침몰하느냐는 작은 구멍 하나를 막느냐 방치하느냐의 문제입니다. 작은 잘못이라도 찾아서 개선하는 노력을 경주합시다.

하루하루 건강하고 활기찬 삶이 되기를 기원합니다.

미국의 후버댐

미국 서부 네바다 주와 아리조나 주 경계에 콜로라도 강을 막아 건설한 후보댐이 있습니다. 1930년대에 완공된 이 댐은 70년 넘게 지난 지금도 많은 경제적인 이득을 미국에 주고 있습니다.

이 댐이 조성됨으로 사막으로 불모지인 이곳에 로스앤젤레스와 라스베가스와 같은 큰 도시가 세워졌으며 캘리포니아 네바다 아리조나 주 등에 전기를 공급함은 물론 사막지대에 물을 확보하여 양질의 많은 농산물을 생산하고 있습니다. 라스베가스 등 많은 관광자원은 관광사업을 발달시키고 있습니다.

이 댐은 1929년 미국에 대공황이 닥쳤을 때 이를 극복하기 위한 뉴욕의 엠파이어 빌딩 등 4대 사업의 하나로 추진된 사업이었으나 불황 극복은 물론 미국의 기술력을 세계에 알린 계기가 되어 미국이 기술 선진국으로 탈바꿈하는 경제 외 효과도 크게 작용하여 오늘의 세계 최대강국이 되는 기초를 쌓았다고 생각됩니다. 지도자의 혜안과 결단 그리고 국민의 일치된 힘이 나라의 장래를 결정한다고 믿습니다.

우리나라도 금융위기를 겪고 있습니다. 불평하거나 좌절할 때가 아니라 한 단계 도약하는 계기로 삼아야겠다는 생각을 합니다. 우리 공장도 지금의 어려움을 도약의 계기로 삼는 지혜를 꽃피우도록 노력합시다.

하루하루 건강하고 활기찬 삶이 되기를 기원합니다.

세상에 이런 일이

며칠 전 "세상에 이런 일이"란 TV 프로를 보았습니다.

앞을 보지 못하는 중년의 아줌마가 고추 밭에서 잘 익은 고추를 골라 따고 밭의 김을 매고 쇠여물을 작두로 썰고 냇가에 나가 다슬기를 잡는 것을 보면서 과연 인간의 한계는 어디까지일까 생각해 보면서 너무도 쉽게 절망하는 우리에게 큰 교훈을 주고 있어 큰 감명을 받았습니다.

1년 전 장애인고용촉진대회에서 산업포장을 받은 강선희(37)씨 기억이 나서 소개하고자 합니다.

그는 22살의 꽃다운 나이에 열차 사고로 두 다리를 잃고도 좌절하지 않고 주임 계장으로 승진하고 지금은 화인케미칼의 업무지원 과장으로 활발하게 근무하면서 지난해 봄에는 중국과 인도 출장을 다녀오기도 했습니다. 사고 후 치료를 받고 퇴원할 때 의사는 "잘 하면 목발 2개를 짚고 생활할 수 있을 것"이라 했으나 그는 지금 의족에 지팡이 하나만 짚고 혼자서 걷고 있습니다.

내가 처한 환경, 우리 회사가 처한 환경, 우리나라가 처한 환경이 최상은 아닙니다. 그러나 환경을 이길 힘이 우리에게는 분명히 있습니다. 자신과 용기를 가지고 하루하루를 힘차게 살아갑시다. 우리에게는 두 눈과 두 다리가 있습니다. 건강하고 활기찬 삶이 되기를 기원합니다.

쓰나미

지난주 금요일에 닥친 일본의 쓰나미와 그 후 지금까지 확대되고 있는 원전사고 등 세상에는 믿을 것도 의지할 것도 없다는 생각이 듭니다. 식민지 시대에 태어난 저는 일본을 좋아하지 않았습니다.

1970년대 초 일본에 처음 갔을 때 일본 망하라는 생각으로 호텔 욕조의 물을 틀어 흘러넘치게 하고(평소에는 아끼고 사나 일생에 가장 많은 목욕물을 사용했음) 방에 있는 모든 전등을 켠 적이 있습니다. 그 후 일본의 콘크리트업계와 상호 교류하는 기회에 우리 공장에 견학 온 일본 사장들에게 지난 이야기를 하면서 지금은 일본에 가면 당신네들보다 더 절약한다고 말하자 박수를 받은 적이 있습니다. 왜냐하면 개인간 떨어져 살 수 없듯이 국가간에도 같이 잘사는 것이 중요하다고 생각했기 때문입니다. 평소에 대비했기 때문에 조금이라고 피해를 줄일 수 있었다는 말도 있습니다만 일본의 쓰나미는 불가항력적이었다고 생각합니다.

우리도 일생을 살아가면서 여러 가지 형태의 쓰나미를 만나게 됩니다. 그중 하나 가장 중요한 것은 지진에 의한 쓰나미가 아니라 건강의 쓰나미를 만날 수 있습니다. 운동, 절제 등 평소의 생활 습관을 올바르게 갖는 것이 건강의 쓰나미를 예방하는 첩경이라고 생각합니다. 평소에 위기에 대처할 수 있는 실력을 쌓는 일이 중요합니다. 일본이 큰 재앙을 잘 극복하고 재기할 수 있도록 돕고 기원합시다.

2월까지의 매출 내역을 보냅니다. 작년 동기보다 조금 저조했으나 큰 의미는 없다고 생각합니다. 건강하고 활기찬 삶이 되기를 기원합니다.

펌프가 있는 감옥

영국이 산업혁명을 거치며 "세계의 공장" 되기 전인 17세기에는 북유럽의 소국 네덜란드가 세계 최고의 경제 대국의 지위를 누릴 때 "잠들면 물에 빠져죽는 감옥"이 있었습니다. 끊임없이 물이 차오르는 지하 감옥에 죄인을 가두고 간단한 펌프 하나를 줬습니다. 이곳에 갇힌 사람은 익사하지 않으려면 계속 펌프질을 해야 살 수 있었고 밤중에도 계속해야 했다고 합니다.

여기에는 두 가지 뜻이 있었다고 합니다. 범죄를 징벌하는 뜻과 게으르면 죽는다는 뜻이 있었다고 합니다. 멈추면 쓰러지는 자전거의 원리를 강조하는 최고경영인을 많이 봅니다만 우리 삶도 펌프가 있는 지하 감옥에 갇힌 것과 같다는 생각을 해 봅니다.

우리에게는 끊임없이 위기가 닥쳐옵니다. 잠시도 방심할 수도 게으름을 피울 수도 없습니다. 비록 고단해도 이것이 삶입니다. 내가 지금 하는 일이 힘들어도 열심히 노력하는 것이 숙명입니다. 인정하고 웃으며 사는 것도 삶의 지혜가 아닐까 생각해 봅니다.

하루하루 건강하고 활기찬 삶이 되기를 기원합니다.

손정의 회장과 간염

1957년 일본에서 출생하여 해외교포로서 가장 크게 성공한 소프트뱅크 손정의 회장 이야기입니다. 그는 미국 비즈니스 위크지가 선정한 인터넷 시대를 주도할 25인 중 한 명이기도 힙니다. 그는 현재 한국 127개 벤처기업에 2억 3천만 달러를 투자하고 있고 투자를 확대할 계획이라고 합니다. 매사에 극정적인 사고를 갖고 있는 그의 성공을 이야기하려는 것이 아니라 그가 역경을 어떻게 극복하고 오늘의 성공을 이룩했는지를 말하고자 합니다.

소프트뱅크를 창업해 열심히 일하던 중 1982년 중증간염에 걸려 5년 시한부 선고를 받게 됩니다. "일이 곧 인생이다"는 생각으로 열심히 일하던 그도 할 수 없이 일을 중단하고 3년간 입원생활을 하게 됩니다. 보통 사람들은 절망할 시기에 그는 "이 시기는 내 인생의 절호의 기회"라고 생각하고 3년간 3,000권의 책을 독파했습니다. 이는 오늘의 손정의가 있게 한 자산이 되었습니다. 우리는 일생을 살아가면서 크든 작든 역경을 만나게 됩니다. 역경을 어떻게 기회로 만드느냐의 차이입니다. 그의 말입니다.

"99프로의 사람들은 자신의 인생에 무엇을 걸고 살 것인가를 결정하지 않고 살아간다고 합니다. 목표가 없는 삶은 길을 잃고 헤매는 것과 같다고 했습니다."

나는 무엇이 되기 위하여 사는지 목표를 정하고 비록 느리더라도 한 걸음씩 전진하는 삶을 살아갑시다. 금년 전반기의 매출액을 보냅니다. 장마가 계속되어 레미콘이 부진했습니다. 그러나 피에이 스턴이 선전해 작년 수준은 유지했습니다. 장마가 끝나고 나면 전년보다는 신장하리라 믿고 있습니다. 불순한 일기에 건강에 더욱 유념하시기 바랍니다.

위기 대처 능력지수 AQ

IQ(지능지수), EQ(감성지수) 등은 잘 알고 있는데 폴 G 스톨즈는 그의 저서에서 새롭게 AQ(Adversity Guotient 위기 대처 능력지수)를 강조하고 있습니다. IQ, EQ도 중요하지만 AQ지수가 인간의 성공 실패에 가장 중요한 요소라고 주장하고 있습니다.

순풍에 돛 달고 나갈 때는 누구나 잘 항해할 수 있습니다. 그러나 폭풍우가 치고 격랑이 휘몰아칠 때 누가 이 위기를 돌파하느냐의 차이입니다. 전 세계가, 우리나라가, 우리 사회가, 우리 직장이, 우리 자신이 위기에 처해 있습니다. 현재의 위기를 부정할 수는 없습니다. 어떻게 극복하느냐에 성패가 달렸습니다. 내 AQ는 얼마인가, 이 위기를 극복하기 위해서는 무엇이 필요하며, 지금 이 시점에서 나는 무엇을 해야 하나 곰곰이 생각하면서 살아갑시다.

아무 생각없이 사는 사람과 현실을 직시하고 대처하며 사는 사람의 내일이 같을 수는 없습니다. 하루하루 무의미한 삶이 아니라 가치 있는 하루하루를 살아갑시다. 하루가 쌓여 백 년 천 년이 됩니다. 오늘 하루의 귀함을 생각하며 살아갑시다.

월요편지 2012-02-15 오전 11:57:26

이나모리 가즈오 회장

일본에서 가장 존경받는 3대 기업가(마쓰시타 고노스께, 혼다 쇼이치로) 중 한 명인 창업주이자 지금은 경영위기에 처한 일본 항공을 맡아 일항 회장으로 JAL항공의 재건에 힘쓰고 있는 이나모리 가즈오의 말입니다.

"추운 겨울을 봄 나무들이 더 아름다운 꽃을 피우듯이, 진정한 고난과 시련을 경험하지 않은 사람은 크게 성공할 수 없고, 눈앞에 다가온 행운도 잡지 못하는 법이다. 내 경우에는 인생을 살면서 경험한 셀 수 없이 많은 고난과 좌절이, 당시에는 앞이 보이지 않고 벼랑 끝이라고 여긴 것들이 나중에는 성공의 토대가 되어 주었다"고 하면서 그는 말을 계속했습니다.

"지금 돌이켜 보면 그때 힘들고 어렵다고 생각한 일에 도전하고 적극적으로 맞선 것이 오히려 좋은 결과를 가져왔다. 내가 살면서 겪은 고난과 좌절은 내 인생의 전환점이었고, 가장 큰 행운인 셈이다. 가난과 역경은 가혹한 운명이 아니라 나를 단련시키기 위해 신이 내게 준 최고의 선물이었다."

정권은 정권 말기라 힘이 없고, 정치권은 양대선거에 매몰되어 민생을 챙길 여력이 없는 것이 금년을 더 암울하게 합니다. 나라가 정치가 우리를 살게 해 줄 거라 기대할 수 없습니다. 현재의 불황, 고난을 우리 힘으로 싸워 이겨야 합니다. 어떠한 불황에도 모든 기업이 망한 적은 없다고 합니다. 어렵기 때문에 도전할 가치가 있는 한 해입니다. 이제 보름만 지나면 춘삼월입니다. 힘찬 출발을 준비합시다.

스티브 잡스

오늘이 구정 지나 11일째 날입니다. 제 경험으로 보면 구정 지나 보름이면 공사가 시작되고 제품의 출고가 어느 정도 이뤄지며 한 해 장사가 시작되는 때입니다. 그러나 금년은 때는 되었으나 아직 소식이 없는 것 같습니다. 크게 참고할 일은 아니지만 2월달 매출도 극히 저조한 수준입니다.

스티브 잡스는 1955년 대학생인 미혼모의 사생아로 태어나 태어난 즉시 입양되어 성장한 불우한 아이였습니다. 그는 애플의 창업자로 매킨토시 컴퓨터, 아이팟, 아이폰을 개발하여 세상을 바꾼 사람으로 기억되고 있습니다. 스티브 잡스의 유명한 말이 있어 소개하고자 합니다.

“가난하게 태어나는 것은 죄가 아니다. 그러나 늙어서 가난한 것은 죄이다.”

금년 사업이 어렵다는 것은 확실한 현실인 것 같습니다. 그러나 어렵기 때문에 사업을 잘못했다는 것은 죄입니다. 금년 한 해 죄인으로 살지 말고 불황을 이긴 떳떳한 삶을 살아갑시다.

하루하루 건강하고 활기찬 나날이 되기를 기원합니다.

월요편지 2013-09-02 오후 2:57:24

3번의 죽을 고비

저는 70 평생을 살면서 3번의 꼭 죽을 고비를 넘겼고, 평안산업을 경영하면서 2번의 꼭 망할 수밖에 없는 고비를 넘겼습니다. 세 번의 죽을 고비와 두 번의 망할 고비를 내가 능력 있고, 잘 대처해서 넘긴 것이 아니라 나의 능력 밖의 어떤 힘에 의해서 극복되었다고 믿고 있습니다. 어려운 일들을 겪으면서 깨달은 것이 있습니다. 내가 알고서는 남에게 섭섭하게 하지 말자. 내가 알고서는 잘못을 저지르지 말자. 조금은 손해 보며 살자. 꼭 그렇게 산 것은 아니지만 그렇게 하려고 노력하며 살아왔다고 위로를 받습니다.

세 번의 죽을 고비는 길게 설명할 수는 없고 요약하면 6.25때 피난길에서 비행기 폭격에서 살아남은 일, 마포 앞강을 겨울에 건너다 얼음이 깨져 죽을 뻔한 일, 공장에서 블록 기계를 제작하여 시운전 중 산소통이 폭발하여 죽을 뻔한 일이며, 두 번의 공장이 망할 위기를 넘긴 일은 산소통 폭발로 저를 포함 수십 명의 직원이 몰살당할 수 있는 상황에서 단 한 명의 부상자도 생기지 않은 불가사의한 일, 중동 건설근로자들로 인한 위기 상황을 잘 넘긴 일, 요즘 이석기 사건을 보면서 생각나는 일들입니다.

우리나라도 이번 일을 잘 극복하면 나라가 보다 안정되고 안보가 튼튼한 경제 대국으로 비상하는 귀한 계기가 되리라 믿고 있습니다. 개인도 나라도 위기를 극복하면서 성장하는 것이며 한 나라의 위기 극복도 어떤 큰 힘과 우리의 노력이 더해질 때 큰 위력을 나타낼 수 있다고 믿습니다. 나라가 바로 서는 일에 우리 한 사람 한 사람의 힘을 보태도록 힘씁시다.

하루하루 건강하고 활기찬 삶이 되기를 기원합니다.

3. 명심보감

참된 친구

명심보감에 있는 말입니다.

道吾善者(도오선자)는 是吾賊(시오적)이오,
道吾惡者(도오악자)는 是吾師(시오사)니라.
"나에게 아부하고 잘한다고 추켜세우는 사람은 경계해야 할 사람이요 반대로 나를 비판하고 허물을 충고해 주는 사람이야말로 진정으로 나를 위해 주고 또 도와주는 사람이므로 비판하는 말을 잘 받아들여 허물을 고치기에 더욱 힘써야 한다."

인트라넷을 유용하게 이용하는 것을 보면서 공장이 살아 있고 또 좋은 품성과 많은 지혜 그리고 애사심을 갖고 있음을 볼 때마다 새로운 희망을 갖게 됩니다. 한 가지 옥에 티가 있습니다. 글을 올린 시간을 보면 근무시간일 때가 많이 있습니다. 가급적 근무시간을 피하는 것이 정답이 아닐까요?

오늘도 건강하고 활기찬 하루가 되기를 기원합니다.

도박

요즘 바다이야기로 온 나라가 분노하고 있습니다. 정부의 잘못 또는 제도의 잘못도 문제이지만 많은 서민들의 삶과 정신을 황폐케 한 것이 더 큰 문제라고 생각합니다. 확실히는 알지 못하지만 우리 식구 중에는 바다이야기 등 게임에 중독된 직원은 없는 것으로 파악하고 있어 안심입니다.

명심보감 정기편에 있는 말입니다.

勤爲無價之寶(근위무가지보)요,
愼是護身之符(신시호신지부)니라.
"부지런함은 값으로 따질 수 없는 보배이며, 근신함은 몸을 지키는 부적이니라."

우리들이 세상을 살아가는데 있어 가장 중요한 것이 부지런함이요 모든 것을 삼가고 근신하는 생활 태도만이 허물을 적게 하여 우리 삶을 보전할 수 있는 최선의 길이다. 우리는 살아가는 동안 많은 유혹에 노출되게 되어 있습니다. 세상에는 바다이야기와 같은 함정이 도처에 있습니다. 부지런함과 근신함으로 우리의 삶을 파탄에 빠뜨리는 잘못을 저지르지 않도록 합시다.

아침에 출근하고 저녁에 퇴근하여 사랑하는 식구들과 갖는 정다운 시간, 그리고 서로 아끼는 친구들과 갖는 진솔한 교제의 소중한 가치를 되새겨 봅시다. 어제 비가 온 후는 더위도 한풀 꺾인 것 같습니다. 가을과 더불어 몸과 마음을 가다듬도록 합시다.

오늘도 건강하고 활기찬 하루하루가 되기를 기원 드립니다.

분노 다스리기

어제는 바람 불고 비가 내리더니 오늘은 많이 추워졌습니다. 며칠 전 주초부터 추위가 온다고 예보가 있었으나 믿어지지 않았으나 봄은 이런 진통을 겪고 오는가 봅니다. 그렇기 때문에 봄은 더 화려하고 생기 넘치는 계절인 것 같습니다.

명심보감 계성편에 있는 글입니다.

忍一時之憤(인일시지분)이면,
免百日之憂(면백일지우)니라.
"한때의 분함을 참으면 백 날의 근심을 면할 수 있다."

우리는 살아가면서 다른 사람으로 인한 것, 나로 인한 것, 부모 자식 등 가족으로 인한 것, 직장으로 인한 것, 이 사회 또는 나라로 인한 것 등에 대해 참을 수 없는 분함을 느낄 때가 있습니다. 분노를 잘 관리하는 것이 참으로 중요합니다. 무분별한 분노는 자칫 파국을 부를 수 있습니다. 분노를 폭발할 것이 아니라 역으로 삶의 원동력으로 만드는 지혜를 가집시다. 또 돌이켜 내 자신이 우리 집에서, 내 직장에서, 이 사회에서 분노의 대상은 아닌지 스스로를 돌아보는 지혜도 필요합니다.

이 한 주는 춥다고 합니다. 건강에 더 유념하는 활기찬 일주일이 되기를 기원합니다. 금년 2월까지의 매출액 내역을 보냅니다. 매출 자체가 적어 큰 의미는 없습니다만 전년 동기 대비 20% 신장했습니다. 이 같은 추세가 계속되도록 최선을 다합시다. 참고하시기 바랍니다.

근부목 이야기

황사 등 궂은 날씨가 계속되었으나 지난 주말은 개나리 진달래 벚꽃이 동시에 다투어 핀 화창한 봄날이었습니다. 꽃샘추위와 비바람을 이겨내고 찾아온 봄이기에 더욱 화사하고 찬란한 것 같습니다. 지난 토요일은 포천공장에 갔습니다. 사무실에 들어서는 순간 무엇인가 정돈되고 산뜻한 느낌을 받았습니다. 한두 사람을 제외하고 춘추 근무복을 입고 있었습니다. 복장 하나가 주는 효과가 크다는 것을 새삼 느꼈습니다.

명심보감 준례편에 이런 글이 있습니다.

出門如見大賓(출문여견대빈)하고,
入室如有人(입실여유인)니라.

"문밖을 나설 때는 큰 손님을 만나는 것처럼 하고 방 안에 들어올 때는 안에 다른 사람이 있는 것처럼 하라. 다시 풀이하면 사람이 바깥출입을 할 때는 행동을 예의 바르고 정중하게 가져야 하며, 또 방에 있을 때에도 아무리 혼자 있다 하더라도 옆에 사람이 있는 것처럼 마음가짐이 흩어지지 않도록 근신해야 한다."

우리 영업 사원들은 주로 나가서, 그리고 사내 근무하는 직원들은 오는 손님을 맞이하게 됩니다. 그들에게 첫 번째 주는 인상은 복장입니다. 단정하고 깨끗한 복장이 주는 인상은 매우 중요합니다.

며칠 전 라디오를 들었습니다. 그는 미국LA 한인회 회장이며 미국 한인 사회에서 부동산 중개회사로 가장 크고 성공한 사람이었습니다. 사회자가 성공의 비결이 무엇이냐고 물으니 첫째가 전

직원이 근무복을 입은 것이 성공의 열쇠라고 하는 이야기를 들었습니다.

우리 공장도 근무시에는 특별한 이유가 없는 한 근무복을 착용하도록 합시다. 정돈되고, 기강이 서 있고, 하나의 목표를 향해 열심히 노력한다는 인상을 주게 됩니다. 복장이 각각인 사무실과 통일된 복장을 입은 사무실을 상상해 봅시다. 작은 차이가 큰 결과를 만듭니다.

매출 내역을 보냅니다. 2월까지는 매출 규모가 적어 큰 의미는 없었지만 다소 증가했으나 3월에 부진하여 전년 대비 매출이 감소했습니다. 4월부터 본격적으로 장사가 시작됩니다. 새로운 각오를 가지고 열심히 노력합시다. 이달에는 작년 4월보다 신장하는 달이 되도록 최선을 다하도록 합시다.

하루하루가 건강하고 활기찬 4월이 되기를 기원합니다.

인과응보

명심보감 천명편에 있는 글입니다.

種瓜得瓜(종과득과)하고 種豆得豆(종두득두)니,
天網(천망)이 恢恢(회회)하여 疎而不漏(소이불루)니라.
"오이씨를 심으면 오이를 얻고, 콩을 심으면 콩을 얻는다. 하늘의 그물은 넓고 넓어서 그 그물눈이 성기지만 결코 빠뜨리는 일은 없다."

결실의 가을입니다. 봄에 심고 가을에 거두는 것이 섭리입니다. 심을 때 이미 결과는 결정되는 것입니다. 또한 심지 않으면 아무것도 거둘 것이 없습니다. 나쁜 것을 심고 좋은 것을, 심지도 않고 거두려는 우를 우리는 저지르고 있음을 보게 됩니다. 나는 무엇을 심었는가, 나는 심는 수고를 했는가 돌이켜 봅시다.

오늘의 나는 어제의 나입니다. 오늘의 나는 1년 전, 10년 전의 나입니다. 좋은 일이든 나쁜 일이든 결과가 곧 나타나는 것은 아닙니다. 일정한 시차를 두고 나타나지만 반드시 나타납니다. 그렇기 때문에 간과하기 쉬운 것이기도 합니다. 그렇지만 인과법칙은 만고불변의 원칙입니다. 나는 금년 봄에 무엇을 심었는가, 지금 나는 무엇을 심고 있는가 성찰하는 시간이 되기를 바랍니다.

하루하루 건강하고 활기찬 삶이 되기를 기원합니다.

일계지손 연계지익

오늘은 서울이 -5도, 포천은 -10도로 겨울이 오고 세모가 얼마 남지 않았음을 느끼게 하는 아침입니다.

장자 잡편에 나오는 글이 새삼 생각납니다.

日計之而不足(일계지이부족)이요,

歲計之而有餘(세계지이유여)라.

"하루하루 계산해 보면 부족한데, 연말에 가서 총계를 따져보니 남아돌아가더라는 日計之損(일계지손)이나 年計之益(연계지익)이라는 뜻"입니다.

다른 사람이 나에게 먼저 신세 지게 만들고, 먼저 기억나게 만들고, 먼저 감사하게 만들면 당장은 손해 같으나 나중에는 이익 된다는 말입니다. 목전의 이익을 취하지 말고 훗날을 도모하라는 말과 같은 뜻입니다.

세모도 얼마 남지 않았습니다. 하루하루에 쫓기다 보니 큰 것을 잃고 살지는 않았는지, 남을 배려하는 삶을 살았는지, 남에게 섭섭한 일을 한 것은 없는지 스스로 돌아보는 마음을 가져 봅시다. 가족에게, 친구에게, 동료에게 따뜻한 말 한마디, 전화 한 통이라도 건네는 따뜻한 하루가 되었으면 합니다. 추운 날씨에 더욱 생각나는 마음입니다.

하루하루 건강하고 활기찬 삶이 되기를 기원합니다.

월요편지 2008-02-27 오전 9:33:54

신발 없는 사람, 발 없는 사람

지난 월요일에는 이명박 대통령이 취임하고 새 정부가 출범했는데 신문 방송을 보면 장관 지명자들의 재산형성 문제 등으로 짜증스럽기까지 합니다. 그러나 한편으로는 우리나라가 많이 발전되고 정의스러워졌다고 위로를 받기도 합니다. 과거에는 인사청문 제도도 없었고, 지금처럼 엄격한 잣대도 없는 세상에 살았습니다. 올바른 삶을 살지 않으면 지도자가 될 수 없는 세상이 된 것은 자랑스러운 일일 것입니다.

명심보감 안분편에 있는 말입니다.

知足可樂(지족가락)이오, 務貪卽憂(무탐즉우)니라.

"만족함을 알면 가히 즐거울 것이요, 탐내는 마음이 많으면 근심이 끊이지 않으리라."

옛날 중국에 신발이 없어서 슬퍼하던 한 사나이가 있었습니다. 그러던 중 우연한 기회에 그는 신발은커녕 아예 발 자체가 없는 사람을 만나게 되었습니다. 그 순간 이 사나이는 비로소 신발이 없는 자신의 운명에 만족하게 되었다고 합니다.

무슨 일이든지 만족할 줄 모르는 것 이상의 불행은 없습니다. 아무리 많은 것을 가졌어도 만족할 줄 모른다면 그는 언제나 갈증에 허덕이는 비극적인 인생을 살아야 할 것입니다. 그리하여 예부터 동양에서는 지족안분이라 하여 만족할 줄 알고 분수를 지키는 것을 처세에 큰 교훈으로 삼아왔습니다. 과연 나는 어떻게 살아왔으며, 또 어떤 가치 기준을 갖고 있는가 되돌아보는 계기, 성찰의 기회가 되었다고 생각합니다.

하루하루가 건강하고 활기찬 삶이 되기를 기원 드립니다.

노무현 대통령

송대의 성리학에 관한 책 성리서에 있는 말입니다.

見人之善而尋己之善(견인지선이심기지선)하고,
見人之惡尋己之惡(견인지악심기지악)이니,
如此(여차)면 方是有益(방시유익)이니라.

"착한 사람과 악한 사람이 다 나의 스승이란 말로 다른 사람을 거울 삼아 나의 악을 버리고 남의 선을 따름으로써 자신을 바르게 하는 일이야말로 지극히 유익한 것이다."

노무현 전 대통령은 전임자들의 잘못을 되풀이하지 않는 깨끗한 정치, 부정부패가 없는 나라를 기치로 내걸고 대통령이 된 사람이었으나 또다시 국민들에게 좌절과 슬픔을 주고 말았습니다. 다시는 이 땅에 이런 무능하고 부패한 대통령이 없기를 소원하는 마음은 국민 모두의 마음일 것입니다.

3월까지의 매출 내역입니다. 레미콘은 조금 신장했으나 주택자재, 토목자재 모두 극히 부진하여 전체적으로는 매출이 줄었습니다. 이달부터는 전년 수준은 유지하도록 열심히 노력합시다.

건강하고 활기찬 삶이 되기를 기원합니다.

친구

이제 20여 일이 지나면 또 한 해가 갑니다. 내가 나이가 많이 들었음을 깨닫게 될 때가 있습니다. 그것은 친구가 줄어들고, 만나는 사람이 줄어들고, 활동 공간이 줄어든다는 것입니다. 건강이 나빠진 친구도 있고 세상을 떠난 친구도 있고,같이 활동하던 사회모임도 줄어들고, 새롭게 시작하는 일도 줄어들게 됩니다. 젊었을 때 많은 좋은 친구를 사귀는 것이 중요합니다. 젊었을 때 사회적인 모임에도 적극적으로 참여하는 것이 중요합니다. 나이가 들어도 계속할 수 있는 일이 중요합니다. 일은 사업이든, 취미 생활이든, 봉사 활동이든 일할 수 있으면 좋다고 생각합니다.

명심보감에 있는 말입니다.

若要人重我(약요인중아)면,
無過我重人(무과아중인)이라.

"만약 다른 사람이 나를 중하게 여기기 원한다면 내가 먼저 그를 중하게 여기는 것보다 더한 것이 없으리라."

사람들은 인간관계에서 상대에게 소중한 존재이기를 원합니다. 나는 상대를 존중하지 않으면서 존중받기만을 원하기 때문에 소원한 관계가 됩니다. 내가 먼저 소중하게 여기면 상대도 나를 소중하게 여길 것입니다.

공자의 말에도 있습니다. "남이 나를 알아주지 않는 것을 걱정하지 말고 내가 남을 알지 못하는 것을 걱정하라"고 했습니다.

이 해가 다 가기 전에 좋은 친구를 한 사람이라도 더 사귀는 일을 합시다. 하루하루 건강하고 활기찬 삶이 되기를 기원 드립니다.

효도

추석을 맞이하여 효에 대한 생각을 합니다. 추석에는 다른 뜻도 있지만 조상에 차례를 지내고 성묘하는 것이 중요한 의미를 갖고 있습니다. 조상에 감사하는 다시 말해 효를 생각하는 뜻이 있다고 생각합니다.

공자는 진정한 효란 정치에까지 영향을 미친다고 설파하고 있습니다. 어지러운 사회, 정치 현실을 보면서 효에 대한 가치를 다시금 새겨봅니다.

명심보감 효행편에 있는 말입니다.

太公(태공)이 이르기를

孝於親(효어친)이면 子亦孝之(자역효지)니라.

身旣不孝(신기불효)면 子何孝焉(자하효언)이리오.

"내가 어버이에게 효도하면 내 자식이 또한 나에게 효도한다. 내가 어버이에게 효도하지 않는데 내 자식이 어찌 나에게 효도할 것인가?"

우리는 부모인 동시에 자식입니다. 효가 있는 가정을 만들 책임이 우리에게 있습니다. 반듯한 가정이 반듯한 사회를 만듭니다. 모든 일을 내려놓고 행복하고 건강하고 여유로운 추석을 맞이하시기를 기원합니다.

4. 직장 생활의 지혜

불량 직원의 7가지 유형

지난해 9월 1일 LG경제연구원이 조직 내에 암초처럼 숨어 기생하는 '불량 직원' 유형 일곱 가지를 소개한 적이 있습니다. 참고하시고 나는 해당 사항이 없는지 한번 점검해 보시기 바랍니다.

'항상 불만형'은 회사의 모든 것, 동료 및 상사에 대한 무조건적, 습관적 비판을 즐기는 유형.

'임시 체류형'은 처음부터 현재 몸담고 있는 회사에는 마음이 없고 더 좋은 직장을 발견할 때까지 임시로 다니는 유형.

'유아독존형'은 타인을 배려하는 감성이 없고 동료들의 감성까지 파괴하여 우수 인력의 이직을 초래하는 유형.

'마찰 회피형'은 어떤 경우에도 의견 충돌을 피해 갈등이나 위험부담을 원하지 않는 유형.

'좌충우돌형'은 뚜렷한 목적 없이 조직을 비효율적으로 운영, 회사에 손해를 끼치는 유형.

'무임승차형'은 별다른 노력 없이 동료 및 부하 사원들의 헌신과 노력의 대가를 가로채는 유형.

'홈런타자형'은 항상 '한방에 끝장을 보겠다'는 생각으로 잘못된 선택이나 의사 결정으로 무리수를 두는 유형입니다.

각자 해당 사항이 없는지 체크에 보고 해당 사항이 있으면 고치도록 합시다.

오늘도 건강하고 활기찬 하루가 되기를 기원합니다.

남 사장 이야기

새해를 맞은 것이 어제 같은데 벌써 17일이 되었습니다. 금년은 예년보다 따뜻하여 제품을 생산하기도 하고, 출고되기도 하여 겨울 같지 않은 겨울을 보내고 있습니다. 좋은 출발을 하고 있는 것 같습니다.

KT 남종수 사장의 이야기입니다.

Don't worry, be happy
걱정할 것 없어 잘 될 거야.

그는 항상 긍정적인 마음을 갖고 일한다고 합니다. 우리가 아는대로 유선전화는 휴대폰 때문에 나날이 감소해 가는 것이 현실입니다. 그러나 그는 2006년 매출 11조 7,000억 원보다 증가한 11조 9,000억 원으로 금년 목표를 세우고 최선을 다하고 있다고 합니다. 특히 그는 2003년 KTF 사장으로 취임한 후 새벽 5시 출근을 2005년 8월 KT사장으로 옮긴 지금도 계속하고 있다고 합니다.

저 자신 5시에 출근한 적이 없으며 남 사장만큼 열심히 노력한 적이 없는 것을 반성하지 않을 수 없습니다. 성공 실패는 우리가 하기 나름임을 배워야 할 것 같습니다. 긍정적인 마음을 가지고 최선을 다하는 금년 한 해가 되도록 다짐합시다.

오늘도 건강하고 활기찬 하루하루가 되기를 소원합니다.

직원의 조건

꽃샘추위도 물러가고 오늘은 맑게 개인 화창한 아침입니다. 행복한 경영이야기에 실린 글입니다. 우리 회사에서는 아래 조건을 갖춘 사람을 찾습니다란 글입니다.

① 성장 속도는 빠르고 불평은 적은 사람.
② 행동으로 옮기는 것은 빠르고, 말은 적게 하는 사람.
③ 가능하다는 말만 하고 불가능하다는 말은 적게 하는 사람.
④ 다른 사람을 격려하는 일은 앞장서고, 찬물을 끼얹는 일은 하지 않는 사람.
⑤ 사물의 내면을 들여다보는 일은 꼼꼼히 하고, 겉으로만 판단하지 않는 사람.
⑥ 칭찬은 후하고, 실수는 감추어 주는 사람.
(존 맥스웰의 〈성공이야기〉라는 책에 나온 내용).

나를 볼 수 있는 거울로 생각하고 과연 나는 어떤 사람인가 한번 자문해 봅시다. 끊임없이 배우고 고치며 사는 것이 삶이라고 생각합니다. 아는 것만으로는 부족합니다. 실천이 따라야 합니다.

3월도 벌써 반이 지나고 있습니다. 이달에는 섭섭한 일도 기쁜 일도 있었습니다. 그동안 같이 고생하던 세 식구가 사정이 있어 공장을 떠났습니다. 구본경 씨는 오랜 세월 수고하신 분입니다. 윤유선 씨와 전홍숙 씨도 2년여 동안 많은 수고를 했습니다. 우리 공장 규모가 작아서이긴 하지만 그들이 좀 더 성장하도록 뒷받침을 하지 못한 것 죄송스럽게 생각합니다. 새로운 일터에서 더 보람 있는 일을 하시고 발전하고 건강하시기를 기원합니다.

광주공장에 엄재호, 고승열 두 분의 새식구가 왔습니다. 본사에도 여직원 황 신이 새식구가 되었습니다. 각자 경험과 능력을 갖고 있는 분들입니다. 그분들이 잘 적응하여 유능한 직원이 되도록 격려하고 감싸 주시기를 부탁드립니다. 같이 있던 사람이 떠나면 섭섭하고 새식구가 생기면 기쁘고 많은 기대를 하게 됩니다.

오늘도 건강하고 활기찬 하루하루가 되기를 기원합니다.

이기는 힘

장마도 금주 말이면 끝난다고 합니다. 우리 업종의 특성상 장마가 끝나야 새로운 공사가 시작되고 하반기 장사도 시작됩니다. 다소 헝클어진 마음을 다잡고 새로운 출발을 시작합시다. 영국을 대표하는 캠브리지 대학에서 재미있고 의미 있는 실험을 한 것이 있습니다.

신입생 8명씩 소그룹으로 100개 팀을 만들어서 가상 비즈니스 프로그램을 부여했습니다. 5개 팀은 학교당국 외에 아무에게도 말하지 않고 고등학교에서 최고점수를 받은 천재들만의 5개 팀을 만들고, 나머지 95개 팀과 비교하는 것이었습니다.

여기서 캠브리지 대학의 실험목표는 개인의 아이큐, 개인능력이 단체 활동에 어느 정도 영향을 미치는가였습니다. 과연 탁월한 개인의 드림팀을 만들면 정말 탁월한 결과를 이끌어낼 수 있는가였습니다. 그러나 그 결과는 충격적이었습니다. 기대했던 5개팀 모두가 꼴찌를 하고 전혀 기대하지 않았던 팀들이 1등부터 10등까지를 차지했습니다. 놀란 캠브리지 당국이 주어진 시간을 각팀이 어떻게 보냈는지 연구했습니다.

그 결과 천재들의 드림팀은 주어진 시간에 전부 다 자기 생각이 왜 옳은지 상대방을 설득하는 데 보낸 것이었습니다. 그러나 평범한 사람들이 모였던 팀들은 아이디어를 내는 사람, 실천하는 사람, 실천 과정을 체크하는 사람 등 역할을 분담하고 협력한 결과 좋은 결과를 이루어 낼 수 있었음을 발견했습니다. 최고의 엘리트 집단이 최고의 결과를 내는 것이 아님이 증명되었습니다.

우리 공장도 사장인 나 자신은 물론 우리 모두가 최고의 엘리트팀은 아닙니다. 그러나 각자 자기의 역할을 충실히 하고 서로 협력한다면 최고의 결과를 만들어 낼 수 있습니다.

어젯밤에는 우리 축구팀이 난적 이란을 꺾고 4강에 진출했습니다. 얼마 전 바레인 전에서는 많은 골 차로 이긴다고 하던 바레인에게 2대 1로 패한 적이 있습니다. 결과가 실력대로만 나온다면 경기는 할 필요가 없습니다. 전력이 약한 팀이 월등한 팀을 이길 수 있습 니다.

우리 인생도 마찬가지이고 그렇기 때문에 이 세상은 살 만합니다. 얼마 전 자유게시판에 올라온 글을 본 기억이 있습니다. 노력한다고 다 성공하는 것은 아니다. 그러나 성공한 사람은 다 노력한 사람이다. 우리는 1등이 모여 있지는 않습니다. 그러나 1등의 결과를 만들어 낼 수는 있습니다. 확신을 갖고 최선을 다합시다.

오늘도 건강하고 활기찬 하루하루가 되기를 기원합니다.

3인 동행 필유아사

8월 들어 20여 일 넘게 비가 계속되어 생산 판매 모두 극히 부진하여 날이 들면 회복되겠지 하는 희망을 갖고 있었으나 기대한 만큼 회복되지 않고 있어 무거운 마음입니다. 무엇을 어떻게 할 것인가? 자나 깨나 생각해도 묘책이 떠오르지 않습니다. 이달이 지나고 나면 9, 10, 11월 3개월밖에 남지 않습니다. 이처럼 부진한 가운데 금년을 마감할 수는 없다는 책임을 느끼고 있습니다.

三人同行 必有我師(삼인동행 필유아사)
"세 사람이 같이 갈 때는 반드시 나의 스승이 있다는 말입니다."

우리 공장에도 10명 또는 20여 명의 스승이 있습니다. 그 스승이 스승의 역할을 해야 합니다. 우리 공장의 지난 2, 3년의 부진의 상당 부분이 사장인 저의 한계에 기인하는 결과임을 인정하지 않을 수 없습니다.

여러분의 아이디어, 조언이 꼭 필요한 때입니다. 같이 고민하고, 같이 연구합시다. 사장 한 사람의 능력만 가지고는 이 어려운 난관을 이겨낼 수가 없습니다. 인트라넷 게시판을 통하든가, 직접 만나 의논하든가 여러분의 지혜와 협력, 동참이 꼭 필요한 때입니다.

위기는 곧 기회라고 합니다. 실패는 실패를 인정한 자의 전유물이라는 말도 있습니다. 위기는 기회로, 실패는 성공으로 바꾸어야 합니다. 아직은 시간도, 힘도 우리에게는 있습니다. 뿌듯한 성취와 희망을 갖고 새해를 맞이할 준비를 합시다.

하루하루가 건강하고 활기찬 나날이 되기를 기원합니다.

독불장군

최고경영자 5명 가운데 1명이 사자성어로 脣亡齒寒(순망치한: 입술이 없으면 이가 시리다)을 "오늘의 나를 만들어준 가장 중요한 습관"으로 꼽았다는 기사를 본 적이 있습니다. 이 말이 시사하는 것은 독불장군처럼 굴지 않고 원만한 대인관계 즉 많은 사람과 좋은 관계를 유지하는 것, 다시 말하면 인맥을 넓히라는 뜻입니다.

존 팀벌리는 그의 〈파워 인맥〉이라는 책에서 현대는 "무엇을 아는가(Know How)보다 누구를 아는가(Know Who)가 중요한 시대"라고 설파하고 있습니다.

미국 사회에서도 "똑똑한 사람은 지식이 많은 사람, 유능한 사람은 인맥이 많은 사람"이라고 합니다. 관심과 성실함으로 인맥을 관리하는 습관은 우리의 운명을 바꿔 줄 것입니다. 지식이 많은 사람은 어렵지만 유능한 사람은 우리의 노력, 습관만으로 충분히 가능합니다. 가장 중요한 사람은 지금 내 옆에 있는 사람, 가장 가치 있는 일은 지금 내가 하고 있는 일이라고 합니다. 내 옆에 있는 사람과 적이 되고, 내가 지금 하고 있는 일을 잘 하지 못하면 성공할 수 있겠습니까?

성공과 실패는 큰 차이가 아니라 작은 차이에서 시작됨을 기억합시다. 지난 8월은 계속 비가 내려 예상은 했으나 예상 이상으로 실적이 극히 부진합니다. 금년도 얼마 남지 않았으나 최선을 다합시다. 매출액 비교 내역을 보내 드립니다. 참고하시기 바랍니다.

영업 사원의 덕목

애경그룹 전 부회장에 관한 글입니다. 임 회장은 1944년 목포에서 태어나 군 제대 후 1968년 애경화학에 말단 사원으로 입사, 영업맨으로 크게 성공하여 1996~2004년 애경화학 사장, 2005년 그룹 부회장으로 승진한 애경그룹의 산증인이자 오늘의 애경그룹을 이룩하는데 큰 공을 세운 사람입니다. 영업 사원 출신인 그는 영업맨의 생존법칙을 말해 주고 있습니다. 그는 영업맨은 질겨야 살아남는다면서 한 말입니다.

"영업맨은 악착같아야 한다. 경쟁자가 거래처를 한두 번 찾을 때 나는 서너 번 간다고 만족해서는 안되고 10번, 20번 가야 한다. 저는 설에 고향에 안 가고 거래처에 세배를 다니기도 했다. 사랑도 마찬가지다. 저를 싫다는 여자를 몇 년이나 쫓아다닌 끝에 결혼했다."고 말하고 있습니다.

우리는 과연 이렇게 했는가 자문자답해 봅시다. 우리는 각자 해야 할 일, 할 수 있는 일이 많이 있습니다. 또 그 일을 다른 사람은 잘 알지 못할 수도 있습니다. 그러나 본인은 알고, 그 결과는 반드시 나타나게 마련입니다. 유능한 사원과 무능한 사원으로 나타나게 됩니다. 성공한 사원과 실패한 사원으로 나타나게 됩니다.

레미콘의 경우 아침에 2, 3백 루베의 예정 물량으로 시작했으나 낮에 주문이 들어와 5, 6백 루베 출고하는 경우가 있습니다. 한 번 더 생각해 보면 물량이 늘었다고 좋아만 할 일이 아닐 수도 있습니다. 늘어난 주문이 새로운 거래처일 수도 있지만 기존 거래처의 주문도 상당 부분 있을 것입니다. 최소한 기존 거래처 주문은 주문 전에 우리 직원이 파악했어야 할 부분입니다. 평소에 거래처와 긴밀한 관계를 맺고 있었다면 주문 전에 알 수 있었을 것이라고 생각됩니다.

고인이 된 권영우 회장의 대원여객의 사훈이 생각납니다.

"보지 않는 곳에서 진실하자"

10월까지의 매출액을 보냅니다. 아직은 상당히 미흡합니다. 남은 2개월 최선을 다합시다.

하루하루 건강하고 활기찬 삶이 되기를 기원합니다.

역지사지

사람마다 성격이 다르듯이 기업도 크고 작은 것과 관계없이 문화가 있습니다. 우리 평안산업은 좋은 제품, 가격차등, 현금구매, 현금판매, 신용 지키기 등 나름대로 좋은 전통(문화)을 갖고 있으며 이것들은 우리 공장이 성장하는데 큰 힘이 되었습니다. 그러나 세월이 흐르고 환경이 변하면서 포기한 것도 있고 경영에 걸림돌이 되는 것도 있습니다. 그러나 꼭 지키고 싶은 것도 있습니다.

易地思之(역지사지)라는 말도 있듯이 상대방의 입장에서 사물을 보는 안목을 가져야 합니다. 내가 조금 편하면 상대방은 많이 불편합니다. 반대로 내가 조금 불편하면 상대방은 많이 편안합니다. 이것은 공장 외부의 거래 상대에게는 물론 몇 명 되지는 않지만 공장 내 동료 사이에서도 똑같이 적용되어야 합니다. 나 때문에 불편을 겪는 거래처는 없는지, 나 때문에 불편한 동료는 없는지 다시 한번 살펴보도록 합시다.

내가 갖고 있는 권리를 조금은 포기하는 지혜가 필요합니다. 귀찮고 어려운 것은 내가 한다는 자세로 일해야 조직에서 성공할 수 있습니다. 편한 것만 찾는다면 누가 그와 같이 일하고자 할 것입니까?

하루하루 건강하고 활기찬 삶이 되기를 기원합니다.

존경받는 상사

오늘이 벌써 중복입니다. 열흘이 지나면 말복이고 올 여름도 지나갑니다. 더위도 가고 높은 하늘과 풍성한 수확이 있는 가을도 머지않았습니다. 비록 덥고 짜증나는 일도 많지만 추수의 즐거움을 생각하면서 더위를 이기며 오늘을 알차게 살아갑시다.

논어에 있는 말입니다.

"윗사람이 아랫사람을 아는데 3년이 걸리지만, 아랫사람이 윗사람을 아는 데는 3일이면 족하다."

조직의 작고 크고를 가릴 것 없이 가정에도, 공장에도, 국가에도 윗사람이 있습니다. 윗사람은 매사에 존경받도록 살아야 함을 강조하는 말입니다.

우리 공장에도 비록 인원은 많지 않지만 윗사람은 있습니다. 높은 나무에 앉아 있는 원숭이의 엉덩이는 더 잘 보인다고 합니다. 가정에서, 공장에서 윗사람의 몸가짐에 특히 유념해야 합니다. 지금은 비록 조직에서 윗사람은 아니어도 올바르게 몸과 마음을 가지는 것이 곧 윗사람이 되는 길임을 명심해야 합니다.

고건 전 총리 어머님의 일화가 있습니다. 고건 전 총리가 젊은 시절 청량리 부근 제기동에 살 때 그의 어머님은 간단한 장을 보러 잠깐 집을 나올 때도 반드시 단정하게 옷을 갖춰입고 나왔다고 합니다. 동네 이웃들이 한 번도 흐트러진 모습을 본 적이 없다고 합니다. 어머님의 삶의 태도가 총리를 만들었다고 할 수 있습니다.

우리도 모범적인 사원, 성공한 자녀를 만드는 일을 열심히 합시다. 우리가 해야 할 일은 많이 있습니다. 하루하루가 모범적인 삶이 되도록 최선을 다합시다.

월요편지 2009-03-04 오전 10:01:47

147, 805의 법칙

꽃피는 춘삼월이 시작되었습니다. 경제한파는 봄이 언제 올련지 한겨울이 계속되고 있지만 경제한파도 걷히고 꽃이 피는 봄이 반드시 올 것이기에 우리는 좌절하거나 포기할 수가 없습니다.

옛날 전쟁이 끝난 뒤 죽은 병사들을 파악하는 방법이 있었다고 합니다. 시체의 상처를 확인하여 앞쪽에 상처가 난 병사는 쳐들어가다가 죽은 병사, 등에 맞은 병사는 포기하고 도망가다 죽은 병사이므로 이것으로 연금과 포상금을 결정했다고 합니다.

우리는 현재의 난국에 결코 굴복하거나 포기해서는 안됩니다. 정면으로 도전해야 합니다.

147/805 법칙이 있습니다. 에디슨은 전구 하나를 발명하기 위하여 147번을 실패했고 무려 22년이 걸렸습니다. 라이트 형제는 비행기를 만들기 위해 805번을 실패했고 거의 30년 만에 32초 뜨는 비행기를 만들 수 있었습니다. 그들은 천재가 아니라 노력하는 사람들이었습니다.

〈잃어버린 시간을 찾아서〉의 작가 마르셀 프르스트는 "새 땅을 찾아내는 것보다 지금 내가 서 있는 땅을 새롭게 다시 보라"고 했습니다. 이것은 내가 지금 하고 있는 일에 전력을 다하고 있는지를 묻는 말입니다. 내가 서 있는 땅이 새땅이고 내가 하는 일이 곧 새 일입니다. 현재에 최선을 다합시다.

작년 2월 말에는 2007년 대비 약 147프로 매출이 신장되었으나 금년은 작년 대비 약간 저조한 실적을 냈습니다. 그러나 2007년에 비하면 선전했습니다. 자신감을 갖고 최선을 다합시다.

하루하루 건강하고 활기찬 삶이 되기를 기원합니다.

품질시대

품질학의 대가인 조셉 쥬란 박사의 말입니다.

"20세기는 생산성의 시대였다면 21세기는 품질의 시대라고 정의했습니다. 그는 품질은 시장을 평화적으로 점령하는 가장 효율적인 무기다"라고 말합니다.

우리 공장은 "품질 30년" "전통 30년"이란 캐치프레이즈를 사용하고 있습니다. 경영이 아무리 어려워도 품질을 손상하는 일은 하지 않았습니다.

현재의 불황도 품질로 극복해야 한다고 생각합니다. 같은 일, 같은 제품을 반복적으로 생산하다 보면 무감각, 무신경에 빠질 수도 있습니다. 한 장의 제품, 일 루베의 레미콘 생산도 소홀히 해서는 안되겠습니다.

한 번의 실수가 10년 고객을 잃어버릴 수 있습니다. 열 번 잘하다 한 번 실수해도 이해하거나 용서하지 않는 비정한 것이 고객입니다.

하루하루 건강하고 활기찬 삶이 되기를 기원합니다.

주인과 노예

지난해 미국에서 삼성 TV가 TV부문에서 판매 대수, 판매 액, 대당 판매 가격 등 모든 지표에서 1등을 달성한 기적을 이룩한 윤부근 삼성전자 TV부문 사장이 있습니다.

그는 울릉도에서 태어나 의사를 꿈꾸었으나 고대 의대 입시에 실패하여 후기였던 한양대 전자공학과에 입학하여 공학도가 되었고, 1978년 삼성전자에 입사한 지 30년 만에 삼성전자의 사장이 된 사람입니다. 그는 인맥도, 남다른 학벌도 없었지만 입사 후 몇 달이 지나자 출신 지역이나 출신 학교는 중요한 것이 아니라는 것을 깨닫고 노력과 성실과 실력으로 올라갈 수 있다는 신념을 갖고 열심히 노력했다고 합니다.

그리고 오늘의 윤 사장을 만든 가장 중요한 원천은 주인 의식을 갖는 것이었다고 강조하고 있습니다. 그는 "언제부터인가 내 회사라는 생각으로, 내 사업이라는 생각으로 일을 해 왔다"고 말하고 있습니다. 내 회사, 내 일이라는 일념으로 30년을 달려왔다고 합니다.

내 일이라고 생각하고 하는 일과 남의 일이라고 생각하고 하는 일은 분명히 차이가 있습니다. 한평생 남의 일만 하다가 생을 마치는 사람과 평생 자기 일을 하며 살다 간 사람, 한 사람은 노예로 살다 갔고, 한 사람은 주인으로 살다 갔습니다. 선택은 각자의 몫입니다. 성공 실패는 마음가짐에 있습니다.

한낮은 더우나 아침저녁으로 선선한 바람이 부는 일하기 좋은 계절입니다. 오늘도 내 직장에서 내 일을 하는 하루가 되기를 기원합니다.

직장 생활 10계명

간장 시장의 1위를 고수하고 있는 샘표식품의 박승복(90세) 회장의 직장 생활 10계명이 있어 소개합니다. 그는 신입 사원과의 대화시간에 직장 생활하는 동안 지켜야 할 기본 원칙 10가지를 알려 줬습니다.

① (약속 업무 등의) 시간을 엄수할 것.
② 거짓말을 하지 말 것.
③ 상사나 동료에 대한 흉을 보지 말 것.
④ 의타심을 갖지 말 것.
⑤ 출세를 서두르지 말 것.
⑥ 물욕을 갖지 말 것.
⑦ 일은 스스로 찾아서 할 것.
⑧ 부재 중 걸려온 전화는 반드시 회신할 것.
⑨ 돈을 빌리지도 빌려 주지도 말 것.
⑩ 매사에 최선을 다할 것.

90세의 노경영인의 지혜가 깃든 가르침이라고 생각합니다. 우리도 직장 생활에, 사회생활에 적용해야 할 귀감이라고 생각합니다.

하루하루 건강하고 활기찬 삶이 되기를 기원합니다.

사소한 일에 최선을 다하자

인간경영 분야에서 큰 업적을 남긴 카네기연구소 창립자이며 〈카네기 인간관계〉의 저자인 데일 카네기(Dale Carnegie, 1888~1955, 미국)의 말입니다.

"사소해 보이는 업무에도 최선을 다하라. 사소한 일들을 하나씩 정복해 나갈 때마다 우리는 더욱 강해진다. 사소한 일을 잘 해 내다 보면 큰일은 저절로 이루어진다."

우리는 흔히 지금 하는 일은 시시하고 큰일을 맡으면 잘할 것이라고 생각하는 어리석은 사람을 보게 됩니다. 지금 맡은 일이 비록 작은 일일지라도 맡은 일을 잘 못하는데 그에게 큰일을 맡길 일은 절대로 없습니다. 작은 일을 잘 처리하면 저절로 큰일이 주어집니다.

지금 내가 하는 일이 가장 소중한 일입니다. 그리고 지금 내가 만나고 있는 사람이 가장 소중한 사람이란 말도 있습니다. 지금 하고 있는 일, 지금 만나고 있는 사람에게 최선을 다합시다. 그것이 우리가 사는 최선의 길입니다.

하루하루 건강하고 활기찬 삶이 되기를 기원합니다.

5. 우리나라

월요편지 2006-08-14 오후 3:48:37

지켜야 할 조국

무더위가 기승을 부리고 있고, 작통권 환수, FTA, 유 차관 경질건 등 우리를 암담하게 하는 일들이 더위보다 더 잠 못들게 하는 요즘입니다.

내일이면 광복 61주년이 됩니다. 1910년 한일합방이 되어 나라를 빼앗긴 슬픈 역사를 우리는 갖고 있습니다. 100년 전 대원군의 쇄국정책은 세계 열강들의 흐름은 외면한 채 척화비를 세우는 등 국민을 오도하고 나라의 방향을 바로 정하지 못한 잘못된 지도자들로 인해 우리는 나라를 빼앗기고 36년간의 식민지 국민이 되어야 했던 처참한 역사를 가지고 있습니다.

작통권이 주권과는 관계가 없는지 있는지는 잘 모르나 600조 원을 주고 사 올 필요가 있는지는 계산해 보아야 합니다. 미국의 도움없이 독자적인 전력을 갖추는데 600조 원이 필요하다고 하지 않습니까? 600조의 반 정도만이라도 경제 발전에 쓴다면 빠른 시간에 또 확실하게 선진국이 되지 않겠습니까.

지난달 송자 총장(전 연세대, 명지대)과 저녁 식사 중 송 총장은 우리나라는 개방하여 한 번도 진 적이 없다고 했습니다. 세계 제일의 월마트도 우리 토종 마트에 져서 철수했고 까르프도 철수하지 않았느냐? 우리의 삼성이 일본의 소니를 이겼고, 조선도 일본을 제치고 세계 1위를 차지하지 않았느냐? 미국과의 FTA도 우리가 유리한 품목도 있고 일시적으로 불리한 품목도 있을 수 있으나 세월이 지나면 모든 품목에서 이길 수 있다고 말하면서 미국은 우리보다 10배, 100배 큰 시장이므로 예를 들어 어느 한 품목에서 손해를 본다 하여도 다른 한 품목에서 이익을 보면 그 손해는 10분의 1 또는 100분의 1밖에 되지 않아 절대적으로 이익이 된다는 것입니다.

오늘 경제지에 참고할 기사가 났습니다. 일본 총리 자문기구가 고이즈미 총리에게 보고한 보고서입니다.

"자유무역협정(FTA) 체결 등 글로벌화에 일본이 실패할 경우 한국에 역전될 것"이다. 한국이 성공하고 일본이 실패한 경우 2030년 일인당 국민소득이 한국 4만 8천 달러, 일본 3만 5천 달러, 일본이 글로벌화에 성공한 경우는 일본이 일인당 8만 3천 달러, 한국이 5만 5천 달러로 전망하고 일본은 현재 농산물 등 때문에 지지부진한 FTA 체결을 서둘러야 한다고 보고했다고 합니다.

2030년은 먼 장래가 아닙니다. 1945년 해방될 때 저는 8살이었는데 그때 일들을 기억하고 있고 또 오래된 것 같지도 않습니다. 대원군이 척화비를 세우는 잘못을 우리는 되풀이하지 말아야 합니다. 자주국방, 반미, 경제식민지 등 새로운 척화비를 세우는 감성에 치우친 잘못을 저지르고 있지는 않는지, 자문해 봅시다. 나라의 장래를 생각해야 합니다.

당장 공장이 어려운데 사장은 참 한가한 생각만 하고 있다고 질책할런지 모르지만 전쟁이 나면 나라를 위해 싸우겠다는 청소년이 10%밖에 되지 않는 나라에 우리가 살고 있습니다. 우리라도 정신을 똑바로 차려야 하지 않겠습니까. 나라의 방향만은 올바르게 해야 하지 않겠습니까? 조상 대대로 살아온 땅입니다. 우리 그리고 우리의 후손들이 살아야 할 이 땅입니다. 찰나적 감상에 젖어 함부로 할 일이 아닙니다.

김동기 고려대학교 교수가 강연에서 한 말입니다. 얼마 전 북한의 유인물을 얻었는데(그 유인물은 한 탈북자가 탈북하기 전 이북에서 남조선이 적화되어 인민공화국이 지배하게 되면 어떤 변화가 일어날 것인가에 대해 쓴 글) 소름이 끼칠 내용이었다.

사회주의는 사유재산을 인정하지 않는다. 공산체제에서는 모든 재산은 무상몰수와 무상분배이다. 농민은 토지를 정부에 다 뺏기고 소작인으로 전락한다. 자동차, 집, 공장, 토지 다 뺏기고 일체의 매매가 금지된다. 매매를 하는 기업이나 개인은 총살당하게 된다. 남한 인구가 4,800만 명인데 공산주의를 반대하는 골수 보수세력이 1,800만 명으로 이를 어떤 형태로든 숙청해서 총인구를 3,000만 명으로 줄일 것이라는 것에 너무도 놀랐다.

이것은 스탈린이 했고 캄보디아의 폴 포트도 똑같이 한 역사가 있다. 스탈린은 혁명 후 몇 백만의 많은 구세력들을 숙청한 후에도 통치기간 동안 매해 100만 명씩 숙청하지 않았는가? 킬링필드로 유명한 폴 포트도 배웠다는 이유, 손이 깨끗하다는 이유, 공무원, 군인, 교사 등 무고한 몇 백만의 국민을 총알도 아깝다고 죽창으로 찔러 죽이지 않았는가? 그들은 이론가도 시비를 가리자는 자도 필요없습니다. 오직 복종하는 자만이 필요합니다.

비록 어렸지만 북한에서 생활한 경험이 있는 저는 이를 의심하지 않습니다. 저는 6.25 당시 13세였습니다. 죽음의 피난길, 비행기 폭격을 피해 도망치는 꿈을 55년이 지난 지금도 가끔 꾸고 있습니다. 깨어날 때마다 사실이 아닌 오늘에 얼마나 감사한지 모릅니다.

오늘도 건강하고 활기찬 하루하루가 되기를 기원합니다.

월요편지 2006-10-23 오후 7:23:13

미국에서

저는 지금 미국 디트로이트에서 조금 떨어진 랜싱에 있습니다. 서울은 23일 오후 6시지만 이곳은 새벽 5시입니다. 시차 적응이 아직 안돼 새벽 4시에 일어나 글을 쓰고 있습니다. 자판이 영문이라 조금 불편하군요.

디트로이트는 잘 알고 있듯이 자동차의 도시입니다. 1903년 포드가 포드자동차 공장을 세운 이래 미국은 물론 전 세계의 자동차 생산의 중심지였습니다. 미국의 3대 자동차회사인 지엠, 포드, 클라이슬러가 모두 이곳에 있습니다. 잘 알고 있듯이 일본 자동차의 공세와 잘못된 노조활동 등이 오늘날의 미국 자동차산업의 쇠퇴를 가져왔습니다. 그 결과 디트로이트는 옛 영화를 잊어버리고 쇠락해 가고 있습니다.

이곳 랜싱에도 큰 GM자동차 공장이 있었는데 최근 폐쇄되었다고 합니다. 그 결과 퇴직근로자들 중 일부가 범죄자로 변해 학교기숙사에도 강도가 출몰하고 있어 유학생들이 집을 옮기기도 한다고 합니다. 이곳 미시간 주립대학에서 저의 큰딸이 공부하고 있습니다. 딸의 말이 학교 동료들과 교수님들이 한국의 안보를 많이 걱정해 준다고 합니다. 그러면서 불안해서 어떻게 사느냐고 묻기도 하는데 그때마다 고국을 자랑하던 자부심에 상처를 입기도 한다고 합니다.

그러나 우리나라는 해방 후 1950년 6.25전쟁 이후 50여 년 동안 불안한 가운데서도 괄목할 만한 경제와 민주주의의 발전을 이룩했듯이 현재의 난관을 거뜬하게 극복해 낼 수 있다고 말하곤 한다는 이야기를 들을 때마다 더욱 잘해야겠다는 다짐을 하기도 합니다.

이곳에 와서 서민들이 사는 모습을 보면서 그들은 소박하게, 그리고 법을 잘 지키면서 근면하게 사는 것을 볼 수 있었습니다. 이른 아침 팬케이크 가게 등에서 간단한 식사를 하면서 담소하며, 만나는 사람마다 비록 모르는 사이지만 웃는 얼굴로 인사하는 것을 볼 때마다 참으로 순박한 사람의 체취를 느끼게 됩니다. 차도 사람도 없는 작은 동네 골목길의 늦은 밤에도 우선 멈춤을 정확하게 지키는 것을 볼 때마다 역사도 없고 단일 민족도 아닌 미국의 저력을 보게도 됩니다.

인트라넷을 통해 공장 상황은 보고 있습니다. 11월 1일 귀국예정입니다. 모두 건강하고 활기찬 하루하루가 되기를 기원합니다.

〈미시간 랜싱에서 곽창근〉

공짜는 없다

오늘이 소설이군요. 본격적인 겨울이 시작되는 날이라고 하는데 따뜻한 소설이어서 다행입니다. 며칠 남지 않은 이달을 지내고 나면 금년도 한 달밖에 남지 않았습니다.

어떤 나라에 새로운 임금이 등극했습니다. 새로운 임금은 정말로 나라를 잘 다스려 부강하고 행복한 나라를 만들 간절한 마음을 품고 전국의 지혜자들을 모아 나라를 잘 다스릴 수 있는 방법을 만들어 오라고 했습니다. 지혜자들은 임금의 명을 받고 열심히 연구하여 10권의 책을 만들었습니다. 임금은 분량이 많으니 한 권의 책으로 압축하라고 해서 한 권의 책으로 만들었으나, 역시 많다고 한 문장으로 줄이라고 했고, 한 문장으로 줄였으나 임금은 다시 한마디로 압축하라고 했습니다. 지혜자들은 다시 의논을 거듭하여 한마디로 압축했습니다.

"공짜는 없다"

이것이 지혜자들이 열 권의 책을 압축하여 만든 한마디였습니다. 미국 워싱톤에 한국전쟁기념관이 있다고 합니다. 그곳에는 "Freedom is not free(자유는 공짜가 아니다)"라고 적혀 있다고 합니다.

우리나라는 1950년 북한 김일성과 소련의 스탈린이 도발한 남침으로 야기된 6.25전쟁으로 300만 명의 고귀한 목숨을 바쳐 지켜 낸 나라입니다. 우리의 부모, 형제자매 300만 명의 희생 위에 우리나라가 서 있습니다. 300만 명의 죽음 중에는 유엔의 깃발 아래 참전한 미국, 영국, 터키, 그리스, 태국, 호주 등의 4만여 명의 고귀한 생명들도 있습니다. 그중에 미국의 젊은 죽음도 3만 5천 명이나 됩니다.

나는 과연 공짜로 살고 있지는 않는지 돌이켜 봅시다. 가정에서 공장에서 사회에서 공짜로 사는 사람이 없는 나라가 번영과 행복을 보장할 것입니다. 자유를 지키기 위해서도 우리가 할 일이 분명히 있습니다. 민주주의, 자유를 지키기 위해 나는 무엇을 했는가 반성해 보는 시간이 필요한 때이기도 합니다. 오늘 하루 나는 밥값을 했는가 반성하며 잠자리에 드는 하루가 되기를 바랍니다. 어지러운 나라를 위해 오늘 나는 무엇을 했는가 자문하면서 잠자리에 드는 하루가 되기를 바랍니다.

오늘도 건강하고 활기찬 하루가 되기를 기원합니다.

조만식 선생

1900년대 초 어느 머슴이 있었습니다. 그는 그 집에서 머슴 중에서도 요강을 닦는 낮은 계급의 머슴이었습니다. 비록 요강을 닦는 일을 하는 머슴이었으나 그는 열심히 그리고 성실하게 자기 맡은 일을 했습니다. 이를 눈여겨 보던 주인이 그를 불러 공부를 시켜 줄 테니 나에게 고맙거든 나라를 위해 갚으라고 말했습니다. 그리하여 그 머슴은 숭실학교에 입학하게 되었고 열심히 공부하여 선생님이 되고 오산중학교 교장이 되고, 조선물산장려회를 조직하여 국산품 장려운동을 전개하는 등 우리나라 개화기에 존경받는 민족 지도자가 되신 고당 조만식 선생이십니다.

우리가 지금 하고 있는 일이 무엇인가는 중요한 것이 아닙니다. 그 일이 비록 비천한 일일지라도 정성을 다해 열심히 하는 것이 성공의 열쇠입니다. 지금 맡은 일을 완벽하게 하지 않는데 그보다 중요한 일을 맡길 수는 없습니다. 그런 기회가 올 수 없음은 자명한 이치입니다.

전해지는 것은 없습니다만 아마 조만식 선생은 성실하게 요강을 닦는 것 외에도 요강을 가장 잘 닦는 노하우가 있었을 것입니다. 가장 빨리, 가장 윤나게, 가장 깨끗하게 등 보통 사람과는 달랐을 것입니다. 우리도 맡은 일에 충성을 다하는 것에 더하여 자기 일에 남다른 노하우가 있어야 할 것입니다.

지금은 그 명성이 많이 퇴락되었습니다만 대우 김우중 회장은 서울 동대문구 신설동에 있는 한성실업이라는 중소 섬유수출회사에서 수출업무를 담당하는 직원이었습니다. 1960년대 초 등사기만 있고 복사기도 없는 때였습니다. 그가 수출업무를 맡고 보니 매일 단지 숫자만 다른 여러 가지의 수출관련 서류를 작성하는데 많은 시간을 허비하고 있는 것을 깨닫고 숫자만 뺀 서류를 미리 만들어 시간도 절약하고 그 남는 시간을 회사를 위해 유용하게 활용했다고 합니다. 이를 본 그 당시 김 사장(이름은 기억이 안 남)이 김 회장을 중용한 것이 대우의 김 회장이 된 계기가 되었습니다. 무엇을 하느냐는 중요한 것이 아닙니다. 어떻게 하느냐가 중요합니다.

참고를 위하여 고당 조만식 선생의 삶을 좀 더 소개합니다. 그는 오산중학교 교장, 평양 산정현 교회 장로, 조선물산장려회를 조직하여 국산품 장려운동 전개(반일 운동), 조선일보 사장, 인도의 간디처럼 무저항 민족주의 운동전개, 1943년 일본 지원병 제도에 반대하여 옥살이, 1945년 해방 후 소련군의 협조요청을 거부(소련군은 북조선인민정치위원회 위원장 취임을 요청, 그 당시 일화가 있습니다. 소련군 사령관이 권총을 빼들고 취임승낙을 강요했으나 가슴을 내보이며 쏘라고 하여 주둔군 사령관이 기세에 눌려 더 강요하지 못했다고 합니다.) 반공노선을 견지하다 체포되었습니다.

그는 6.25전쟁 전 남으로의 탈출을 제자들이 간청했고 북한 당국도 껄끄럽게 생각하고 있었으므로 당국의 묵인하에 탈출할 수도 있었으나 겨레를 버리고 갈 수는 없다고 거절했고 1950년 6.25 전쟁 발발 후 처형된 것으로 알려지고 있습니다. 그는 나라를 사랑하고 국민을 사랑한 존경받는 민족 지도자였습니다.

오늘도 건강하고 활기찬 하루하루가 되기를 기원합니다.

미국과의 FTA

주말 귀국하여 보니 온 나라가 FTA를 둘러싼 이념 갈등을 겪고 있었고 오늘은 FTA가 체결되었다고 보도하고 있습니다. 반미단체가 주축이 된 반FTA 데모 등 어지러운 현실을 보면서 100년 전 우리나라를 생각하지 않을 수 없습니다. 병인양요, 신미양요를 치른 후 1871년 흥선대원군은 전국 곳곳에 척화비를 세웠습니다.

洋夷侵犯 非戰卽和 主和賣國(양이침범 비전즉화 주화매국)

"서양 오랑캐가 침범하는데 싸우지 않으면 화해할 수밖에 없고 화해를 주장하면 나라를 파는 것이라."는 뜻입니다.

이웃 나라 일본에 1853년 페리제독이 이끄는 미국군함이 동경만에 나타나서 개항을 요구했습니다. 그때 일본도 '개항'이냐 '수구'냐로 극심한 이념 갈등을 겪었으나 1868년 명치유신을 단행하면서 개항하게 되었습니다. 일본은 명치유신 성공 후 겨우 7년이 지나자 자기들이 미국에 당한 그대로 운양호를 이끌고 우리나라를 침략하기 시작하여 1910년에는 우리나라를 식민지로 만들었습니다. 일본의 개방과 조선의 쇄국의 극명한 결과입니다.

지금은 미국이 군함을 끌고와 FTA를 강요하는 것이 아니라 우리 스스로의 필요와 판단으로 협상을 하는 것이고 하고 싶지 않으면 하지 않으면 됩니다. 가장 문제가 되는 것이 쌀과 소고기라고 하는데 우리나라는 식량 자급률이 10%(또는 20%) 미만으로 알고 있습니다. 식량하면 얼핏 주식만 생각하는데 밀가루 제품, 소고기, 돼지고기, 우유, 닭, 계란 등 거의 모든 음식 재료가 수

입 사료로 키워진 것입니다. 채소 과일의 상당 부분도 기름을 때서 키운 것들입니다. 쌀과 소를 다 지킨다 해도 우리 국민의 20%도 먹이지 못할 것입니다. 농사, 축산으로는 살 길이 없습니다. 농사짓는 사람(국민의 7% 정도 내외), 축산농가 몇 사람은 개방하지 않으면 당장은 잘살 수 있을지 모르나 그들의 자손들도 곧 가난뱅이가 될 것이고 국민 대다수가 먹고 살 수도 없게 될 것은 자명한 일입니다. 농사짓고 소 키워서 몇 명이나 먹여 살릴 수 있겠습니까. 소득이 같다고 하더라도 농산물과 축산물 값이 내려가면 생활의 질도 개선될 것입니다.

연세대학교 총장을 지내신 경제학자인 송자 총장님과 교분이 있어 가끔 만나 식사도 하곤 합니다. 월여 전에 만났더니 우리나라는 외국과 경쟁해서 한 번도 진 적이 없다고 하시면서 처음에는 고전하는 분야도 있겠으나 시간이 지나면 반드시 이긴다고 확언하는 것을 들었습니다. 삼성이 일본의 소니를 이길 것이라고 생각한 사람은 아마 한 사람도 없었을 것입니다. 월마트, 까르프가 들어올 때 국내 유통산업은 미국 또는 불란서에게 점령당할 것이라고 난리가 났으나 세계 1위인 월마트도 까르프도 한국의 토종 이마트 등에 완패하여 우리나라에서 철수하지 않았습니까.

우리나라 젊은이들은 박태환, 김연아, 박지성 같은 유능한 젊은이들입니다. 수영 중에서도 자유형에서, 불모지인 피겨스케이팅에서 세계를 제패할 수 있다고 믿은 사람이 과연 몇 명이나 되겠습니까. 체격적인 열세를 극복하고 세계적인 선수들과 당당히 겨루고 있는 박지성 선수 등을 생각합시다.

FTA를 반대하는 것은 이들 보고 되지도 않을 테니 처음부터 하지 말라고 했다면 천추의 한이 되었을 것입니다. 우리나라는 천연자원도 넓은 국토도 없습니다. 가진 것이라고는 유능한 사람뿐입니다. 그들이 일할 마당이 필요합니다. 온 국민이 농사와 축산만 할 수도 없습니다. 농사로 축산으로는 살 수 없으니 다른 길을 찾아야 하지 않습니까. FTA는 반미냐 친미냐의 문제가 아니라 부강하고 잘사는 나라가 되느냐 지지리도 가난한 나라가 되느냐의 문제입니다.

우리나라가 세계 10대 경제 대국이 되었는데 농사짓고, 소 키워 되었습니까. 나라의 문을 열고 세계로 나가야 합니다. 저는 여러분들과는 달리 가난한 나라를 경험한 사람입니다. 감상적으로 생각할 일이 아니라 실리적으로 생각하여야 하는 문제입니다. 사장 입장에서 사회, 정치적인 문제에 대하여 소견을 이야기하는 것을 스스로 금기로 삼고 있으나 FTA의 경우는 명백한 것이기에 저의 생각을 적었습니다. 이점 이해를 부탁합니다.

지능지수 1위

지난 주간에는 KS 교육을 다녀왔습니다. 어제는 서울 기온이 33도를 넘어서는 등 때이른 더위가 기승을 부리고 있고, 대통령의 품격 낮은 말, 경선주자들의 짜증스러운 검증공방, 서민과는 관계가 없는 증시의 돈 잔치, 계속되는 불황(경제지표는 호전되고 있다고 하나 대기업의 현상일 뿐 중소기업과 서민경제는 더욱 침체되고 있는 것이 현실로 보임), 오르기만 하는 기름 값 등 우리 마음을 무겁게 하는 것들이 너무도 많습니다. 이번 교육 중에 통상부 장관을 역임하신 안광구 한국지식재산 연구원 원장의 말씀은 많은 용기를 주는 말씀이었습니다.

2003년 11월 10일 영국 얼스터 대학교수 리처드린과 핀란드 헬싱키 대학교수 타투반하넨이 공동 연구하여 발표한 논문입니다. 전 세계 185개국 국민의 IQ 비교 결과입니다.

1위 홍콩 107(지능지수), 2위 한국 106, 3위 일본 105, 4위 북한 105, 5위 대만 104, 8위 독일 102, 16위 영국 100, 24위 프랑스 98, 27위 미국 98 등입니다.

홍콩은 나라라고 보기 힘들어 나라로 보면 우리나라가 1위입니다. 국토도 좁고, 자연자원도 없고, 30여 년 전만 하여도 아무런 기술도 없던 우리나라가 오늘의 성공을 이룩한 힘의 원천을 알 수 있습니다. 또 하나는 언어학연구의 세계적 권위를 갖고 있는 영국 옥스포드 대학교 언어학 대학의 연구 내용입니다.

1990년대 중반에 발표된 내용에 의하면 전 세계에는 6,700개의 언어가 있고, 그중에서 문자를 가진 언어는 300개 정도, 그중에서도 대다수의 언어가 문자가 없어 영어 알파벳을 원용해 쓰으로 문자 종류는 30개에 불과하다고 합니다. 그중에서 합리성, 과학성, 독창성 등을 기준으로 평가한 결과 우리의 한글이 단연 세계 1위라고 발표했습니다.

또한 한글은 인터넷 문자로서 가장 적합합니다. 영어, 일본어, 한문 등과 비교하여 월등하게 빠른 컴퓨터 언어를 갖고 있습니다. 이것은 우리가 그들과 경쟁하는데 월등하게 유리한 무기입니다. 우리는 확실하게 성공할 수 있는 인자를 갖고 있습니다. 부정적인 요소를 떨어 버리기만 하면 됩니다. 미래에 대한 확신을 갖고 정진합시다.

오늘도 건강하고 활기찬 하루하루가 되기를 기원합니다.

월요편지 2007-10-01 오전 11:08:01

1인당 국민소득 65달러

미얀마의 폭력 사태가 연일 전해지고 우리의 관심도 높은 것 같습니다. 미얀마의 국토는 우리나라의 3.5배나 되고 많은 석유 매장량과 천연가스 그리고 3모작이 가능한 자원부국으로 한때는 최대 쌀 수출국이기도 했던 나라입니다. 또한 과거에는 축구 강국으로 중요한 대목마다 우리나라를 괴롭게 하기도 했습니다.

며칠 전 저녁 뉴스를 보고 많은 생각을 하게 되었습니다. 1960년대 우리나라의 국민 일인당 소득이 65달러, 미얀마는 195달러로 우리보다 3배 잘살던 나라였다고 보도하고 있었습니다. 현재의 국민소득이 200달러라고 하니 지난 50년 동안 전혀 발전하지 못한 것을 알게 됩니다. 50년 전과 지금의 달러 가치를 감안하면 엄청나게 더 못살게 되었다는 것을 알 수 있습니다. 참고로 우리나라 GDP(국내총생산)는 1961년 3,000억 원에 불과했으나 2006년 848조 원으로 45년간 2,800배 성장했습니다.

정치의 중요성, 지도자의 중요성을 새삼 느끼게 해 줍니다. 혹자는 우리나라의 경제 발전은 누가 했어도 세월이 지나면 가능했다고 국민을 기만하는 이야기를 들은 적이 있을 것입니다.

국가도, 공장도, 가정도, 개인도 잠재력과 시간만으로는 성장할 수 없습니다. 부강한 나라, 잘되는 공장, 건강하고 화목한 그리고 풍족한 가정, 경쟁력 있는 개인, 이 모든 것이 시간만 지나면 저절로 되어지는 것이 아님을 명심합시다. 나라를 어떻게 경영하느냐, 공장을 어떻게 경영하느냐, 가정과 자신을 어떻게 경영 관리하느냐 10년, 20년 후의 나라, 우리 가정, 나 자신을 생각하면서 오늘을 살아갑시다.

1월부터 9월까지의 매출액 비교 내역입니다. 8, 9월 비가 많이 온 탓도 있지만 매출이 많이 부진했습니다. 7월 말까지는 전년 대비 93%까지 회복되기도 했으나 9월 말 현재는 전년 대비 79%까지 하락했습니다. 남은 3개월 동안 최선을 다하도록 결심합시다.

건강하고 활기찬 삶이 되기를 기원합니다.

정상회담

오늘 아침은 서울이 11도까지 기온이 내려가 완연한 가을이 온 것 같습니다. 지난 한 주는 남북 정상회담으로 지샌 한 주였던 것 같습니다. 외국 신문에 두 도박사의 만남이라고 우려했듯이 돌출적인 결과를 걱정하기도 했으나 핵, 인권, 국군, 납북자 등 미흡한 면도 있으나 경협을 통한 평화정착이라는 이정표를 세운 회담이었다는 평가를 받고 있기도 합니다. 급진적 좌도 무조건적인 우도 아닌, 이념 지향적이 아닌 경제 우선의 흐름이 정착되는 느낌을 받게 됩니다.

김정일도 북방 3각구도(북한, 중국, 러시아)에서 남방 3각구도(한국, 미국, 일본)로 전환하는 것이 아닌가 생각한다는 기사를 보았습니다. 즉 중국, 러시아의 도움으로는 현재의 경제난을 극복할 수 없다는 판단을 했을 수도 있다는 것입니다. 세계 경제 강국인 미국, 일본과 적대관계를 지속하는 한 현재의 북한 경제 파탄을 재건할 수는 없다는 것입니다. 아직은 많은 변수가 있기는 하지만 우리나라도 전쟁의 공포에서 벗어나고 있다는 희망을 갖게도 됩니다.

사실 저는 6.25전쟁이 끝난 지 50년 흘렀지만 몇 년 전까지도 한 해에 몇 번은 비행기의 폭격, 포탄을 피해 도망다니는 악몽을 꾸기도 했습니다. 먹고 사는 문제, 사람답게 사는 문제, 잘사는 문제가 화두가 되는 세상이 되어 가고 있는 것 같습니다. 이 아침 나는 무엇을 준비할 것인가를 생각하는 시간이 되기를 바랍니다.

하루하루 건강하고 활기찬 날들이 되기를 기원합니다.

이명박 대통령 당선

정말로 다사다난했던 한 해가 저물어 가고 있습니다. 기쁜 추억보다는 후회가 더 많았던 한 해였던 것 같습니다. 그러나 새해리는 선물이 있기에 희망을 갖게 됩니다. 지난주는 대선이 있었고 이명박 후보가 당선되었습니다. 사회, 정치, 경제 등 흐트러진 나라가 다시 태어나는 계기가 되기를 간절히 소망합니다.

맹자의 말씀을 소개하고자 합니다. 폭군인 중국 하나라 걸왕과 은나라 주왕이 천하를 잃은 것은 백성을 잃었기 때문이라고 말씀하시면서 한 말입니다. 맹자께서 말씀하시기를

得天下(득천하)에 有道(유도)하니 得其民(득기민)이면 斯得天下矣(사득천하의)니라.

得其民(득기민)이 유도하니 得其心(득기심)이면 斯得民矣(사득민의)니라.

득기심이 유도하니 小慾(소욕)을 與之聚之(여지취지)요 小惡(소오)를 勿施爾也(물시이야)니라.

"천하를 얻는데 도가 있으니 먼저 백성을 얻고 백성을 얻는데 도가 있으니 먼저 백성의 마음을 얻어야 한다. 백성의 마음을 얻는데도 도가 있으니 백성이 하고자 하고 원하는 바를 몰아다 주고 백성이 싫어하는 바를 하지 말아야 하는 것이다. 그리하면 천하를 얻을 것이다."

그렇다면 백성이 원하는 바는 무엇인가? 우리 모두 다 아는 사실이다.

백성은 첫째 오래 살고 싶어 하고, 둘째 넉넉하게 살고 싶어 하고, 셋째 마음 편하게 살고 싶고, 넷째 몸 편하고 싶어 한다. 요약하면 행복과 안전이다. 이 나라를 이끌어가는 지도자는 국민을 넉넉한 삶 속에 몸과 마음이 편안케 하여야 할 소명을 하늘로부터 부여받았다. 현 대통령의 실패와 대선의 결과를 극명하게 보여 주는 말이라고 생각합니다. 새 대통령도 국민의 마음을 얻는 정치를 해 주기를 우리 모두 소원합시다. 며칠 남지 않았으나 한 해를 잘 마무리하고 희망찬 새해를 맞이하시기를 기원 드립니다.

선진국

내주면 이명박정부가 출범합니다. 우리나라가 일류 국가로 도약하느냐 남미 국가처럼 선진국 문턱에서 좌절하느냐 하는 중대한 시점에 있습니다. 우리는 지금의 기회를 놓치면 선진국이 될 수 있는 기회가 우리에게 다시 올 가능성은 희박하다고 생각합니다. 오고 오는 우리 후손들에게 행복한 나라를 물려줘야 하는 사명을 갖고 있습니다. 우리나라가 충분히 선진국이 될 수 있는 자료가 있기에 소개합니다.

우리나라의 인구는 약 5천만 명이며 통일되어 북한까지 합치면 7천3백만 명으로 세계 18위입니다. 국민총생산(GDP)은 세계 13위, 2006년의 경제성장률은 23위, 무역규모는 세계 12위, 무역흑자 규모는 15위, 외환보유고는 세계 5위, 주식거래액은 세계 10위, 조강생산량은 세계 5위, 자동차생산 5위, 전력생산량은 11위, 국민총생산대비 연구개발비 투자비율은 세계 5위, 연구인력수는 세계 7위, 과학기술 관련 논문 발표수는 13위, 조선은 세계 1위, 선박보유량은 8위, 미국유학생 수는 3위, 고등교육 수료자 중 이공계 비율은 41%로 세계 1위, 한국의 국방비 지출은 219억 불로 11위, 병력수는 69만 명으로 8위(북은 130만 명), 남북 합치면 세계 3위입니다.

우리에게는 충분히 능력이 있음을 알 수 있습니다. 문제는 지금 우리가 하기 나름입니다. 우리 모두가 나라의 장래에 대하여 큰 책임을 지고 있음을 명심하는 계기가 되기를 바랍니다.

하루하루가 건강하고 활기찬 삶이 되기를 기원합니다.

월요편지 2008-04-30 오후 10:22:40

FTA

5월 2일 큰딸의 대학원 졸업식이 있어 미시간에 와 있습니다. 미국에 올 때마다 느끼는 것이 있습니다. 특히 음식 값과 옷값이 우리나라에 비해 많이 싸다는 것입니다. 우리나라에서 3, 4만 원 하는 미국식 음식이 만 원 내외면 충분하며, 3살 난 손자의 잠옷이 8천 원 정도, 털실로 된 조끼가 7천 원 정도면 살 수 있습니다. 물론 고가의 옷도 있습니다만 대다수 사람들이 입는 옷은 많이 쌉니다.

몇 달 전에도 FTA에 대한 생각을 적은 적이 있습니다만 FTA가 체결되면 같은 수입으로 훨씬 풍족한 삶을 살 수 있다고 확신합니다. 요즘 소고기 문제도 하나의 문제가 아니라 연관된 문제로 보아야 할 것입니다. 소고기 하나만의 문제라면 당연히 개방을 금하는 것이 정답입니다. 소 사육농가로 보나 건강문제로 보나 반대하는 것이 맞습니다. 그러나 국가 전체로 볼 때는 다른 결론도 가능합니다.

모든 사람에게 다 좋은 정책은 어디에도 없습니다. 전능한 신도 모두를 만족시킬 완전한 방안을 마련할 수는 없습니다. 무엇이 좀 더 나은 것인가 선택의 문제입니다. 모든 약은 반드시 부작용이 있습니다. 그러나 부작용을 감수하면서도 병을 고쳐야 하기 때문에 약을 복용합니다.

하루하루가 건강하고 활기차기를 기원합니다.

월요편지 2008-05-28 오후 4:24:26

나라의 현실

어제 기업은행에 근무하는 PB(Private Banker 은행, 증권사에서 금융자산을 갖고 있는 고객을 상대로 자산관리 및 투자상담을 하는 직원) 세 분과 우리의 경제현황에 대하여 이야기할 기회가 있었습니다. 40대 초반 한 사람, 30대 후반 두 사람이었는데 그들은 우리나라의 경제현황에 대하여 제가 생각하는 것 이상으로 큰 걱정을 하고 있는 것을 보고 놀라기도 하고 충격을 받기도 했습니다.

우리나라는 너무나 많은 것이 잘못되어 있어 이를 빨리 고치지 않으면 엄청난 위기를 맞게 될 것이라고 했습니다. 구조 조정, 규제 완화, 공기업 조정 등 고비용, 저효율의 왜곡된 경제구조를 혁파하지 않으면 현재의 난관은 더욱 심화되고 궁극적으로는 회생 불능의 상태에 빠질 수밖에 없다는 것이었습니다. 경제 외 논리로 경제를 왜곡해서는 안된다는 이야기였습니다. 경제를 살려야 한다고 절규하면서도 우리가 지금 하고 있는 것은 경제를 살리는 것과는 직접 관계가 없는 문제를 놓고 갑론을박하면서 여기에 시간과 정력을 소진하고 있습니다.

무엇이 나라에 유익한가, 무엇이 경제를 살리는 길인가, 감성이 아니라 이성으로 생각하여야 합니다. 하나의 문제가 전부는 아닙니다. 하나의 문제는 그 문제대로 해결하고 좀 더 근본적이고 시급한 문제해결에 나서야 합니다. 각자 생각이 다를 수 있고, 저의 생각을 월요편지에 쓰는 것이 적절하지 않을 수도 있습니다만 어제 정말 충격을 받았습니다. 우리나라의 현 난관을 극복하는 일에 모두 나서야 할 때라고 생각합니다.

하루하루 건강하고 활기찬 삶이 되기를 기원합니다.

파독 광부, 간호사

고유가, 곡물, 철강 등 국제원자재 값 폭등, 촛불 시위, 계속되는 불법파업 등 국내외적으로 경제 여건이 점점 더 어려워지고 있고 임금 인상을 웃도는 물가 인상으로 가계마저 위협을 받고 있는 현실에 앞날에 대한 불안한 마음도 있습니다. 그러나 지금보다 더 어려웠던 때를 생각하면서 위로를 받고 용기를 잃지 않아야 하겠다는 다짐도 해 봅니다.

1963년 당시 일인당 국민소득은 87달러, 인구 2,400만, 실업자 250만 명, 종업원 200명 이상인 기업이 54개 뿐인 나라가 우리나라였습니다. 그 당시 일자리가 없었던 우리나라의 대학을 나온 젊은 청년들과 꽃다운 딸들이 일거리를 찾아 광부로, 간호사로 독일로 갔습니다. 몇백 미터 몇천 미터 지하에서, 그리고 체구도 작은 우리 딸들이 거구의 독일 환자를 다뤄야 하는 고통의 삶을 살았습니다.

1963년 12월 일진이 출국한 후 광부는 8,300명, 1962년 20명이 간호사로 출국한 후 1976년까지 1만 3천 명의 간호사가 독일로 돈 벌러 갔습니다. 1960년대 경제개발을 하고자 했으나 우리에게는 종자돈이 없었습니다. 그리하여 차관을 얻으려 했으나 아무것도 없는 가난한 나라에 어느 나라도 차관을 주려 하지 않았습니다.

박 대통령이 독일을 방문하여 차관을 부탁하니 담보를 요구했으나 우리에게는 담보로 내놓을 것이 없었습니다. 그때 우리나라는 독일에 간 광부와 간호사의 임금을 담보로 제공하고 차관을 들여올 수 있었고 그때 들어온 차관이 우리나라 경제개발의 종자

돈이 된 것입니다. 우리 선배들의 피와 땀을 담보로 이룩한 우리의 번영된 조국입니다. 허망하게 무너뜨릴 수는 없습니다. 우리도 우리 자녀들에게 부강한 나라를 물려줄 역사적 사명이 있습니다. 이 아침 우리가 무엇을 하여야 할지 깊이 생각하는 시간이 되기를 바랍니다.

무더위와 장마에 더욱 건강하기를 기원합니다.

흑인 대통령

큰딸이 학업을 마치고 귀국하게 되어 이를 돕기 위해 시카고로부터 300여km 떨어진 미시간주 랜싱에 와 있습니다. 시카고는 대선 열기로 뜨거우나 이곳은 대학이 있는 소도시로 대선 당일에도 크게 선거분위기를 느낄 수 없었습니다.

가난하고 미개한 황무지인 마사이족이 사는 아프리카 소국 케냐의 유학생 2세인 오바마가 미국 대통령에 당선되는 변화의 시대에 살고 있습니다. 아프리카 흑인들의 조상은 동물처럼 사냥되어 미국에 팔려와 소나 돼지처럼 인간이 아닌 말하는 짐승으로(집단행동 등을 하지 못하게 실제로는 말을 하지 못하게 했다고 합니다) 미국에 정착했던 그들입니다.

고교 시절 술과 마약으로 흑인의 한계와 좌절의 삶을 살던 오바마는 어느 날 "쓸모 있는 인간이 되고 싶다"는 생각으로 삶의 변화를 시작한 그는 이번 선거에서 변화를 외쳐 당선되었습니다. 변화를 외쳤다고 당선된 것이 아니라 변화해야 하는 절대절명의 시점에 미국이 서 있었기 때문이라고 생각합니다.

세상이 변했습니다. 나는, 우리는, 우리 공장은, 우리나라는 어떻게 변화해야 하느냐 결심해야 하는 시점에 와 있습니다. 1900년대 산업화의 변화를 읽지 못한 쇄국주의는 일본의 식민지로 전락하고 말았습니다. 미국은 흑인 대통령을 선택하는 큰 결단을 내렸습니다. 우리 국민은 어떤 선택을 해야 할지 결정의 시점에 서 있습니다. 우리 앞에는 선택해야 할 일들이 많이 있습니다. 십년 백년을 내다보는 선택을 해야 합니다. 나에게 좋은 것, 여당에게 좋은 것, 야당에게 좋은 것, 보수에 좋은 것, 진보에 좋은 것이 아닌 우리나라에 좋은 것을 선택하는 지혜가 절실히 요구되는 시점에 서 있습니다.

하루하루 건강하고 활기찬 삶이 되기를 기원합니다.

목욕료 할인

작년 미국의 서브프라임 위기로부터 시작되어 리먼사태로 촉발된 국제 금융위기를 가장 먼저 극복한 나라라고 연일 보도되는 것을 보면서 큰 자긍심과 우리나라에 대한 희망을 갖고 있습니다. 그러나 수출 위주의 대기업은 많이 회복되었으나 중소기업, 서민의 고통은 아직 계속되고 있음을 며칠 전 느꼈습니다.

지난주 동네 목욕탕에 가서 요금 4,500원을 냈더니 2,000원을 거슬러 주었습니다. 손님이 없어 할인 중이라고 했습니다. 갈 때마다 손님이 없어 영업이 어렵겠다고 생각했는데 할인까지 하다니 얼마나 어려웠으면 이렇게까지 하겠는가 생각하면서 종업원에게 손님은 늘었느냐고 물으니 조금 나아졌다고 했습니다. 2,000원을 내린 목욕탕, 4,500원이 비싸 목욕도 맘대로 하지 못하는 서민, 이것이 우리 주변의 현실임을 새삼 깨닫게 되었습니다.

며칠 전 신문을 보니 체불 임금이 1조 원을 넘었다고 합니다. 한 사람당 평균 5백만 원씩 체불되었다고 가정하면 일을 하고도 임금을 받지 못한 직장인이 20만 명이고 그 가족까지 계산하면 무려 100만 명이 체불의 고통 속에 지내고 있습니다. 우리 공장은 체불 기업이 아니고, 우리 식구들은 체불 가족이 아닌 것을 감사하게 생각합니다. 체불 기업이 없고 체불로 고통 받는 사람이 없는 행복한 나라를 만드는 일에 조금이라도 보탬이 되는 삶을 사는 것이 우리에게 주어진 책임이라고 생각합니다. 그 책임은 각자 맡은 일에 충성하는 것이라고 생각합니다.

하루하루 건강하고 활기찬 삶이 되기를 기원합니다.

월요편지 2009-09-29 오후 3:48:03

세계 2위 국가

추석이 며칠 남지 않았습니다. 한가위만 같아라는 말이 있듯이 오곡과 햇과일이 풍성한 연중 가장 좋은 계절입니다. 골드만 삭스가 전하는 기분 좋은 소식을 소개하고자 합니다.

지난주 골드만 삭스는 40년 후 2050년께 통일한국은 일본과 독일을 능가하는 남북 평균 8만 6천 달러(남한 9만 6천, 북한 7만)로 미국의 9만 달러에 이어 세계 2위의 경제 대국이 될 것이라고 전망하고 있습니다. 골드만 삭스는 2년 전 2007년 8월에도 2050년에 개인 소득 6만 달러 이상의 부자클럽에 속할 나라는 현재의 G 7과 러시아, 한국이 될 것이라고 전망한 바 있습니다.

물론 여기에는 전제 조건이 있습니다. 남북한이 두 체제를 유지하면서 서로 협조한다면 북한의 우수한 노동력과 풍부한 지하자원, 남쪽의 기술 및 자본력, 그리고 시너지 효과에 따른 생산성의 비약적 향상 등을 꼽고 있습니다. 세계 2위의 부자나라 얼마나 신나는 일입니까. 문제는 우리가 하기 나름입니다. 우리에게는 능력과 기회가 있습니다.

우리나라가 오늘 이 정도의 번영을 누리고 있는 것은 삼성전자, LG전자, 현대자동차, 현대중공업, 포스코 등 세계적인 기업 덕분입니다. 북한을 잘 관리하고, 국제경쟁력이 있는 기업을 잘 키우고, 힘을 합쳐 노력하면 꿈은 이뤄진다고 확신합니다. 비록 현재 처한 환경은 만족스럽지 못하지만 꿈을 갖고 풍성한 마음으로 추석을 맞이합시다. 건강하고 화목한 추석이 되기를 기원 드립니다.

원조를 주는 나라

며칠 전 신문에 기분 좋은 기사가 났습니다. 원조를 받던 나라에서 베푸는 나라로 "지구상 유일한 국가" 한국이라는 기사입니다. 1969년 정부 예산규모가 3,000억 원일 때 우리나라는 국제사회로부터 800억 원(예산 대비 27프로)의 원조를 받았습니다. 다시 말하면 국제원조로 연명하던 국가였습니다. 또 이 돈은 경제개발의 종자돈 역할을 했던 것입니다.

40년이 흐른 2009년 우리나라는 9,359억 원을 동남아시아, 아프리카, 남미 등의 개발도상국에 지원하는 원조공여국이 되었습니다. 우리나라는 선진국 22개국이 가입되어 있고 전 세계 대외원조의 90%를 책임지고 있는 DAC(개발원조위원회)의 일원이 되어 진정한 원조선진국이 되었습니다.

1960년대 초 1인당 국민소득 80달러로 전 세계 160여 국 중 꼴찌로 3번째의(아프리카의 소국 2개국 다음) 세계 최빈국에서 세계 13위의 경제 대국이 되었습니다. 기분이 좋은 한편 짜증스러운 일도 있습니다. 정치인들이 나라를 생각한 것이 아니라 표만 생각하고 만든 세종시입니다. 고 전 노무현 대통령도 재미좀 봤다고 실토한 적이 있지 않습니까. 정치인들이 야합하여 만든 사생아 때문에 온 나라가 시끄럽습니다. 충청도가 좋고, 수도권이 좋고의 문제가 아닙니다. 우리나라는 어차피 수출로 여기까지 왔고 앞으로도 세계로 나가 살길을 찾아야 합니다. 국제경쟁력의 관점에서 결정해야 합니다.

이 나라는 대통령의 나라도, 박근혜의 나라도, 민주당의 나라도 아닙니다. 우리의 나라고, 오고 오는 우리 자손들의 나라입니다. 정치인은 모든 판단의 기준이 표입니다. 나라의 주인인 우리는 그렇게 할 수 없습니다. 우리의 아들과 딸들에게 좋은 것이 무엇인가가 판단의 기준이 되어야 합니다. 대통령도, 박근혜도, 민주당도, 민노당도 역사의 관점에서 보면 찰나일 뿐입니다.

표의 논리로 말하고 행동하는 정치인들에게 현혹되어서는 안됩니다. 고 박정희 대통령이 경부고속도로를 건설하려고 할 때 야당 정치인들은 결사 반대했습니다. 나라의 백년대계를 보고 판단하여야 할 일입니다.

하루하루 건강하고 활기찬 삶이 되기를 기원 드립니다.

아이티 지진

어제 주일날 교회에서 지진 피해를 입은 아이티를 돕는 구호성금을 조금 내고 왔습니다. TV에서 보는 참상은 세상에 종말을 보는 것 같고 목불인견의 사람들의 고통을 보면서 많은 것을 생각하게 하고 있습니다.

60년 전 6.25전쟁 당시 우리의 현실을 보는 것 같은 착잡한 심경이었습니다. 그 당시 우리의 참상이 지금의 아이티보다 더하면 더했지 조금도 나은 것이 없었다고 생각합니다. 13살 때인 그때 미국의 원조로 받은 식량과 구호물자로 보낸 옷을 입고 추위를 견뎌 냈습니다. 피난민 수용소에서 굶어 죽지 않을 정도로 주는 식량(밀가루, 탈지분유, 완두콩 등)으로 연명하고 세월이 흐른 후에 알았지만 여자용 코트를 자랑스럽게 입고 지냈습니다.

우리가 어려울 때 미국을 비롯한 많은 나라의 도움으로 오늘의 삶이 가능할 수 있었습니다. 나 자신 도움을 받은 것을 잊어버리고 남의 불행에 너무 인색하지 않는가 자책해 봅니다. 먹을 것도, 입을 것도, 거처할 집도 없는 전쟁의 참화를 미국을 비롯한 많은 나라, 많은 사람들의 도움으로 극복한 우리나라는 특히 어려움을 당한 나라에 더 많은 애정과 도움을 주는 것이 당연하다고 생각합니다.

6.25 전쟁 당시 세계 최빈국이었던 아시아의 알지도 못하는 작은 나라를 도와줬습니다. 세계가 하나이고 이웃이 곧 하나입니다. 우리 마음가짐을 다시 한번 돌이켜 보는 귀한 계기가 되었으면 합니다.

하루하루 건강하고 활기찬 삶이 되기를 바랍니다.

동계 올림픽

어제는 참으로 기쁜 날이었습니다. 김연아와 이승훈이 승전보를 전해 줬습니다. 그들은 아무도 가지 못한 길을 힘차게 그리고 자신 있게 가고 있습니다. 김연아 이전에는 여자 피겨가 세계를 정복(금메달이 확정된 것은 아니지만)하리라고 생각한 사람은 우리나라는 물론 세계의 모든 전문가들도 전혀 예상하지 못한 쾌거이고 기적입니다.

동양의 왜소한 체구의 이승훈이 10,000미터 빙속경기에서 금메달을 따리라고 생각한 사람도 물론 없었습니다. 아시아 최초로 일본이 개최한 동경올림픽은(1964년 미국, 소련에 이어 일본은 3위, 한국은 27위) 2차대전에 패망한 일본이 경제 재건을 본격적으로 이룩하는 기폭제가 되었습니다. 우리나라도 1988년 개최한 올림픽을 계기로 세계로 나아갈 수 있었고 오늘의 경제 대국을 이룩할 수 있는 계기가 되었습니다. 동계 올림픽에서 우리의 젊은이들이 선전하는 것을 보면서 우리나라가 국운 상승기에 들어섰음을 확신합니다.

해방 전후 세대, 6.25전쟁 전후 세대가 주축이 되어 이룩한 현재의 발전된 우리나라보다 확실히 한 단계 더 높은 단계의 조국을 지금의 젊은이들이 건설할 것을 저는 확신합니다. 우리 모두 신념을 갖고 한 단계 업그레이드된 나라 건설에 힘차게 동참합시다. 박수만 치는 방관자가 아니라 몸으로 부딪치고 실천하는 삶을 살아갑시다.

건강하고 활기찬 하루하루가 되기를 기원합니다.

월요편지 2010-03-01 오전 10:28:44

국격

얼마 전 국격(國格)이 화두가 된 적이 있습니다. 같은 물건이라도 어느 나라에서 만든 것인가에 따라 값이 차이가 나고, 사람도 어느 나라의 국민인가에 따라 대접이 달라지는 것이 현실입니다. 그렇기 때문에 국격은 중요합니다. 뉴스를 볼 때마다 동계올림픽에서 우리의 자랑스러운 젊은이들의 승전보가 전해진 다음에 정치인들의 추태를 전하는 것을 볼 때마다 정말로 화가 나고 저들이 국격을 많이 손상시키고 있음을 통탄하곤 합니다.

2002년 한·일이 공동 주최한 월드컵의 경제효과를 코트라는 12조 원으로 추산하고 있습니다. 그 근거는 국가 이미지가 1프로 올라가면 12조의 경제효과가 있다는 것입니다. 김연아의 금메달은 국가 이미지 0.5프로의 상승효과가 있으므로 약 6조 원의 경제효과가 있다고 합니다. 그는 13년 선수생활 중 상당 기간의 부상과 좌절을 극복하고 오늘의 영광을 이뤄냈습니다.

김연아는 대한민국의 딸을 넘어 인류의 자산이 되었다고 합니다. No Pain, No Gain(고통 없이 아무것도 얻지 못한다)은 그의 좌우명이라고 합니다. 이 좌우명이 우리 모두의 좌우명이 되고 우리 국민 모두의 좌우명이 되었으면 좋겠다는 생각이 가득합니다. 캐나다 교민의 말대로 대한민국의 국민임이 자랑스러운 아침입니다. 이 긍지를 나라 발전의 원동력으로 승화시키는 노력을 경주합시다.

하루하루 건강하고 활기찬 삶이 되기를 기원합니다.

월요편지 2010-03-18 오후 1:35:36

엽전

일본에는 연예계의 욘사마와 학계의 욘사마가 있다고 합니다. 재일교포 2세인 동경대 정보학부 강상중 교수입니다. 일본에 귀화하여 일본 국적을 취득하여 도쿄지사에 출마하라는 말을 들을 정도로 일본에서 존경을 받고 있다고 합니다. 그가 9일 국제교류재단 초청 강연에서 한 말을 소개합니다.

그는 "지금 일본에선 김연아 신드롬이 대단하다. 일본이 한국에 추월당하는 것 아니냐는 이야기마저 많이 나올 정도", "일본 가전업체 전체를 합친 것보다 삼성전자 하나의 매출이 많고, 한국자동차에 대한 평가도 빠르게 좋아져 위기감이 높아지고 있다."

얼마 전까지 일본 사람들은 한국이 아무리 잘 나간다고 해도 절대로 일본을 따라 잡을 수는 없다고 믿고 있었음이 사실입니다. 그러나 지금은 한국에 질 수도 있다고 생각하기 시작했다는 것입니다. 지금은 없어진 말들이 많이 있습니다. "엽전", "절량농가(絶糧農家)", "보릿고개" 등. 과거에는 엽전(우리 스스로가 우리를 비하는 말)이 만든 것, 엽전이 무엇을 할 수 있겠는가 등 자학하는 말들을 많이 했습니다. 절량농가 이 말도 지금은 들어볼 수도 없는 말이 되었습니다. 농사를 짓는 농민들이 봄이 되면 햇곡식이 나오기 전에 식량이 떨어진 농가를 일컫는 말입니다. 보릿고개란 봄보리가 나오기 전에 쌀이 떨어진 농가가 넘기 힘든 시기를 일컫는 말입니다. 먹을 것이 없는 아이가 밭둑에 앉아 보리야 빨리 나오라고 염원하던 때가 그리 오래된 일도 아닙니다. 물론 정도의 차이는 있지만 대한민국에 산다는 것 자체가 축복이라고 생각해도 무리는 아니라고 생각합니다.

하루하루 건강한 삶이 되기를 기원합니다.

G세대

G세대란 말이 있습니다. Global의 머리글자를 딴 G세대란 1988년 서울올림픽 전후에 태어난 이들을 가리키는 말로 대략 1986~91년에 태어난 경제적으로 안정된 한국 사회와 함께 세계화를 경험한 세대를 총칭한 개념입니다.

우리나라가 선진국을 향해 박차를 가하던 시기에 자라난 G세대는 우리 사회의 가능성을 믿으며 선진국에 위축되지 않고 자신감에 넘치는 이들입니다. 체구가 작은 동양인으로 벤쿠버 동계올림픽 빙속경기에서 금메달을 딴 모태범, 이상화 선수는 20대 초반 젊은이 특유의 패기를 세계무대에서 보여 주며 곧 사회의 전면에 등장할 G세대의 부상을 예고하고 있습니다. 그들은 시상대 위에서 눈물을 흘린 것이 아니라 춤을 추거나 승리에 환호하며 유쾌한 몸동작으로 운동자체를 좋아하고 또 즐기는 모습을 보여 주었습니다.

그들을 통하여 우리나라가 또 한번 도약했음을 느낄 수 있었습니다. 금메달이 한풀이가 아니라 훌쩍 커버린 국력과 나라의 장래에 대한 자신감을 확인하는 축제였습니다. 우리 모두 나 자신과 우리 공장, 우리 사회에 대한 애정과 확신을 갖고 힘차게 도전합시다.

늦어졌습니다만 2월까지의 매출액을 보냅니다. 추운 일기탓도 있겠지만 많이 저조합니다. 3월부터는 공사가 시작되는 시기입니다. 더욱 분발합시다.

건강하고 활기찬 삶이 되기를 기원합니다.

월요편지 2010-09-08 오전 11:44:35

남과 북의 신장 차이

흥미롭지만 마음 아픈 통계가 있기에 소개합니다.

중국 관영 신화사통신이 보도한 바에 따르면 전 세계 여러 나라 남자들의 평균 신장을 발표했는데 20~25세의 남자 신장을 조사해 보니 대한민국 남자들의 20~25세 평균 신장이 173cm이고 그런데 우리와 똑같은 유전인자를 갖고 있는 북한 동포들의 20~25세 남자들의 평균 신장은 158cm로 우리하고 15cm 차이가 났습니다. 이제는 같은 민족이라고 말하기도 거북한 지경이 되었다는 것입니다.

10여 년 전에 금강산에 갔을 때 곳곳에 서 있는 초병들이 모두 조그만 돌 위에 서 있는 것을 보면서 아마 키를 크게 보이기 위해 그렇게 하는 것이 아닌가 생각했던 기억이 납니다. 분단 60년 만에 일어난 민족적 비극입니다. 지상 낙원이라고 떠드는 북한의 실상을 극명하게 보여 주고 있습니다. 더 이질화 되기 전에 통일을 해야 하는 이유이기도 합니다.

재미있는 사실 하나를 더 말씀드리겠습니다. 큰 칼을 옆에 차고 있는 늠름한 장군을 연상하는 영웅 이순신 장군의 실제 신장은 여러 문헌을 조사해 본 결과 140~145cm였습니다.

지난 8월은 24일 동안 비가 내리는 등 일기가 불순했음에도 여러분들이 열심히 노력한 결과 전년 대비 21퍼센트의 매출 증가를 이룩했습니다. 이달에는 더욱 분발하여 좀 더 신장하도록 노력합시다.

하루하루 건강하고 활기찬 삶이 되기를 기원 드립니다.

NGO 월드비전

국제구호개발 NGO인 월드비전에 관한 이야기입니다.

전 세계 100여 국에서 1억 명의 불우한 어린이들을 위한 구호사업을 하는 단체입니다. 이 단체는 60년 전 한국전쟁 당시 기아와 추위 질병에 시달리는 한국의 전쟁고아들을 돕기 위하여 설립되었다고 합니다.

지금도 한국지부에서는 교육비를 지원하고 왕따당한 학생, 학습 장애아들을 돕고, 아동들의 신체적, 정신적, 정서적 발달에 도움을 주는 프로그램을 실시하고 있으며 전 세계적으로 자연재해, 전쟁, 내전 등 긴급 재난구호 활동을 하고 있습니다.

전 세계적으로 100여 개국이 도움을 받았는데 도움을 받는 나라에서 도움을 주는 나라로 바뀐 나라는 유일하게 우리나라뿐이라고 합니다.

1991년부터 우리나라는 도움을 주는 나라가 되었습니다. 100명 중 일등을 한 것입니다. 우리는 우리의 능력에 대하여 자부심을 가져도 좋다고 생각합니다. 자랑스러운 나라에 태어난 것을 축복으로 생각하면서 오늘도 힘찬 삶을 살아갑시다.

G20 회의

내일은 우리나라가 회장국으로 G20 회의가 개최됩니다. 이 회의의 뜻과 지난 우리의 역사를 돌이켜 보고자 합니다.

1907년 헤이그에서 평화회의가 열렸을 때 일본의 식민지를 막고자 고종의 밀서를 갖고 이준 열사가 평화회의에 갔으나 문전박대 당하고 그 분을 참지 못하여 헤이그에 뼈를 묻었습니다. 그 당시는 세계 열강들의 영토 전쟁이었습니다. 다른 표현을 하면 식민지 쟁탈전이었습니다. 영토 분할은 항상 불균형이었고 이것이 글로벌 불균형이었고 이 불균형을 해결하는 수단이 곧 전쟁이었습니다. 이를 해결하고자 모인 회의가 헤이그 평화회의였습니다.

그 당시 우리나라는 열강들이 보기에는 맛있는 한 조각의 케이크에 지나지 않았습니다. 19세기에는 영토 분쟁인 전쟁이 103번 일어났고 20세기에는 84번의 국제전쟁이 발생했습니다. 오늘날은 영토 분쟁의 시대가 아니라 경제전쟁의 시대입니다. 경제전쟁은 곧 환율전쟁입니다. 미국과 중국이 환율문제로 첨예하게 대립하고 있는 것은 이를 웅변으로 말해 주고 있습니다.

환율은 경제력을 나타내는 지표이자 생산과 소비를 결정하는 최대 변수입니다. 영토 분쟁을 군사력 통제로 해결하려 했듯이 환율통제로 1929년의 대공황의 몇 배의 파괴력을 가진 경제전쟁을 막아보자는 것이 G20회의 입니다. 식민지에서 G20까지 올라온 유일한 나라입니다. 오늘의 우리가 있기까지의 일화 하나를 소개합니다.

1963년부터 1978년까지 서독에 간 광부가 7,800여 명, 간호사가 1만 30여 명이었습니다. 그 광부 가운데는 대학을 나온 분들도 많이 있었습니다. 그들은 지하 700~1200m, 온도가 30도를 훨씬 웃도는 막장에서 월 440마르크(약 110달러) 받았고 1만 명에 달하는 우리의 가냘픈 처녀들은 서독에 가서 처음 한 일이 알코올을 묻힌 거즈로 시체를 닦는 일이었다고 합니다. 광부들은 하루에 팬티를 다섯 번 이상 물을 짜서 입어야 했고 장화에 고인 물을 몇 번씩이나 쏟아야 했다고 합니다. 그렇게 고생하여 번 돈을 연간 5,000만 달러를 국내로 송금하여 우리나라가 산업화되는 초석을 놓았습니다.

그 당시 경제개발을 하려 했으나 돈이 없어 서독에게 차관을 좀 달라고 하자 서독정부가 담보를 요구했습니다. 담보를 제공할 수 없었던 우리 정부는 서독 광부와 간호사의 임금을 담보로 제공하고 서독차관을 도입할 수 있었습니다.

며칠 전 G20를 반대하는 데모를 보면서 그들은 과연 누구인가? 헤이그에서 자결한 이준 열사가 지하에서 기뻐하는 소리와 통곡 소리가 겹쳐 들리는 듯했습니다. 자랑스러운 우리나라입니다. 한껏 뽐내도 부족함이 없는 국민입니다. 다같이 G20의 성공을 기원하며 축하합시다.

하루하루 건강하고 활기찬 삶이 되기를 기원합니다.

지덕체

요즘 광저우 아시안 경기에서 연일 우리 젊은 선수들의 승전보를 접하면서 우리나라의 힘을 새삼 느끼며 자랑스럽게 생각하고 있습니다.

흔히 교육의 목표를 지덕체라고 말하고 있습니다. 얼마 전 끝난 G20 회의가 '지'라고 하고, 아시안게임이 '체'라고 한다면 이제 한 가지 '덕'만이 남아 있습니다.

지금 우리에게 꼭 필요한 것이 덕이라고 생각합니다. 덕이라고 할 때 여러 가지가 떠오릅니다. 도덕적, 윤리적, 공정, 정의, 용기, 도움 등 우리 국민은 지와 체는 갖췄습니다. 이제 한 가지 덕을 갖추면 정말로 1등 국가에, 1등 국민이 된다고 생각합니다. 나부터 덕을 갖춘 사람, 덕을 베푸는 사람이 되도록 노력합시다.

하루하루 건강하고 활기찬 삶이 되기를 기원합니다.

연평도 포격

미국 NBA프로농구 보스턴 셀틱스의 감독 릭피티노는 1997년 전년도 최하위 팀인 보스턴 셀틱스 팀을 이끌고 최강의 시카고 볼스팀을 92대 85로 꺾으며 파란을 일으킨 명감독입니다. 그의 말을 소개합니다.

"나는 하루 중 98프로는 내가 하는 일에 긍정적이다. 그리고 나머지 2프로는 어떻게 하면 매사에 긍정적이 될 수 있을까 궁리한다. 사람은 기계와 달리 감정에 크게 좌우된다. 구성원 모두가 힘들어 하고 지쳐 있을 때일수록 긍정적인 태도, 자신감 있는 행동, 낙관적인 사고가 필요함"을 강조하고 있습니다.

일주일 전 연평도에 북한의 포악무도한 포격이 발생하여 온 국민이 불안을 느끼고 있으나 이런 때일수록 마음의 평정을 갖는 것이 필요하다고 생각합니다. 또 우리나라가 얼마나 어려운 환경에 놓여 있는가 다시 한번 생각하는 기회가 되기도 했습니다.

그러나 한 가지 분명한 것은 우리가 분열하지만 않는다면 이 땅에는 60년 전과 같은 전쟁은 다시 일어나지 않을 것이란 사실입니다. 60년 전 당시는 좌우가 갈려 하루도 편한 날이 없을 정도였습니다. 그 틈을 비집고 전쟁만 일으키면 남한에서 민중봉기가 일어나 싸우지 않고도 이길 수 있다는 오판이 전쟁의 빌미를 제공한 사실을 부정할 수 없습니다.

지금은 60년 전과는 다릅니다. 우리가 한마음으로 대처한다면 현재의 난관은 새로운 활력이 될 것임을 확신합니다. 우리는 우리의 능력을 믿고 긍정적인 확신을 갖고 맡은 일에 충성합시다.

하루하루 건강하고 활기찬 삶이 되기를 기원합니다.

대통령 아들

어제 옷장사를 하는 친구를 만났습니다. 연평도 사건 이후 눈에 띄게 장사가 더 안된다는 걱정을 하는 것을 들었습니다. 잘 생각해 보면 1945년 해방 후, 1950년 6.25 이래 65년간 정말로 평화로운 날이 과연 몇 날이나 있었던가, 우리는 그런 환경 속에서도 오늘의 경제 발전을 이룩하지 않았느냐, 이런 때일수록 마음을 굳게 갖고 열심히 살면 되는 것 아닌가고 말했습니다. 오래 전부터 알고 있던 이야기입니다만 며칠 전 신문에 난 기사가 생각나서 소개합니다.

1952년 한국전쟁이 한창일 때 아이젠하워 원수가 미국 34대 대통령에 당선되었습니다. 그에게는 존이라는 육군 소령인 아들이 있었습니다. 그는 대통령 당선인의 아들로서 대통령에게 부담이 될 수 있음에도 한국전 참전을 고집했습니다. 그때 아버지 아이젠하워의 말입니다. 죽거나 부상은 받아들이지만 북한군에 포로가 된다면 자결하라는 조건으로 참전을 허락했습니다.

아이젠하워가 당선자 자격으로 한국을 방문했을 때 전쟁을 지휘하고 있던 미 제8군사령관 벤플리트 장군의 아들도 한국전쟁터에서 전사했습니다. 북한을 지원하기 위해 한국전에 참전한 모택동의 아들도 한국전쟁에서 전사했습니다.

우리의 지도층도 이 같은 애국심을 갖고 있다면 우리는 두려워할 필요가 없습니다. 또한 우리의 지도자들에게 요구만 할 것이 아니라 우리 자신도 나라를 위해 싸우겠다는 굳은 결심만 있다면 오늘의 위기를 전화위복의 기회로 만들 수 있음을 확신합니다. 창밖에는 함박눈이 내리고 있습니다. 평화로운 축복의 땅이 되기를 기도합니다. 하루하루 건강하고 활기찬 삶이 되기를 기원합니다.

11월까지의 매출 실적을 보냅니다. 참고하시기 바라며 몇 년 만에 매출 100억을 이룩했습니다. 12월 한 달 열심히 노력하여 전년 대비 20프로의 매출 신장을 꼭 달성하도록 결심합시다.

월요편지 2010-12-22 오후 2:17:54

연평도의 교훈

북한의 잔인한 포격으로 전사한 용사와 피폭되어 사망한 민간인과 가옥이 파괴되고 일시에 피난민이 되어 고생하고 있는 연평도민을 생각할 때 분노를 금할 길 없습니다. 그러나 아픔 중에서도 우리에게 많은 교훈을 주었다고 생각합니다.

6.25 전쟁을 겪은 세대들은 전쟁의 참혹함과 비참함, 죽음, 피난민 생활의 고통을 잘 알고 있지만 전후세대들은 전쟁, 안보, 피난, 파괴, 죽음이 일상화된 비참한 삶 등을 나와는 상관없는 일로 여기고 살아왔던 것이 사실입니다. 그러나 연평의 교훈은 전쟁은 언제라도 일어날 수 있고 특히 북한은 전혀 믿을 상대가 아님을 우리에게 분명하게 가르쳐 주었습니다.

저는 전문가는 아닙니다만 60년 전 북한의 남침으로 시작된 6.25 전쟁은 미국과 소련의 양극체제에서 북한의 김일성이 소련의 스탈린에게 분명한 보장을 받고 전쟁을 일으켰으나 지금의 국제정세는 소련, 중국이 김정일에게 전쟁을 하라고 하진 않을 것입니다. 그러나 한 가지 가능성은 있습니다. 60년 전 6.25 때처럼 좌우가 분열하고 국론이 분열된다면 저들은 남한의 추종세력을 믿고 또다시 전쟁을 일으킬 수도 있습니다. 6.25때도 좌우가 분열되어 싸우는 것을 보고 전쟁만 일으키면 깃발을 들고 나와 저들을 환영할 것이라고 오판하여 전쟁을 일으킨 측면이 있습니다.

특히 젊은 세대들에게 안보의식, 전쟁의 실제성을 알게 한 것은 불행한 일을 겪으면서 얻은 큰 소득이라고 생각합니다. 우리가 한마음으로 나라를 사랑하고 조국을 지킬 결심만 한다면 북의 도발도 전쟁도 없는 행복한 조국이 될 것을 확신합니다.

건강한 하루하루가 되기를 기원합니다.

삼일운동

지난 화요일은 92회 삼일절이었습니다. 신문에 따르면 요즘 초중고생을 비롯한 젊은 세대들은 삼일절의 참 뜻을 잘 알지 못하고 있다는 탄식소리가 많이 있었습니다. 한일합방이 이뤄져 국권을 찬탈당한 지 10년 만에 온 국민이 일어난 독립운동을 다시 새겨 볼 필요가 절실하다고 생각합니다.

1919년 3월 1일에 일어난 삼일운동은 5월 말경까지 석 달 동안 진행되면서 참가 인원이 202만 3,098명(실제로는 기록보다 많은 것으로 추정됨), 사망자 7,059명, 부상 4만 6,946명, 교회 47곳, 학교 2곳, 가옥 715채가 불탔습니다.

요즘 리비아 사태를 보면 최대 사망 6,000명이라고 합니다. 카다피를 이해할 수 없는 광적인 인물로 생각합니다만 그 당시 일제의 무자비한 탄압은 지금의 카다피를 훨씬 능가하는 천인공노할 만행이었다고 생각합니다. 특히 4월 15일 경기도 화성시 향남면 제암리 제암교회 사건은 일제의 만행을 단적으로 보여 주고 있습니다. 일본군 부대가 제암교회에 와서 15세 이상 남자 21명을 교회에 가두고 문을 잠근 후 불을 지르고 총을 난사하여 몰살시키고 이를 보고 울부짖는 여인 두 명도 살해하고 인근 가옥 32채에 불을 질렀습니다.

요즘같이 인터넷이 발달하고 정보의 유통이 활발했다면 일제의 만행은 국제적인 규탄을 받고 우리나라는 그때 해방되었을 것입니다. 우리 조상들이 피흘려 지킨 나라입니다. 소중히 지켜 우리 후손에게 물려줄 책임이 우리에게 있습니다. 나는 우리 조국을 위해 무엇을 하고 있는지 반성하는 계기가 되기를 바랍니다.

하루하루 건강하고 활기찬 삶이 되기를 기원합니다.

6.25전쟁과 리비아 사태

동기는 달랐지만 동족상쟁의 리비아 유혈사태를 보면서 60년 전 6.25전쟁을 떠올리게 됩니다. 6.25전쟁은 소련 스탈린의 승인하에 북한이 남침하면서 시작되어 3여 년간 계속된 전쟁이고 리비아 사태는 40여 년에 걸친 폭압과 부패에 항거하는 민주화로 시작된 분쟁이나 동족상쟁의 비참함은 같다고 생각됩니다. 많은 백성이 고통 받고 또 죽어 가고 있는 것은 똑같습니다.

우리나라가 전쟁을 겪는 동안 전 세계 사람들은 그때는 TV는 비록 없었으나 커피 한 잔 들고 조간신문을 보았을 것입니다. 그때 많은 사람이 죽어 가고 또 많은 사람들이 피난길에 비참한 삶을 살았고, 수많은 전쟁 고아들이 폐허 속에서 쓰레기를 뒤져 삶을 이어 가고 있었습니다. 우리가 방심하면 그 같은 사태가 일어나지 않는다고 장담할 수 없는 것이 우리의 현실이기도 합니다.

천안함 격침, 연평도 포격 등을 겪으면서 북한 공산당의 존재와 또 위협이 현실임을 깨닫게 된 것은 불행 중 다행이라고 생각합니다. 6.25를 거친 세대와 그렇지 않은 세대간에는 우리가 처한 현실을 보고 느끼는 것이 많이 다를 수 있지만 우리나라는 우리 모두가 지켜야 하는 것은 진리입니다. 우리 한 사람 한 사람 방관자가 되지 말고 우리와 앞으로 오고 오는 후세들에게 부강하고 튼튼한 나라를 물려주는 것은 오늘을 살아가는 우리 모두에게 주어진 책임임은 분명합니다.

금년 봄에는 레미콘과 PA스턴이 선전하면서 전년 동기에 비하여 20프로 신장했습니다. 더욱 열심히 노력해 금년에는 꼭 발전하는 한 해가 되기를 기원합니다.

하루하루 건강하고 활기찬 삶이 되기를 기원합니다.

2050년의 우리나라

스탠더드 앤드 푸어스가 미국 국가신용 등급을 하향 조정하면서 시작된 금융위기는 98년 리먼 브라더스 파산으로 시작되었던 국제 금융위기를 겨우 수습하는 과정에서 일어난 전 세계적인 재앙으로 다가오고 있습니다.

그리스의 국가 부도 사태를 막기에도 힘겨운 현실에서 또 하나의 악재가 추가된 것입니다. 98년의 금융위기를 타개하기 위해 재정확대, 금리인하 등 모든 정책수단이 소진된 상황에서 맞게 된 위기입니다. 세계의 소방서 역할을 하던 미국에 불이 났습니다. 어느 날 갑자기 불이 난 것이 아니라 빚으로 재정적자를 메워오다 한계에 다다른 것입니다. 소방서장네 집에 불이 났습니다. 불을 끌 사람이 없는 것이 우리를 더욱 불안하게 하고 있습니다.

저는 전문가도 남다른 혜안을 갖고 있지는 않지만 대외 의존도가 큰 우리나라는 국가 부도 위기까지는 가지 않아도 상당 기간 수출 부진에 따른 고통을 감내하여야 할 것이라고 생각합니다. 계속되는 장마, 국민에게 실망만 주는 정치, 법정에서 김정일 만세를 당당하게 소리치는 종북주의자, 갈수록 어려워지는 중소기업, 서민 살림 등 우울한 현실에 살고 있습니다.

그러나 희망적이고 우리에게 용기를 주는 일도 있기에 소개합니다. 지난 3일 도쿄에서 아시아개발은행(ADB)이 "아시아 2050" 세미나에서 발표한 연구 결과입니다.

앞으로 20년이 지나면 우리나라의 1인당 국민소득이 일본과 독일보다 더 많아져 1인당 국민소득이 2030년 5만 6천 달러로 미국 6만 5천8백 달러에 이어 2위가 되고, 2050년이 되면 우리나라의 1인당 국민소득이 9만 8백 달러로 1위인 미국 9만 4천9백 달러와 거의 비슷한 수준이 될 거라고 예상하고 있고 일본 8만 1천 달러, 독일 7만 6천3백 달러와의 격차가 더 벌어지는 것으로 예상하고 있습니다. 현재의 4프로대의 성장세를 유지한다면 충분히 가능하다고 전망하고 있습니다.

6.25 전쟁의 폐허에서 일으킨 나라입니다. 자부심을 갖고 희망을 갖고 전진합시다. 풍요로운 나라를 우리 후세에게 자랑스럽게 물려줍시다.

건강한 하루하루가 되기를 기원합니다.

복지의 함정

요즘 우리 사회에서 회자되고 있고 또 찬반이 첨예하게 대립하고 있는 현안은 복지문제입니다. 할 수만 있다면 복지를 확대하는 것이 나쁘다고 할 수는 없습니다. 그러나 복지 확대가 가져올 결과가 분명한데도 눈을 감고 표만 의식한 포퓰리즘적 복지를 외치는 사람이 우리나라에는 많다는 데 문제가 있습니다.

김동연 예산실장의 말은 복지엔 U턴은 없고 한 번 시작한 복지는 없앨 수가 없고 현재의 복지수준을 유지한다고 해도 2030년에는 우리나라 예산의 49프로가 복지예산이 된다고 합니다. 그 이유는 우리의 수명이 늘어나면서 우리가 부양해야 할 인구가 늘어나기 때문입니다. 일하는 한 사람이 한(?) 사람을 부양해야 하는 상황이 될 수도 있습니다. 반값 등록금, 무상급식 등은 할아버지가 손자의 밥그릇을 뺏어 먹는 것과 같습니다.

지금의 복지는 우리의 아들, 손자들이 갚아야 합니다. 금융위기는 재정으로 막았습니다. 그러나 재정위기는 방법이 없습니다. 복지를 확대했던 그리스가 그 예입니다. 국가 재정위기를 맞은 그리스는 국유재산을 팔아 부채를 갚기로 하고 독일 등의 자금지원을 받아 국가 부도위기를 겨우 넘기고 있습니다. 그리스 정부가 보유한 국유자산은 4,300억 달러 정도인데 그중 우선 710억 달러 규모의 자산을 팔기로 했습니다. 그중에는 소매금융회사 헬레닉우편은행, 아테네 국제공항, 그리스 철도, 정부 소유 레저시설 등이 포함되어 있습니다.

우리나라도 국가 부도 사태인 재정위기를 맞으면 산업은행, 인천공항, 코레일, 해운대 해수욕장 등을 팔아야 할지도 모릅니다.

정도를 넘는 복지는 세금이든, 국유재산 매각이든 반드시 갚아야 합니다. 공짜 복지는 없습니다.

계속되는 비로 금년 농사도 흉년이 들 것입니다. 건축 현장이 멈추면서 일용노동자도 일거리가 없습니다. 그 돈으로 재벌 회장의 아들, 손자 급식값을 치러야 합니까? 나라의 장래를 걱정하는 지도자가 그리워지는 때입니다.

건강한 하루하루가 되기를 기원합니다.

북한의 앞날

명심보감 천명편에 나오는 말입니다.

순천자(順天子)는 존(存)하고,
역천자(逆天子)는 망(亡)하느니라.

팬암여객기를 폭파하여 270명의 무고한 생명을 희생시키고 수많은 양민을 학살한 리비아의 카다피 정권이 42년 만에 붕괴되었습니다. 이 아침 평범하지만 변하지 않는 진리를 다시 한번 확인하게 됩니다. 정도가 아닌 것이 일시적으로는 흥하는 것 같으나 반드시 망한다는 진리를 다시금 깨닫게 됩니다.

김정일의 북한도 정도를 걷고 있다고 생각하는 사람은 없습니다. 반드시 정도로 돌아오는 날이 올 것이라 확신합니다. 우리나라를 굳건히 지켜 그날을 대비해야 한다고 생각합니다.

어제는 처서였습니다. 많은 비와 무더위에 지쳐 있으나 계절은 정확히 돌아옵니다. 이제 몸과 마음을 추스려 일할 준비를 합시다. 밤이 곧 오리니 그때는 일할 수 없다는 성경 말씀도 있습니다.

활동하기 좋은 계절이 왔습니다. 촌음을 아껴 주어진 일을 열심히 합시다. 그것이 우리에게 주어진 책임이라고 생각합니다. 하루하루 건강한 삶이 되기를 기원합니다.

국가 부도 위기

즐겁고 건강한 추석을 잘 보냈는지요? 금년도 일할 수 있는 날이 얼마 남지 않고 또 경기 전망도 밝지 않아 여러분들이 느끼는 마음과 마찬가지로 무거운 이야기를 하려고 합니다.

계속된 포퓰리즘으로 국가 부도 위기를 맞고 있는 그리스, 다음이 어느 나라인지 회자되고 있는 이태리, 포르투칼, 스페인 등 서유럽의 총제적 위기, 10년 전 9.11 미 무역센터 폭파로 야기된 아프카니스탄, 이라크 등 대테러 전쟁에 천문학적 비용을 지출한 미정부와 부동산 과열과 무차별적인 저신용 대출로 비롯된 2년 전 리먼 브라더스 사태 수습을 위한 재정확대 등으로 드디어 미국의 신용등급이 하향 조정되는 등 세계적인 불황이 계속되고 있습니다. 미국이 튼튼할 때는 국제적인 어려움이 발생하면 미국이 주도하여 해결했으나 지금은 미국은 물론 전 세계 어느 나라도 이런 힘을 가진 나라가 없습니다.

그렇기 때문에 대외수출 의존도가 90프로를 상회하는 우리나라의 경제의 앞날을 더욱 암담하게 하고 있습니다. 기상학자는 현재의 기상상태와 지나간 기상상태는 정확히 알고 있으나 경제학자는 현재의 경제상황은 물론 지나간 상황도 정확히 모른다는 비아냥이 있습니다. 세계적인 석학도 경제의 앞날을 알 수는 없다는 이야기입니다.

우리나라의 앞날도 안개 속에 있습니다. 현재의 포퓰리즘적 행태가 계속된다면 10년, 20년 후 우리나라도 그리스와 똑같은 운명이 될 것은 분명합니다. 우리의 아들딸, 손자 손녀는 확실히 불행한 삶을 살게 될 것입니다. 그들이 먹고 입을 것을 할아버지

할머니가 뺏어 먹고 입고 있습니다. 우리보다 똑똑한 우리의 지도자라는 사람들이 더 잘알면서 한 표를 의식해 모른 척하면서 국민을 속이고 거짓말을 하고 있습니다.

현재의 어려움은 단기간에 끝나기는 어렵다고 생각합니다. 힘없는 우리라도 나라를 지키고 무엇이 진리인지 깊이 성찰하는 지혜가 절실히 필요한 때입니다. 나라의 주인은 우리입니다. 나라의 앞날을 나 몰라라 하지 말고 바른 판단과 행동이 필요한 때입니다.

하루하루 건강하고 활기찬 삶이 되기를 기원합니다.

월요편지 2011-09-22 오후 5:49:06

미국의 신용 등급

요즘 우리나라는 온통 복지논쟁에 매몰되어 있습니다. 우리나라 존립의 기초가 되는 안보는 소홀히 하고 있는 걱정스러운 현실을 보면서 이 글을 씁니다.

미국 하버드대학의 니얼 퍼거슨 교수의 "혼돈의 벼랑에 선 제국들"이란 논문은 우리에게 안보의 심각성을 말해 주고 있습니다. 퍼거슨 교수는 논문에서 제국의 멸망이 서서히 다가오는 게 아니라 어느 날 갑자기 닥칠 수 있다고 말합니다. 국가의 재정위기는 국방비 삭감으로 이어지고 그 결과 제국의 패권적 위상이 순식간에 무너진다고 말하고 있고 현재의 미국이 그 경로를 따라가고 있다고 말하고 있습니다.

미국의 재정위기는 70년간 유지되어 오던 미국의 신용 등급 AAA를 AA+로 하향 조정되었습니다. 지난해보다 미국의 재정위기는 현저히 높아진 현실입니다. 연합작전계획 5027은 우리나라가 침략을 당할 경우 100일 이내에 지상군 65만 명, 항공기 2,000대, 2개의 항공모함 전단을 투입하도록 계획되어 있으나 이미 지난해 초 당시 게이츠 미국방장관은 한반도 유사시 대규모 전력 투입은 현실적으로 어렵다는 견해를 밝힌 바 있습니다.

6.25 후 60년 동안 우리 안보의 핵은 미국이었습니다. 지금 안보의 핵심이 흔들리고 있습니다. 60년 전 1950년 미국 국무장관 애치슨이 한국은 미국방위선 밖에 있다는 애치슨 라인 한마디를 오판한 북한이 6.25전쟁을 일으킨 역사적 사실을 볼 때 복지에 앞서 안보를 먼저 챙겨야 하는 것이라고 생각합니다. 제주도 강정마을 해군기지 건설을 둘러싼 갈등을 보면서 나라의 앞날을

걱정하지 않을 수 없는 심정입니다. 여러분들에게 제 생각을 적었습니다. 여러분들의 판단을 기대합니다.

하루하루 건강하고 활기찬 삶이 되기를 기원합니다.

나라의 장래

요즘 나라의 장래에 대해 생각하는 시간이 많습니다. 우리의 수명은 7, 80이요, 정권도 화무십일홍이라고 10년을 넘기기 힘듭니다. 그러나 우리나라는 반만년의 역사를 가졌듯이 앞으로도 몇천 년 계속될 것입니다. 그리고 우리의 후손들이 살아야 할 땅입니다. 하루하루의 삶이 고단하고 바쁘지만 가끔은 나라의 장래를 생각하는 시간도 필요하다고 봅니다.

리비아 독재정권의 붕괴 등 세계의 흐름과 잘못된 것은 일시적으로 흥할 수 있으나 시간이 지나면 반드시 파멸되는 것이 진리입니다. 김정일의 건강, 인간의 기본적인 삶도 보장하지 못하는 경제 사정, 정보 전달 수단의 발달 등 북한의 종말은 시간이 정해진 것은 아니나 몇 년 후 또는 몇십 년 후 또는 갑자기 일어날 것은 분명합니다. 그때 우리는 우리의 주도로 민주통일을 꼭 이뤄야 합니다.

우리나라는 국토의 크기와 적은 인구로 인해 한계가 있습니다. 우리의 소망을 이해하고 협력해 줄 이웃이 꼭 필요합니다. 북한이 붕괴되었을 때 우리가 잘못하면 중국의 변방으로 추락할 수도 있습니다. 티벳이나 위그르 등의 사례를 볼 때, 그리고 중국의 동방공정을 볼 때 허무맹랑한 추측이라고 마냥 무시할 수만도 없는 것이 현실입니다. 크게 보면 시장이 누가 되고, 정권이 어떻게 되느냐보다 더 중요합니다. 우리의 힘을 키우고, 우리의 이웃을 잘 관리하는 것이 중요합니다.

대한제국 말 고종황제가 보낸 이준 열사가 헤이그 평화회의에 들어가지도 못하고 조국은 일본의 침탈을 당했습니다. 그때 세계의 열강들 가운데 그 어떤 나라도 우리의 절규를 들어준 나라가 없습니다. 그런 우를 다시는 되풀이해서는 안됩니다. 우리의 우방은 누구인가. 우리가 어떤 나라와 관계를 돈독히 해야 하는지 깊이 통찰하는 지혜가 필요합니다. 어려울 때 도와주는 친구가 진정한 친구입니다.

건강한 하루하루가 되기를 기원합니다.

젊은 세대, 나이 든 세대

어제 서울시장 선거가 있었습니다. 선거경향에 대하여 많은 생각을 하게 됩니다. 2, 3, 40대와 5, 60대가 생각하는 것이 많은 차이가 있다는 것이 확인되었습니다. 문제는 젊은 세대와 나이 든 세대의 세계관, 인생관이 과연 어느 것이 우리나라의 장래와 자신의 장래에 옳은 것인가의 문제입니다.

제가 나이가 많아서 하는 생각인지는 모르지만 인생을 조금 더 산 나이 든 사람의 판단이 조금은 더 옳지 않겠나 생각합니다. 물론 젊은 세대가 이 나라를 이끌고 나아갈 것입니다. 그러나 경험과 경륜을 무시하고 과연 성공할 수 있겠느냐 걱정을 하게 됩니다.

젊은 사람의 생각은 다 틀린다고 매도하는 것도, 나이 든 사람의 생각이 모두 틀리다고 단정하는 것도 잘못이라고 생각합니다. 한 발 물러나 무엇이 나라의 장래와 우리의 삶에 정답인가를 감성이 아니라 이성으로 판단해야 한다고 생각합니다. 한 가지 이해되는 측면도 있습니다.

나이 든 사람이라고 노후대책이 잘돼 있는 것은 아니지만 젊은 세대가 느끼는 현재 또는 앞날에 대한 불만과 불안이 현상타파로 표현된 것이라고 생각하기도 합니다. 서로가 비난하고 걱정만 할 것이 아니라 서로가 이해하고 협력하는 것이 꼭 필요한 시기입니다. 또 나이 든 사람이 젊은 사람을 선동할 것이 아니라 잘 선도하는 지혜가 필요하다고 생각합니다. 길게 보면 우리나라는 올바른 길을 갈 것을 굳게 믿습니다.

하루하루 건강하고 활기찬 삶이 되기를 기원합니다.

김정일의 죽음

금년도 채 일주일밖에 남지 않은 세모에 김정일 위원장의 사망 소식이 전해졌습니다. 영생불사를 바라고 불로장생 약을 찾던 진시황도 가고 그 많은 사람의 생명을 좌지우지하던 김정일도 자신의 죽음은 막을 길이 없었나 봅니다. 권력도 영화도 때가 되면 가고 역사 또한 우리가 원하든 원하지 않든 변하는 것이 진리임을 다시 한번 느끼게 해 줍니다.

역사의 변화는 시작되었습니다. 우리가 하기에 따라서는 국운 융성의 귀중한 계기가 될 것입니다. 우리는 평화적 민주통일과 굶주리는 북한 주민을 기아에서 해방시켜야 합니다.

1945년부터 시작된 66년간의 대를 이은 호전적인 비민주적 독재정권을 종식시키고 기아와 감시와 수많은 강제수용소에서 짐승 같은 삶을 살고 있는 2천만 우리 동포를 구해 내야 합니다. 모든 상황을 바로 보고 잘못된 정보에 현혹되는 일이 없이 국운 상승의 기회로 승화시키도록 합시다.

하루하루 건강하고 활기찬 삶이 되기를 기원합니다.

희망의 새해를 기약하며

오늘로써 금년 마지막 월요편지를 보냅니다. 지난 일 년간 열심히 노력하여 주신 여러분들께 감사를 드립니다. 그리고 새해에는 더욱 건강하고 행복한 한 해가 되기를 기원합니다.

지난해에는 2009년 대비 20프로 신장한 109억 원의 매출을 이룩했습니다. 금년초에는 작년보다 10 내지 20프로는 신장할 수 있다는 믿음을 갖고 시작했으나 유럽위기 등으로 불황이 계속되면서 기대에는 미치지 못했으나 어려운 환경 속에서도 최선을 다해 주신 여러분들의 노력의 결과로 오늘 현재 107억 원(작년 대비 98프로)의 매출을 이룩했습니다. 다시 한번 수고한 여러분들께 감사를 드립니다. 아쉬는 점은 양회 값 인상(약 35프로)으로 적자를 볼 수밖에 없는 현실은 안타까울 뿐입니다. 어려운 한 해를 극복해 냈습니다. 내년에 제품값 인상이 어느 정도 이뤄지면 적자를 면할 수 있다는 희망을 안고 새해를 출발합시다.

그동안 몇 번 연기되어 온 구리 포천 고속도로가 내년에는 착공되리라는 기대를 갖고 있습니다. 불황은 계속되겠지만 금년을 이겨냈듯이 내년에도 좋은 결과를 내리라는 자신을 갖고 새해를 출발합시다. 다시 한번 건강하고 만복이 가득한 새해가 되기를 기원 드립니다.

자동차 이야기

국회의원만 된다면 나라가 망해도 괜찮다는 정치인들, 정권만 차지할 수 있다면 나라가 두 번 망해도 상관없다는 정치인들, 380만 명에 이르는 다중채무자, 계속되는 불황의 그림자 등 우리를 우울하게 하는 슬픈 현실 속에서도 한 줄기 희망을 말해 주는 기사가 있어 소개합니다.

30년 전 현대자동차는 일본 미쓰비시에게 로열티를 주고 기술을 사 와 1975년엔 포니, 1982년엔 스텔라, 1985년에는 엑셀에 미쓰비시의 새턴엔진을 사용했습니다. 20년이 지난 지금 미쓰비시는 현대와 기아차에 밀려 연산 20만 대의 네덜란드 공장을 폐쇄하는 지경에 이르렀다고 합니다.

특히 작년에는 일본의 빅 4 전자회사의 순손실을 합하면 20조 3,000억 원에 달한다고 합니다. 소니가 3조 2,000억 원, 파나소닉 11조 3,900억 원, 샤프 4조 2,300억 원, NEC 1조 4,600억 원(1만 명 감원)에 달합니다. 그 반면 삼성전자는 작년에 13조 7,341억 원의 순이익을 달성했다고 합니다. 또한 삼성은 금년에 25조 원을 투자하여 일본 전자업계와의 격차를 더욱 벌릴 계획을 갖고 있다고 합니다. 일본 전자회사는 삼성을 따라잡기는 어렵다는 것이 전문가의 진단입니다.

우리나라 자동차 산업도 일본 미쓰비시 자동차보다는 앞섰고, 도요다, 혼다 자동차와의 격차도 크지 않다고 합니다. 지금의 추세라면 추월도 불가능한 일은 아니라고 합니다. 현재의 여건이 비록 어렵더라도 희망을 갖고 극복해 나아갑시다. 하루하루 건강하고 활기찬 삶이 되기를 기원 드립니다. 1월 매출 실적을 보냅니다. 금년 출발은 좋습니다. 참고하시기 바랍니다.

주인에서 머슴으로

우리가 이 나라의 주인인 날이 딱 일주일 남았습니다. 내주 수요일 선거가 끝나고 나면 우리 국민 모두는 다시 머슴으로 돌아가게 될 것입니다. 숙였던 고개는 다시 빳빳해지고 지금 달콤한 말들은 가시가 되어 우리 마음을 찌르게 될 것입니다. 그들을 다시는 우리 곁에서 볼 수 없고 흉기를 들고 사생결단하며 싸우는 장면을 TV 통해 보면서 허탈한 마음을 달래야 할 것입니다.

국회의원 한 사람 한 사람을 놓고 보면 다 훌륭한 사람인데 국회에 가기만 하면 모두 망가진다는 말을 합니다. 그것은 사실입니다. 왜냐하면 그것은 정당제도의 한계입니다. 국가의 중대한 안건은 국회의원 맘대로 투표할 수 없습니다. 정당의 결정에 따라야 합니다. 그렇기 때문에 우리는 국회의원 개인을 뽑는 것이 아니라 정당을 뽑는 것입니다. 사실 국회의원이 김씨가 되느냐 박씨가 되느냐는 사실 중요하지 않습니다. 그리고 국회의원 선거는 나라의 미래를 결정하는 선거입니다. 우리나라가 앞으로 어떤 길을 가기를 원하느냐를 결정하는 선거입니다.

저도 마찬가지입니다만 대다수의 국민 모두는 현재의 정당들에 대해 부정적인 생각을 갖고 있고 저도 같은 마음입니다. 최선이 아니라 차선 아니면 차차선이라도 선택해야 합니다. 선거는 분풀이 한풀이가 아닙니다. 우리의 미래를 결정하는 행위입니다. 미워도 우리나라 부족해도 우리나라, 우리는 물론 우리 후손들이 살아갈 나라입니다. 소중한 마음으로 한 표를 행사합시다.

3월까지의 매출 실적을 보냅니다. 레미콘은 다소 부진했으나 보강토가 선전하여 작년 대비 10프로 신장했습니다.

월요편지 2012-04-11 오전 10:59:49

북한 군인의 신장

마음 아픈 기사가 있어 소개합니다. 북한 군이 신병 입대 기준 신장 하한선을 기존 145cm에서 142cm로 3cm나 낮췄다고 합니다. 한국군 하한선 159cm와 비교하면 무려 17cm나 작다고 합니다. 북한이나 남한이나 우리는 한민족입니다. 오랜 역사를 통해서 같이 살아왔고 같은 신장을 갖고 살아왔습니다. 그런데 공산주의 반세기 만에 신장이 17cm나 작은 다른 민족같이 되었습니다.

우리 초등학교 4학년 남학생 평균 키가 140.2cm이니까 "꼬마"군인, "꼬마"민족이 되었습니다. 키가 크든 작든 열심히 살면 그만이지만 먹을 게 부족해서 제대로 자라지 못한 결과라면 얼마나 불행한 일입니까? 자기의 어린 자식이 배고파 우는 모습을 보아야 하는 부모의 심정을 한번 상상해 봅시다.

걸리버 여행기에 나오는 키 작은 나라의 사람처럼 북한 동포의 키가 더 작아지기 전에 통일되어야 한다는 당위성을 생각해 봅니다. 오늘은 총선 날입니다. 평화롭고 행복한 나라의 시작이 되는 날이 되기를 기원합니다.

종북주의자

며칠 전 주한 미군이 북한 남침에 대비해 미국인과 한국인, 우방국 시민 22만 명을 일본으로의 대피계획 훈련이 연 2회씩 실시되고 있고 22만 명 중 미국시민 약 14만 명을 제외하면 한국민과 우방국 시민은 8만 명 뿐이라는 보도를 보았습니다.

저는 1950년 북한의 남침으로 시작된 전쟁 중 13살 때 남한으로 피난을 왔습니다. 그때는 남한이라는 조국이 있기 때문에 피난을 올 수 있었으나 지금 전쟁이 나면 피난 갈 데도 없다는 생각에 많은 불안을 느끼게 되었습니다. 63년이 지난 지금도 몇 년 전까지 비행기 폭격을 피해 도망다니는 악몽을 꾸고 있습니다.

김일성이 소련 스탈린의 승인하에 일으킨 1950년 6.25 전쟁은 한국군의 열세 외에도 그 당시 좌우로 갈려 분쟁만 하던 남한 사회에 북한을 지지하는 세력이 더 많아 전쟁만 일으키면 남한 사람들이 인공기(북한 국기)를 들고 환영할 것이란 오판도 크게 작용했습니다.

요사이 통합진보당의 행태를 보면서 민주주의 대한민국을 지키겠다는 굳은 각오가 절실히 필요한 시점이라고 생각합니다. 진보세력들이 종북세력이라는 엄연한 사실을 숨기고 민주를 외치고 정의를 독점하여 왔으나 이제는 북한 간첩까지 포함된 종북세력이라는 사실을 공공연히 밝히고 있는 지경까지 왔습니다. 이정희, 김석기, 김재연 등의 행태는 자유민주주의 나라의 정상인으로는 이해할 길이 없습니다. 그들은 공산혁명 완수를 위하여 투쟁하고 있고 스스로 정당하다고 생각하고 있는 그들입니다. 그들은 대한민국의 국민이 아니며 오직 공산혁명 완수를 위한 전사들일 뿐입니다.

그들이 사퇴해야 한다는 국민이 73프로라는 기사를 보았습니다. 우리 국민 중 27프로는 그들을 추종하는 세력들입니다. 북한은 종북세력이 많다고 판단되면 제 2의 6.25 전쟁을 도발할 것입니다. 대한민국을 지키기 위해 흐트러진 우리의 자세를 바로 세우는 일이 중요하다고 생각합니다. 전쟁의 비참함을 겪고 며칠씩 굶으며 살아온 뼈아픈 경험을 가진 저의 생각입니다.

건강한 하루하루가 되기를 기원합니다.

올림픽 5위

런던올림픽이 온 국민이 열광하는 가운데 우리 모두에게 무한한 자긍심과 희망을 가슴에 심어주고 끝이 났습니다. 미국, 중국, 영국, 러시아에 이은 5위에 등극하면서 막을 내렸습니다. 나는 국력이나 인구를 감안하면 우리나라가 1등을 했다고 자부합니다. 205개국이 참가한 올림픽에서 5위를 했다는 것은 우리 국민의 자질과 노력, 그리고 개척정신의 승리라고 생각합니다.

우리 국민과 비슷한 자질을 가진 나라는 많이 있습니다. 그러나 그들은 우리만큼 노력하지 않았고, 도전정신이 우리에게 미치지 못했다고 생각합니다. 체조의 양학선, 리듬체조의 손재연, 수영의 박태환, 펜싱 금메달 등은 도전정신의 승리라고 믿습니다. 올림픽을 보면서 나라의 밝은 미래를 보았습니다. 분명 기성세대보다 진일보한 나라를 만들 것을 확신합니다.

지금 우리나라가 경제적인 면에서 세계 10위권이라고 말하고 있습니다. 머지않은 장래에 올림픽 순위 5위와 맞먹는 진정한 세계 5위의 국가가 될 것입니다. 현재 경제 위기를 겪고 있는 PIGS (포르투갈, 아일랜드, 그리스, 스페인) 국가의 부진을 보면 자명합니다. 포르투갈 69위, 아일랜드 41위, 그리스 75위, 스페인 21위로 부진했다는 것은 경제 위기가 곧 경기력의 후퇴로 나타나는 것을 확인시켜 주고 있습니다.

작금의 정치, 경제, 사회적인 면에서 우리를 슬프게 하는 일들이 많이 있지만 모든 장애를 극복하고 성공하는 나라가 될 것을 확신하고 절망하거나 포기하지 말고 열심히 노력합시다. 그리하여 밝은 미래를 우리 후손에게 넘겨줍시다.

하루하루 건강하고 활기찬 삶이 되기를 기원합니다.

국력

연일 독도를 둘러싼 일본의 망언을 접하면서 생각나는 일이 있습니다. 한일 정상회담이 있을 때마다 일본의 사과의 수준을 놓고 밀고 당기는 외교전이 치열했던 기억이 있습니다.

일왕의 사과말 중 지금도 회자되는 "통석의 염"이라는 사과가 있은 노 대통령의 국빈 방일 당시 법무장관으로 수행했던 친구 이종남 장관의 말이 생각납니다. 사과의 수준은 국력과 비교된다. 우리나라가 일본보다 더 강해진다면 사과하지 말라 해도 매일 찾아와 사과할 것이고 지금보다 국력이 더 나빠진다면 사과했던 것도 없던 일이 될 것이라고 했습니다.

일본은 중국, 소련과 영토분쟁을 겪고 있지만 그들에게는 고분고분하면서 유독 우리나라에게만 강경하게 하고 있습니다.

삼성이 소니를 이기고, 포철이 신일본 제철을 이겼듯이 감정적으로 왈가왈부할 것이 아니라 우리나라의 국력을 키우는 것이 중요하다고 생각합니다. 일본에게 무시당하지 않는 강한 나라를 만듭시다.

건강하고 활기찬 삶이 되기를 기원합니다.

건국 대통령 이승만

대선을 2개월여 앞둔 시점에서 이승만 초대 대통령을 다시 생각하게 됩니다. 20세기는 윌슨주의와 레닌주의의 경쟁의 역사였다고 말합니다.

우드로 윌슨이 주창한 자유민주주의와 레닌이 주창한 전체주의적 공산주의라는 두 거대 사상의 대결이 20세기를 관통했고 그 결과 공산주의는 실패하여 많은 사람이 죽고, 경제가 파탄되고 그 결과 오늘날 북한같이 몇백만 명이 굶어죽는 비극을 낳았고, 자유민주주의는 그 나름의 단점도 있지만 인간의 기본인 자유를 지켰고, 최소한 먹는 문제는 해결했습니다.

후일 미국대통령이 된 윌슨 총장의 프린스턴대학교에서 한국인 최초의 국제정치학 박사를 취득했고, 해방 후 환국하여 1948년 대한민국을 건립하고 초대 대통령이 되어 건국의 초석을 놓았으며, 토지개혁을 통하여 지주가 아닌 자작농을 이룩했으며, 한·미방위 조약를 이끌어 내 나라를 지켰으며, 독도를 포함한 평화선을 선포하여 동해를 지킨 공로 등 나라의 기초를 마련했습니다. 시리아의 아사드 대통령처럼 1년 넘게 반정부자들을 학살하지도 않고 4.19혁명이 일어나자 국민이 원한다면 하야하겠다는 말을 남기고 경무대(지금은 청와대로 명칭이 변경됨)를 스스로 걸어나온 대통령입니다.

6.25 전쟁 중 자유민주주의 국가를 지키기 위해 몇백만 명의 젊은 피를 바쳐 지켜 낸 조국이며, 독일의 수백 미터 지하탄광, 사막의 모래바람, 허기진 배를 움켜잡고 피와 땀을 흘린 산업역군이 이룩해 낸 나라가 오늘의 우리 조국입니다. 이런 우리 조국

을 인정하지 않고 애국가도 안 부르는 정당이 있고, 지금도 친북좌파가 큰소리 치는 현실을 보며 참담한 마음을 달랠 길 없습니다.

많은 북한 주민이 굶어 죽어 가는 현실을 보면서도 북한의 토지개혁이 잘되었다고 가르치고 있는 교육현실을 보면서 과거가 모두 잘못되었다고 소리치고 있는 자들이 활거하는 현실 속에서 과거를 바로 보고 다가오는 미래를 대비하는 지혜가 필요하다고 생각합니다. 과거가 모두 잘못되었다면 오늘의 우리나라의 발전을 어떻게 설명할 수 있습니까?

하루하루 건강하고 활기찬 삶이 되기를 기원합니다.

새만금

지난주 초 지인들과 새만금 방조제에 다녀왔습니다. 말로만 듣던 현장을 보면서 많은 감명을 받았습니다. 1980년대 식량을 증산하여 배고픔을 해결하기 위해 기획된 새만금은 1991년 착공되어 현재에 이르렀고 2020년 완공을 목표로 하고 있다고 합니다.

방조제 길이가 100리(39.9km)로 새로 조성된 땅은 5천만 국민에게 골고루 2.5평씩 나누어 줄 수 있는 1억 2천5백만 평이 된다고 합니다. 당초 농업용으로 계획되었으나 사회가 발전하면서 지금은 산업용지, 신에너지 단지, 관광레저 용지, 신항만, 농업용지 등 당초계획 때보다 훨씬 부가가치가 높은 용지로 사용하게 되었다고 합니다.

새로 조성된 땅의 면적은 서울시 면적보다 조금 작으며, 싱가포르 한 나라와 비교해도 3분의 2정도 된다고 합니다. 새만금을 보면서 나라의 힘을 느낄 수 있었습니다. 나라의 힘을 잘 써야 국민을 잘살게 할 수 있다는 사실을 다시금 깨달았습니다.

한편 씁쓸한 마음도 있었습니다. 새만금 사업을 격렬하게 반대하는 시위대 사진이었습니다. 과연 그들은 지금 무슨 생각을 하고 있을까? 저는 우리나라의 희망과 힘을 느끼고 왔습니다. 여러분들도 기회가 되면 한번 다녀오기를 권하고 싶습니다.

하루하루 건강하고 활기찬 삶이 되기를 기원합니다.

핵 공격

요즘 북한은 연일 서울과 워싱턴을 핵 공격으로 불바다를 만들겠다고 차마 옮기기도 부끄러운 험담을 연일 쏟아내고 있습니다. 그들은 얼마 전까지도 핵은 자위용이라고 말해 왔으나 지금은 같은 민족을 향해 사용하겠다고 공언하고 있습니다. 과연 북한이 도발을 할 것인가, 안할 것인가 양론이 있습니다.

나는 6.25때 피난 나온 사람으로 분명히 하나 아는 것이 있습니다. 그들은 공산주의자들이지 사람이 아니라는 것입니다. 그리고 공산주의자들은 사람을 생명과 인간의 존엄성을 갖고 있는 사람으로 보는 것이 아니라 기계의 부속품으로 생각한다는 것입니다. 그렇기 때문에 동포 등 다른 민족이든 얼마든지 죽일 수 있다는 것입니다. 그것은 역사가 증명하고 있습니다.

소련의 스탈린은 자기 동포 수백만을 처형했고, 수천 명을 죽음의 땅 시베리아로 쫓아냈습니다. 그때 소련에 살던 우리 동포들도 우즈베기스탄 등으로 강제 이주되는 고초를 겪었습니다. 중국의 마오쩌둥도 문화대혁명으로 동족을 무참히 탄압했습니다. 북한의 김일성은 한국전쟁을 일으켜 동족 수백만을 학살했습니다. 캄보디아의 폴 포트는 자기 국민 200만 명을 학살했습니다. 200만 명은 전 국민의 4분의 1에 해당됩니다.

아마 적화통일이 가능하다고 판단되면 북한의 김정은은 우리 국민 4천만 명이 다 죽더라도 핵 공격을 포함 어떠한 전쟁도 감행할 수 있는 우리와는 전혀 다른 사람이 아닌 공산주의자임을 분명히 알 필요가 있습니다.

북한 사람도 우리와 같은 동족 또는 사람으로 보는 잘못을 하루 빨리 버려야 합니다. 그것만이 우리가 살아남을 수 있는 길이라고 생각합니다. 제가 쓴 글이 틀렸다고 생각한다면 기록과 역사를 보고 바로잡기를 간곡히 부탁합니다.

하루하루 건강하고 활기찬 삶이 되기를 기원합니다.

북한 알기

1950년 북한이 일으킨 6.25전쟁으로 초등학교 졸업반이었던 나는 남한으로 피난을 왔습니다. 피난 생활을 전전하다가 2년 후 중학교에 입학했습니다. 입학은 했으나 극히 기초적인 것을 알지 못해 많은 어려움을 겪었습니다. 친구들이 화랑, 화랑오계, 관창 등 국사이야기를 할 때마다 그것이 무슨 뜻인지 몰라 당황하고 창피를 당하곤 했습니다.

북한에서는 공산당사는 가르치지만 국사는 가르치지 않습니다. 아마 지금도 마찬가지일 것입니다. 북한의 요즘 행태를 보면 도저히 상식적으로 이해되지도 않고, 그들의 막말에 분노도 느끼고, 한민족이라는 것이 창피하게 느껴지기도 합니다. 5천 년 우리 민족사를 가르치지 않는 그들이 우리 민족끼리를 내세우는 것은 참으로 철면피한 행위입니다.

북한에서 비록 어린 시절이지만 교육을 받은 저는 그들은 우리가 생각하는 우리 민족도 아니며 우리가 생각하는 정상적인 생각을 하는 사람이 아닌 공산주의자일 뿐입니다. 사람을 죽이는 일도, 사람들을 굶어죽게 하는 일도, 공개 처형 등 피의 숙청을 하는 것도, 전쟁을 일으키는 것도, 연평도를 폭격하는 일도, 천안함을 격침시키는 일도, 혁명완수를 위한 일이라면 무슨 일이건 할 수 있고, 죄책감도 느끼지 않는다는 것을 알아야 합니다.

우리 국민들이 북한의 실체를 아는 것이 필요하고 알아야 그들을 이길 수 있습니다. 평화, 통일, 번영을 바란다면 북한을 제대로 알고 그들의 기만전술에 속지 않는 것이 가장 중요합니다. 그들도 우리와 같은 사람으로 착각하는 우를 범해서는 안됩니다.

하루하루 건강하고 활기찬 삶이 되기를 기원합니다.

전화위복

저는 요즘 우리나라는 건강하고 참으로 복이 많은 나라라고 생각하고 있습니다. 그리고 전화위복(轉禍違福)이 이런 것이구나 생각하고 있습니다. 남북분단은 태생적으로 종북주의자가 있을 수 있는 토양을 제공했고 그 독소는 우리나라를 위험에 빠뜨릴 수도 있는 지경까지 이르렀으므로 건강하고 행복한 나라를 위하여 반드시 척결해야 할 암적 존재였습니다.

이석기라는 종북주의자가 나와 스스로 그들의 무덤을 팠습니다. 여기서 한 가지 유념하여야 할 것이 있습니다. 아무리 철저히 이념으로 무장한 그들이지만 불과 130명으로 무엇을 할 수 있을까? 실현될 수 없는 망상으로 치부하는 사람들이 있음을 볼 때 두려움을 느낍니다.

1917년 2월 제정 러시아를 무너뜨린 러시아 2월 혁명 이후 그해 10월 레닌이 주도한 볼셰비키혁명을 통하여 소련 공산당이 탄생하게 됩니다. 3명의 노동자 해방동맹으로 시작해 레닌 때 47명이 되고 공산당 혁명 때 러시아 인구 1억 5천만 명 중 공산당원은 20만 명, 전 인구의 0.13%에 지나지 않았으나 공산혁명은 성공하여 그 결과 공산당원을 비롯하여 몇백만, 몇천만 명이 죽고 전 인류에게 큰 고통을 주었습니다. 그 고통을 지금 우리나라도 겪고 있습니다.

중국도 공산주의 소조 50명이 씨앗이 되어 중국을 공산 통일했고, 쿠바의 카스트로도 불과 50명으로 혁명을 주도했습니다. 이석기의 RO(혁명조직) 130명이면 넘고 처지는 숫자입니다.

우리는 초등학교 때 네덜란드의 작은 소녀가 제방의 작은 물구멍을 막아 네덜란드를 구했다는 일화를 배웠습니다. 작은 구멍 하나가 큰 제방을 무너뜨릴 수 있습니다. 내 앞에는 작은 구멍이 없는지 또 있다면 온 힘을 다해 구멍을 막아야 합니다. 우리 한 사람 한 사람이 나라를 지키는 역군이 됩시다.

건강하고 활기찬 삶이 되기를 기원합니다.

오스트리아 빈 대학교

1979년 "파업으로부터 영국을 구하겠다"고 외치며 영국 총리가 된 마거릿 대처(Margaret Thatcher, 1925~2013)는 집권 후 끊이지 않고 극한파업을 계속하던 석탄노조와 1년여에 걸친 대결 끝에 영국병을 고친 그를 세계는 "철의 여인"이라고 부르고 있습니다. 그는 "모두를 만족시키는 정치는 없다"고 담대하게 말했습니다. 또한 영국에는 "지옥으로 인도하는 길은 선의(善意)로 포장되어 있다"는 속담도 있다고 합니다.

오늘도 60세 이상 노인의 200,000원 수당을 놓고 갑론을박하고 있습니다. 어떤 경우에도 모두를 만족시킬 수 있는 정책은 없습니다. 모두를 만족시킬 수 있는 정답은 어디에도 없습니다. 진보 교육진영의 오랜 꿈은 3무(無)라고 합니다.

① 입시가 없고 ② 등록금이 없고 ③ 성적경쟁이 없고, 과연 이런 대학이 있을까요? 있습니다. 634년의 역사를 갖고 있고, 12명의 노벨상 수상자를 배출한 오스트리아의 빈 대학입니다. 오스트리아의 좌파연합 정권이 빈 대학을 이렇게 만들었습니다. 그 결과 재학생이 10만 명이 되고, 1974년 이후에는 노벨상 수상자가 한 명도 없으며 대학평가 순위가 계속 떨어져 서울대(35위), 연세대(114위), 고려대(145위)보다 훨씬 낮은 158위로 추락했습니다.

우리의 야당이나 진보진영은 참 근사한 구호를 외치고 있습니다. 골목상권, 상생협력, 갑을 관계 등 매력적인 구호들이 많습니다. 그러나 그것의 폐해는 말하지 않습니다. 포퓰리즘에 속아서는 안됩니다. 우리 모두 우리나라를 위해 무엇이 필요한지 현명하게 판단하는 지혜가 필요한 시대에 살고 있습니다.

하루하루 건강하고 활기찬 삶이 되기를 기원합니다.

월요편지 2013-11-07 오전 10:49:18

국가브랜드

지난 10월은 우리나라 역사상 기적의 달로 기억될 것입니다. 월간 수출 500억 달러를 달성한 달입니다. 그리고 아베노믹스의 역풍을 극복하고 경상흑자가 일본을 추월한 달이기도 합니다. 지난 10월 우리나라가 일본의 601억 달러를 뛰어 넘어 630억 달러를 기록했습니다. 불과 5년 전 2008년 글로벌 금융위기 때는 일본의 흑자 규모 1,593억 달러일 때 우리나라는 32억 달러로 50분의 1에 불과했습니다.

1964년 수출 1억 달러를 달성한 것을 기념해 수출의 날을 11월 1일로 정했습니다. 그로부터 49년이 지난 지금 그때보다 5천 5백 배 증가한 월 500억 달러를 달성했습니다. 연 110퍼센트 이상 성장했습니다. 참고로 해방 직후인 1948년 우리나라 수출액은 2,200만 달러였고 그 당시 아프리카 소국 카메룬이 4,000만 달러로 우리의 배였습니다. 참으로 자랑할 만한 나라이고 국민입니다.

며칠 전 국가브랜드 가치를 발표한 바가 있었습니다. 심리적 친근도, 국가경쟁력 지수, 각국이 생산한 제품, 서비스, 수출액 등 평가한 국가브랜드 가치에서 9등을 했습니다. 1위 미국, 2위 독일, 3위 영국, 4위 일본, 5위 중국, 6위 프랑스, 7위 캐나다, 8위 네덜란드 그리고 우리나라가 9위였습니다. 전 세계에 200여 개가 넘는 나라가 있습니다. 그중에서 9위 정말로 대단한 나라입니다. 나라를 더욱 사랑하고 자부심을 갖고 열심히 노력합시다. 하루하루 건강하고 활기찬 삶이 되기를 기원합니다.

10월까지의 매출 실적을 보냅니다. 주택 자재는 부진하나 레미콘이 선전해 많이 회복되었습니다. 좀 더 분발하면 작년 수준을 달성할 수도 있을 것 같습니다.

월요편지 2013-12-04 오후 4:49:10

러다이트 운동

러다이트 운동(Luddite 기계파괴 운동)이 약 200년 전에 세계를 풍미한 일이 있습니다. 19세기 초 영국의 산업혁명이 일어나고 특히 방적기계가 등장하면서 새로 등장한 방적기가 수공업 노동자들의 일자리를 빼앗는다고 노동자들을 선동하여 기계를 파괴하는 큰 사회적 문제를 일으킨 영국의 네드 러드에 의해서 시작된 운동입니다. 러드는 한쪽만 보고 다른 한쪽은 보지 못했습니다. 영국의 산업혁명은 일자리를 빼앗은 것이 아니라 영국을 해가 지지 않는 세계 최강의 나라로 만들었습니다.

우리나라도 지금 러다이트 운동의 피해를 보고 있습니다. 대기업을 견제하는 것도 러다이트 운동의 일종입니다. 골목상권을 보호한다는 대형마트나 기업형 슈퍼마켓 규제도 골목상권에 다소 도움이 되겠지만 그것으로 잃는 것이 더 많다는 것이 입증되었습니다.

몇 년 전 광우병 사태도 같습니다. 발생하지도 않았지만 광우병의 피해보다 FTA로 얻을 수 있는 것이 월등히 많습니다. FTA로 대미 자동차 수출기반을 닦아 자동차 수출이 지금 우리나라 경제에 효자노릇을 하고 있지 않습니까. 잘은 모르지만 경제가 지금보다 더 나빴다면 생활고로 자살하는 사람도 증가할 것입니다. 어떤 대통령은 반미면 어떠냐고 말했습니다. 기분은 좋을지 몰라도 나라의 안보는 흔들리고 그로 인해서 경제도 파탄나고 말 것입니다. 지금도 종북이면 어떠냐는 사람도 있고, 종북세력이 조금 있으면 어떠냐고 말하는 사람도 있습니다만 잔디를 키워 보면 바랭이 등 잡풀을 제거하지 않으면 처음에는 얼마 되지 않던

잡풀이 잔디를 모두 죽이는 것을 보게 됩니다.

소련의 공산혁명도 소련 국민의 5%밖에 되지 않는 공산주의자들이 소련을 공산화 시켰습니다. 한쪽만 이야기하는 선동자의 말에 속지 않는 지혜가 필요한 세상에 우리는 살고 있습니다. 어떤 일로 인해 발생되는 결과를 곰곰이 생각하는 삶을 살아갑시다.

11월까지의 매출 실적을 보냅니다. 레미콘이 선전하고 주택 자재가 다소 회복되어 작년 동기 실적을 거의 달성했습니다. 남은 한 달 열심히 노력하면 작년보다 더 좋은 실적을 기대할 수 있습니다.

건강하고 활기찬 삶이 되기를 기원합니다.

월요편지 2014-06-18 오전 10:41:07

특별한 용인술

요즘 국무총리 임명을 놓고 많은 갈등을 겪고 있습니다. 얼마 전 신문에 난 칼럼이 있어 소개합니다. "세종대왕이라면 어떻게 하였을까"히는 내용이었습니다.

이조 500년 동안 가장 성공한 그리고 국민의 존경을 받는 임금인 세종대왕 시대에 유독 뛰어난 많은 인재들, 황희 정승, 맹사성 재상, 천재과학자 장영실, 악성 박연, 한글을 만든 성삼문, 신숙주, 천하 무장 김종서 등이 있었고 그들로 인해서 나라가 융성할 수 있었던 것은 세종대왕의 특별한 용인술이 있었기 때문입니다.

세종은 팔도를 다 뒤져 출신, 단점, 과거 불문하고 최고의 능력자를 찾아 기용한 것입니다. 그중에서도 18년간 재상으로 있으면서 조선 시대 최고의 재상으로 추앙받는 황희 정승에 관한 이야기입니다. 그는 소신과 원칙을 중히 여기고, 청빈과 관용의 명재상으로 칭송받고 있습니다.

그러나 그는 대사헌 시절 스님인 설우에게서 금을 받아 "황금대사헌"으로 불리기도 했고, 박포의 아내와 간통하기도 하고, 사위의 살인을 은폐하기도, 그의 아들은 부정 축재 하여 화려한 집을 짓기도 했습니다. 특히 그는 서자 출신입니다. 원칙과 소신 그리고 청빈으로 대표되는 그에게도 많은 잘못이 있었습니다.

그리하여 세종이 재상에 임명할 때 많은 반대가 있었습니다. 그 당시 인사청문회가 있었다면 확실히 낙마했을 것입니다. 신하들이 황희는 안된다고 반대할 때 세종은 "그의 단점은 내가 다 안다. 단점은 막고, 장점만 드러나게 하겠다"고 설득했다고 합니다.

세종대왕의 위대한 점이 또 있습니다. 양녕대군의 세자 폐위 때 황희 정승은 반대했습니다. 황희 정승의 뜻대로 되었다면 세종은 임금이 될 수 없었습니다. 그러나 세종은 황희를 중용했습니다. 나라가 정말로 난마같이 얽혀 있습니다. 정말로 일 잘하는 능력 있는 사람이 필요한 때입니다. 흠만 없는 인재가 과연 이 일을 해낼 수 있을까요. 혼자 유쾌한 상상을 해 봅니다. 박 대통령이 세종대왕처럼 "출신, 단점, 과거 불문하고 능력자를 쓰겠다고" 선언하면 어떨까? 국민들이 환호하지 않을까요.

하루하루 건강하고 활기찬 삶이 되기를 기원합니다.

초과 회복

안대희, 문창극 총리 지명자의 연이은 낙마, 이로 인한 극심한 사회적 갈등, 총리도 못 뽑는 총체적 난국, 나는 선, 너는 악이라는 이념적 편가름, 거짓이 진실을 공격하는 사회, 냉철한 머리는 없이 잘못된 정보에 부화뇌동하여 날뛰는 SNS족들 참으로 암담한 세상입니다. 그러나 이런 우리 사회에 희망을 주는 글이 있어 소개합니다.

서울과학종합대학원 교수이며 한스컨설팅 대표인 한근태(1956년생) 교수가 그의 저서 「몸이 먼저야」에 있는 글입니다. 힘들지 않으면 근육은 생기지 않는다. 힘들어야 근육에 상처가 생기고 상처가 아물면서 근육은 성장한다. 한마디로 No pain No gain(고통 없이는 얻는 것도 없다)이다. 부러진 뼈는 붙으면서 처음보다 더 강하게 된다. 이를 초과 회복(Super compensation)이라고 한다. 가장 힘들 때 가장 기뻐하라고 말하고 있습니다.

혼란이 극에 달하고, 거짓이 극에 달한 지금이 바로 모든 것이 정상으로 돌아설 때가 되었음을 말하고 있다고 생각합니다. 지금의 사회가 정상이라고 생각하는 사람이 어디 있습니까? 우리 모두가 잘못된 사회라고 생각하지 않습니까?

우리나라는 지금의 난국을 이겨내고 한 단계 업그레이드된 나라를 반드시 만들 것이라 저는 믿습니다. 불평만 하고 있을 것이 아니라, 낙담만 하고 있을 것이 아니라 우리 한 사람 한 사람이 냉철한 머리와 나라를 사랑하는 뜨거운 가슴만 가진다면 전화위복의 기회가 되리라 굳게 믿습니다.

하루하루 건강하고 활기찬 삶이 되기를 기원합니다.

6. 근검절약

서브프라임 위기

오늘은 이슬도 차가워진다는 한로입니다. 계절보다 더 으스스한 느낌은 나만의 심정은 아닐 것입니다. 서브프라임 위기로 시작된 미국의 금융위기는 리먼 브라더스의 도산으로 이어지고 급기야는 전 세계적인 금융패닉 현상으로 확대되고 있습니다.

우리나라도 작년 10월 31일 주가가 2,064포인트로 고점을 찍은 후 오늘 현재 1,330포인트로 35퍼센트가 하락했고 환율도 7월 11일 1,002원 하던 것이 오늘은 1,350원으로 불과 3개월 만에 35퍼센트 상승하는 등 앞으로 어떤 일이 일어날지 가늠하기조차 어려운 위기의 한가운데 서 있습니다. 주가는, 환율은, 건축경기 등 실물경제는 어떻게 될지? 많은 걱정을 하게 됩니다.

40대 중반에 창업하여 화장품과 의약품을 연구 개발하여 제조까지 하여 연 2,000억의 매출을 올리고 있는 한국콜마의 윤동한 회장의 강연 중에 있는 말입니다.

그는 부지런하고 절약하면 절대 망하지 않는다고 말하고 있습니다. 옷을 다 벗고 있는 목욕탕에서 부자를 구별하는 방법이 있다고 합니다. 물을 아껴 쓰는 사람은 대부분 부자이고 물을 틀어놓고 샤워하며 왔다 갔다 하는 사람은 대개 별로라는 것입니다. 우리는 분명히 위기를 맞았습니다. 우리가 할 수 있는 일이 무엇이겠습니까? 근검절약하고 부지런하게 사는 길 뿐입니다.

세계경제 위기 극복을 위한 큰일을 할 수 있는 능력도 그런 위치에 있지도 않고, 또 불평하고 남을 탓한다고 하여도 해결되지 않습니다. 우리는 우리가 할 수 있는 일을 열심히 하는 것이 우리의 위기도, 나라의 위기도 극복할 수 있는 유일한 길이며 첩경이라고 생각합니다. 나 자신 근검절약하고 부지런한 삶을 살고 있는지 되돌아보며 오늘을 알차게 살아갑시다.

하루하루 건강하고 활기찬 삶이 되기를 기원합니다.

왕융친 회장

지난 15일 대만의 플라스틱 그룹의 왕융친 회장이 숨졌습니다. 그는 생전에 "경영의 신"으로 불렸던 인물입니다. 30여 계열사를 거느리고 9만 5천 명의 직원과 62조 원의 자산과 연매출 83조 원의 그룹 회장이었습니다.

1916년 타이페이의 가난한 농촌에서 태어난 그는 15세 때 학비가 없어 중학교를 중퇴하고 조그만 쌀집을 시작했습니다. 이때부터 다른 쌀집과는 달랐습니다. 단골이 쌀을 사는 시점과 월급날짜 등 고객의 정보를 기록 정리하여 판촉과 수금일을 조정하는 등 당시로서는 파격적인 고객 관리를 했습니다. 쌀집으로 번 돈으로 정미소를 차려 재산을 축적해 갔습니다.

1950년대 석유화학 기초원료인 PVC공장을 세워 대만 최대의 민영기업으로 키웠습니다. 그는 대만의 근검절약의 표본처럼 생활했습니다. 새 양복 한 벌을 사치로 여겼으며, 목욕 수건 한 장을 30년 사용했으며 외국에 유학간 자녀의 국제전화도 비싼 전화요금 때문에 반기지 않았다고 합니다. 그는 자식들에게 매주 편지를 보냈는데 편지지를 아끼기 위해 편지지에 빽빽하게 글을 썼다고 합니다.

우리가 고객을 관리할 일, 절약할 일은 많이 있습니다. 작은 고객이라도 잘 관리하고, 비록 작은 것일지라도 절약하는 지혜를 몸에 익히도록 합시다. 불황을 극복하는 왕도는 없습니다. 작은 것 하나라도 실천에 옮기는 방법밖에는 다른 길이 없습니다.

환절기에 더욱 건강한 삶이 되기를 기원합니다.

월요편지 2010-02-04 오전 9:48:42

절약의 힘

오늘이 입춘입니다. 아직 추위가 계속되고 있지만 봄이 머지않았음을 예고하고 있습니다. 경험에 의하면 구정이 지나고 보름 후부터 공사가 시작됩니다. 준비를 소홀히 하지 말고 희망을 갖고 새봄을 기다립시다. 3년 전에 타계한 고 권영우 회장의 말이 생각납니다.

그는 타계할 당시 경기여객을 비롯해 버스 5천 대를 운영하고 있었습니다. 8년간의 국회의원 생활을 끝내고 회사에 돌아오니 전화비 만도 월 5백만 원이 절약되었다고 했습니다. 그의 사훈은 "보지 않는 곳에서 진실하자"였습니다. 버스 한 대당 하루 만 원씩만 절약한다면 하루에 5천만 원, 연 180억 원이 절약됩니다. 그의 버스회사가 발전할 수 있었던 것은 5, 6천 명의 기사들이 보지 않는 곳에서 진실했다는 증거이기도 합니다.

우리 공장은 불과 40여 명의 식구가 있습니다. 그러나 한 사람이 하루 만 원씩만 절약하고 효율적으로 일한다면 일일 40만 원, 월 천2백, 연 1억 5천만 원이 절약될 수 있습니다. 반대로 하루 1만 원씩 낭비한다면 연 1억 5천만 원 절약했을 때와 낭비했을 때의 차이는 3억 원이 됩니다. 제품 값을 인상하는 것, 원가를 절감하는 것은 우리 맘대로 할 수 없습니다. 그러나 절약하는 것, 효율적으로 일하는 것은 우리가 마음만 먹으면 할 수 있습니다.

작은 성공이든, 큰 성공이든 모든 것은 우리 하기 나름입니다. 새해 새로이 일을 시작하는 시점에서 다시 한번 마음의 자세를 가다듬도록 합시다. 마지막 추위에 건강하시기를 바랍니다.

1월의 매출액을 보냅니다. 작년에 비해 많이 저조합니다. 그러나 추위 때문이라고 생각합니다.

가쓰오부시 공장

며칠 전 TV에서 VJ특공대라는 프로를 보았습니다. 창업 100년 이상된 일본의 기업을 소개하는 프로였습니다.

일본 가고시마에 있는 300년 된 가쓰오부시(가랑어로 만든 음식의 맛을 내는 다시) 생산 공장으로 상당히 규모가 큰 공장이었습니다. 깜짝 놀란 것은 공장에서 아직도 다이얼식 전화기를 쓰고 있었습니다. 아마 전자식 전화기가 나온 것이 30년(?)도 더 되었고 우리나라에서 현재 다이얼식 전화기를 쓰는 것은 저는 물론 여러분도 본 일이 없을 것입니다. 젊은 사람들은 다이얼식 전화기를 본 일도 없을 것입니다. 그 공장이 300년을 이어 올 수 있었던 이유가 여러 가지 있겠지만 철저한 절약정신이 그 공장의 생명력의 하나인 것은 분명한 사실이라고 생각되었습니다.

우리 공장의 생명력은 무엇입니까?

철저한 절약정신이 생명력의 원천이라고 생각합니다. 굳은 땅에 물이 고인다는 격언을 다시 한번 되새겨 봅시다. 장마와 무더위를 이겨내고 지난 7월은 매출이 증가해 전년 동기 대비 123프로 신장했습니다. 수고한 여러분들께 감사드리며 자랑스럽게 생각합니다. 매출액 내역을 보냅니다. 참고하시기 바랍니다.

정약용

금년이 다산 정약용(1762~1836)의 탄생 250주년이 됩니다. 우리나라 최대의 실학자이자 개혁자이신 그의 사상을 한마디로 요약하면 개혁과 개방을 통한 부국강병으로 정의하고 있습니다. 250년이 지난 지금도 그의 사상은 우리에게 귀감이 되고 있습니다. 그가 자녀들에게 남긴 유명한 글이 있어 소개합니다.

"내가 벼슬하여 너희에게 물려줄 밭뙈기 하나 장만하지 못하여 오직 정신적인 부적 두 자를 물려주려 하니 너무 야박하게 생각하지 말라. '한 글자는 勤(근)이요, 또 한 글자는 儉(검)이다.' 이 두 글자는 밭이나 기름진 땅보다도 나은 것이니 일생 동안 사용하여도 다 닳지 않는 것이다."라고 했습니다.

또 다산 정약용은 윤종억에게 보내는 글에서도 역시 같은 말을 하고 있습니다.

"집안을 다스리는 요령으로 새겨 둘 글자가 있으니 첫째는 '근'자요 둘째는 '검'자다. 하늘은 게으른 것을 싫어하니 반드시 복을 주지 않으며 하늘은 사치스러운 것을 싫어하니 반드시 도움을 내리지 않을 것이다."라고 했습니다.

우리도 근검 두 글자를 가슴에 새기고 하루하루를 성실하게 살아갑시다. 건강하고 활기찬 삶이 되시기를 기원합니다.

월요편지 2012-12-05 오후 1:48:41

목욕탕 이야기

1970년대 초 일본에 처음 갔습니다. 그때는 지금보다 대일감정이 더욱 나쁜 때였습니다. 일본과 축구를 하면 온 국민이 TV 앞에 모여 지면 나라가 망하는 것 같은 심정으로 가슴을 졸이며 시청하던 때였습니다. 일본 호텔에서 일본 망해라 하는 심정으로 욕탕물을 틀어 계속 넘기고, 전기를 모두 켠 일이 있었습니다.

그러나 다시 한번 생각해 보면 일본이 기름을 많이 쓰면 우리 지구가 갖고 있는 것을 쓰는 것으로 우리에게도 똑같은 손해를 끼친다는 것을 깨달았습니다. 그 이후로는 일본을 방문해도 일본 사람보다 더 절약하고 있다고 일본 사람에게 말한 적이 있습니다.

가장 이해할 수 없는 일은 목욕탕에서 물을 틀어 놓고 세수하고, 면도하고, 때 밀고, 양치질하는 사람을 볼 때마다 이해할 수가 없습니다. 이런 사람들이 자기 자식들에게 무엇을 가르칠 수 있을까 걱정이 됩니다.

오늘은 많은 눈이 내리고 내일은 서울도 영하 10도까지 추워진다고 합니다. 당장 단전을 걱정해야 할 정도로 전기 사정이 나쁘다고 합니다. 실제로 단전이 된다고 하면 그 피해는 엄청날 것입니다. 난방을 10프로 줄이고, 전기를 10프로 정도 줄이는 것은 가능하다고 생각합니다. 나라에 도움도 되고 절약도 되는 좋은 일이라고 생각합니다.

하루하루 건강한 삶이 되기를 기원합니다.

월요편지 2013-10-23 오후 2:45:16

큰 부자 작은 부자

오래전에 인용한 적이 있는 글을 다시 인용합니다. 장자 재물론편에 나오는 말입니다.

大富(대부)는 由天(유천)하고,
小富(소부)는 由勤(유근)이니라"
"예부터 큰 부자는 하늘이 내고 작은 부자는 얼마나 근면한가에 있다."

경제가 어렵고 살기가 어렵다고 합니다. 그러나 진리는 있습니다. 공짜를 바라지 않고, 횡재를 바라지 않고, 묵묵히 자기 일에 최선을 다하는 사람은 결코 아무리 경제가 어려워도 굳건히 살고 있다는 진실입니다.

저는 40여 년 전 본사 자리에서 공장을 할 때 경험을 잊지 않고 있습니다. 그 당시 사무실 직원보다 현장에 있는 기술자들이 좀 더 많은 봉급을 받았습니다. 그런데 사무실 직원들은 몇 년이 지나면 집도 장만하고(그 당시 집값은 지금보다 많이 싸기는 했으나) 생활이 안정되어 갔으나, 기술자들은 그렇지 못했습니다. 그 이유는 사무실 직원은 실직하면 다시 직장을 얻기가 힘드나, 기술자들은 사무직에 비해서 취직하기가 쉽기 때문에 준비하고 저축하지 않기 때문이었습니다.

물론 예외도 있습니다. 그 당시 공작실에서 일했던 김승령 과장 같은 직원은 착실히 저축하여 번듯한 집을 장만하기도 했습니다. 대부는 유천하고, 소부는 유근이라는 귀한 글을 마음에 새기고 근면 저축하는 삶을 살아갑시다.

하루하루 건강하고 활기찬 삶이 되기를 기원합니다.

7. 성공의 조건

시간의 소중함

모기 입도 비뚤어진다는 처서가 모레이군요. 계속되던 무더위도 한풀 꺾인 것 같습니다. 이제 곧 가을이 오고 우리 공장이 활발하게 일할 수 있는 기간이 3개월 정도 남았습니다.

명심보감에 있는 말입니다.

尺璧非寶(척벽비보)요 寸陰是競(촌음시경)이니라.

"한 자나 되는 구슬을 보배로 여기지 말고, 한 치의 시간을 오직 다툴지니라."

시간의 귀중함을 일깨워 주는 말입니다. 우리가 잘 아는 프랭클린의 일화도 있습니다. 어느 날 프랭클린이 운영하는 서점에 한 손님이 와서 책을 집어들고 물었습니다.

"얼마입니까?"

"1달러입니다."

"좀 싸게 주시면 안되겠습니까?"

"그러면 1달러 25센트를 주십시오."

"아니 좀 더 싸게 해달라고 하지 않았습니까?"

"1달러 50센트입니다."

손님은 어처구니가 없다는 표정으로 왜 더 비싸지느냐고 화를 냈습니다. 그러나 프랭클린은 "돈보다 더 귀중한 것이 시간입니다. 당신이 그 귀중한 시간을 허비하게 했으니 당연히 책값에 시간 값을 더해야 하지 않습니까."

금년은 특히 부진했기 때문에 남은 3개월을 촌음을 아껴 열심히 노력합시다. 선선한 바람과 함께 근무 자세도 바로잡읍시다. 출근과 퇴근을 지킵시다. 가능하면 복장도 근무복을 착용하도록 합시다. 생산도 정상적으로 합시다. 더위로 헝클어진 작업환경을 정리 정돈합시다. 자신의 업무를 점검해 봅시다. 하루의 계획, 일주일의 계획, 한 달의 계획을 세워 그 진도를 체크하면서 시간을 효율적으로 사용하도록 합시다.

오늘도 건강하고 활기찬 하루하루가 되기를 기원 드립니다.

공평한 시간

오늘이 벌써 5월 15일, 5월도 반이 지나가고 있습니다. 6월 한 달을 지내고 나면 금년도 반밖에 남지 않습니다. 영국의 사상가 아놀드 베네트의 말입니다.

"시간이 배급되어 있다는 것은 기적입니다. 아침에 눈을 뜨면 여분의 지갑 속에는 마치 마술과 같이 24시간이라는 시간이 누구에나 똑같이 가득 차 있습니다."

시간은 신이 주신 가장 공평하고, 또 가장 소중한 재산입니다. 시간의 주인은 나 자신입니다. 어떻게 사용하느냐는 우리의 권리입니다. 그 결과 또한 우리의 몫입니다.

내가 지금 보고 있는 오늘은 어제 세상을 떠난 이들이 그토록 갖고 싶었던 내일이라는 오늘입니다. 오늘은 참으로 귀한 시간입니다. 소중한 사람들과 소중한 일을 하면서 소중한 시간을 보내는 행복하고 가치 있는 나날이 되기를 소원합니다.

애벌레의 비밀

곤충학자 찰스 코우만의 이야기입니다.

"애벌레가 나비가 되기 위해 고치구멍을 뚫고 나오는 광경"을 오랫동안 관찰했는데 나비는 작은 고치구멍을 뚫고 나오기 위해 몸부림을 치고 있었습니다. 나는 긴 시간 애를 쓰고 있는 나비가 안쓰러워 가위로 고치구멍을 조금 뚫어 주었습니다. 힘 쓰지 않고 나온 나비가 화려한 비상을 하겠지 하고 기대했으나 나비는 날개를 질질 끌며 바닥을 기다가 곧 죽어 버렸습니다. 나비는 땅을 박차고 하늘을 향해 날아오를 만한 힘을 갖지 못했던 것입니다. 나비는 작은 고치구멍을 빠져나오려 애쓰는 가운데 날개의 힘을 키우는데 그 과정이 생략됐기 때문이었습니다.

오늘은 서울이 -5도. 철원은 -11도로 금년 겨울 중 가장 추운 날입니다. 계절에도 추운 겨울이 있듯이 우리 인생 역정에도 겨울은 있게 마련입니다.

우리 공장도 지금 한겨울을 지나고 있습니다. 겨울을 이기기 위한 애씀, 역경을 극복하기 위한 수고를 즐거운 마음으로 감내해 나갑시다. 화려한 비상을 준비하는 나비처럼 우리도 오늘의 아픔을 노력으로 극복합시다.

11월까지의 매출액을 보냅니다. 금액으로 전월 대비 약 0.9% 상승했으나 전년 대비 -20%입니다. 한 달 남았습니다. 조금이라도 만회하고 금년을 마감하도록 최선을 다합시다.

하루하루 건강하고 활기찬 삶이 되기를 기원 드립니다.

월요편지 2008-10-02 오전 11:56:56

가격이 아니라 품질

성균관대학교 유필화 교수께서 "세계시장을 제패한 숨은 1등 기업의 비밀"이란 강연에서 설파한 내용입니다. 가격경쟁을 하는 것은 가급적 피해야 한다. 설사 가격경쟁에서 이겼다 하더라도 이긴 경쟁은 말 그대로 "피투성이뿐인 상처"가 된다고 생각한다. 저가경쟁에서 이겨 봐야 남은 것은 피투성이밖에 없다는 것이다.

그래서 웬만하면 가격경쟁을 하지 않고 제품, 품질, 서비스 등 경쟁사가 흉내 내기 어려운 종합적인 패키지를 고객에게 제공하여 가격이 아닌 경쟁사와 다른 부분으로 차별화해야 한다는 것입니다. 또 한 가지는 혁신입니다. 1등 기업들은 끊임없이 혁신을 거듭하고 있다는 것입니다. 혁신이란 큰 것 하나를 이야기하지 않습니다. 한마디로 말해서 "티끌 모아 태산"입니다. 제품의 구석구석 하나하나를 계속 개선해 나가는 것입니다. 혁신이라는 말보다는 개선이라는 말이 더 맞을 것입니다.

1등 기업들은 개선된 내용들을 모두 특허출원하며 이들 회사는 특허가 많다는 것이다. 1등 기업들은 작게는 직원 100명당 특허가 30~50개이고, 휘셔웨크(Fischewerke)라는 회사는 직원 100명당 특허가 234개가 된다는 것입니다. 극심한 불황 가운데 우리가 해야 할 일이 무엇인지를 가르쳐 주고 있다고 생각합니다.

지난달에는 레미콘이 호조를 보여 작년 동기 대비 매출액이 크게 신장했습니다. 어려운 경영환경 속에서 이룩한 성과이기에 더욱 값진 것이라고 생각합니다. 수고한 분들께 박수를 보냅시다. 금년도 3개월 남았습니다. 금년에는 성장하는 한 해가 되도록 최선을 다합시다. 9월까지의 매출 내역을 보냅니다. 참고하시기 바랍니다.

월요편지 2009-02-04 오후 2:17:52

어느 기업 회장

오늘은 입춘입니다. 입춘대길이라 기쁜 소식이 전해지기를 소원하지만 조간신문마다 IMF가 내년 우리나라 경제성장을 -4프로로 전망하는 참으로 우울한 소식을 전하고 있습니다.

불과 3개월 전 지난해 11월에 +2프로로 전망했던 IMF가 무려 6프로나 더 나쁜 전망을 내놓았습니다. 경제학자의 말이 경제성장이 -4프로 나빠지면 일자리가 15만(150만?) 명이나 줄어든다고 합니다. 시간이 지나면서 경제 전망이 계속해서 더 나빠지고 있어 우리가 하기에 따라서는 지금 예측보다 더 하락할 수도 있다는 위기감을 떨쳐버릴 수가 없습니다.

수백 명의 세계적인 인사를 인터뷰하고 책을 낸 성공학 저자인 마크 톰슨이 그들의 공통점을 3P로 꼽았습니다. 이루고자 하는 목적(Purpose), 그 일에 열중하는 열정(Passion)이 있으며 이를 반드시 실행(Performanc)하기 때문에 성공하는 것이라 결론지었습니다.

여기에 해당하는 인물로 한경아카데미 권영설 원장은 D그룹 회장을 지목하고 있습니다. 그는 말단 사원으로 시작하여 최고가 된 입지전적인 인물입니다. 최고경영자가 된 지도 벌써 10년 넘었지만 여전히 현직인 그를 가까이서 지켜본 사람들은 "성공할 수밖에 없다"고 입을 모으고 있습니다. 우선 근무시간이 길다. 새벽같이 출근하고 저녁에도 10시 전에는 집에 가는 일이 없다. 1주일에 조찬모임 2~3회, 저녁엔 항상 비즈니스 약속 저녁을 마치면 반드시 회사로 돌아와 못 본 신문을 다 갖고 간다. 잠도 없는 모양이다. 그가 새벽 3시에 보낸 이메일을 받아 본 임원이 한

두 명이 아니다. 성공의 열쇠는 능력에 있는 것이 아니라 마음의 자세, 생활의 습관에 있음을 말해 주고 있습니다.

D그룹 회장처럼은 하지 못하더라도 반이라도 실천하는 삶을 살아갑시다. 내가 또 우리 공장이 환경이 나빠 실패했다는 변명은 하지 맙시다. 어떻게 살아왔고, 또 지금 어떻게 살고 있는지 자문자답해 봅시다.

하루하루 건강하고 활기찬 삶이 되기를 기원 드립니다.

월요편지 2009-03-25 오후 1:43:43

베이브 루스와 조던

WBC 야구가 어제 끝났습니다. 온 국민이 간절히 열망했으나 일본에 패하여 준우승에 머물렀습니다. 과거에는 이기면 환호하고 칭찬하지만 지면 비난하던 우린데 이번은 우리가 많이 성숙했다고 생각합니다. 비록 졌지만 모두가 아쉬움은 있지만 칭찬하고 희망을 품고 있음을 볼 때 야구는 물론 나라의 장래도 밝게 느껴집니다. 다음 대회에서 우승하는 길이 있습니다. 온 국민이 야구경기장에 한 번 더 가면 우리 야구는 확실히 더 발전할 것입니다.

베이브 루스라는 전설적인 홈런왕이 있습니다. 그는 최고의 홈런 기록을 보유하고 있지만 최고의 삼진 아웃 기록도 보유하고 있습니다. 그 선수가 홈런왕이 될 수 있었던 비결은 바로 실패를 두려워하지 않고 도전했기 때문입니다.

농구 선수인 마이클 조던은 너무나 위대한 선수이지만 슛이 약하다고 지적을 받고 화내지 않고 오프 시즌 동안 다른 선수보다 더 열심히 연습해서 미들 슛의 황제가 되었고, 수비가 약하다는 지적을 받자 다시 연습을 더해서 수비왕이 되었다고 합니다. 전설적인 위대한 선수도 약점이 있습니다. 이를 겸허히 받아들이고 그것을 극복하려는 의지와 노력이 위대한 선수를 만든 원동력입니다. 끊임없이 노력하는 마음의 자세가 무엇보다 중요함을 말해주고 있습니다.

우리 공장도 약점이 있고 우리도 약점이 분명히 있습니다. 이를 인정하고 이를 극복하기 위해 배전의 노력하느냐의 문제입니다. 극복하면 성공하고 이를 극복하지 못하면 낙오자가 됩니다. 평범한 진리를 다시 한번 마음에 새깁시다. 환절기에 더욱 건강에 유념하여 활기찬 하루하루가 되기를 기원합니다.

성공 십계명

금주가 지나면 새해도 한 달이 지나가지만 새해를 시작하는 이 때에 교훈이 되는 글이 있기에 소개합니다. 온갖 실패와 좌절을 극복하고 영국 실업계 정상에 오른 입지전적 인물인 컬린 터너의 말입니다.

당신의 하루는 1,440분으로 이루어져 있다. 하루 가운데 1%의 시간을 학습, 생각 그리고 계획하는 시간으로 투자하라. 그러면 이 14분이 당신에게 가져다 주는 보상에 놀라게 될 것이다. 먼저 행동하고 생각하는 것이 아니라 문제를 파악하고 해결책을 모색하고 할 일을 계획하는 시간을 갖도록 하라는 말입니다. 컬린 터너의 "성공에 이르는 십계명"이 있습니다.

① 자신감을 길러라. 성공한 사람의 공통된 심리적 특징은 자신감이 있었다는 것입니다.

② 열정을 품고 하나의 목표에 집중하라.

③ 자신과 상대를 용서하고 이해하고 사랑하라. 인간은 누구나 부족하고 치우치고 실수합니다. 그렇기 때문에 용서하고 이해하고 사랑해야 합니다.

④ 상대방과 소통하라. 상대에게 나를 이해시키려 하지 말고 먼저 상대를 이해하라. 인간관계에 있어 가장 중요한 것은 경청하는 것이다.

⑤ 자신의 삶에 있어 가장 소중한 일에 집중하라. 우리는 제한된 자원과 체력을 갖고 있기 때문에 여러 가지 일에 분산해서는 안된다.

⑥ 인내심을 가져라. 인생은 장애물 경기와 같다. 숱한 장애와

시련을 극복하고 목표에 이르르면 인내심과 끈기가 필요하다.

⑦ 상생(WIN-WIN)을 추구하라. 시장 체제하에서는 경쟁을 피할 수는 없다. 그러나 상대를 무너뜨리고 자신만 살겠다는 생각은 버려라.

⑧ 책임을 지겠다는 확고한 마음가짐을 가져라. 무릇 어떤 분야에서든 지도자가 되려면 책임감이 있어야 한다. 잘못된 책임은 자신이 지고 잘된 일에 대한 공로는 부하 또는 동료에게 돌려라.

⑨ 할 수 있다는 용기를 가져라.

⑩ 행복을 누리는 마음을 간직하라.

어떤 성공도 자신과 주위 사람들이 함께 행복해지지 않으면 아무런 가치가 없다. 행복해지려면 작은 행복이라도 자신의 행복을 다른 사람들과 나눌 수 있어야 한다.

새해를 시작하는 이때에 우리에게 주는 귀한 교훈이라고 생각합니다. 하루하루 건강하고 알찬 삶이 되기를 기원합니다.

초나라 장왕

사마천의 사기에 실린 중국의 춘추시대 초나라 장왕(기원전 613년~591년 재위)의 이야기입니다. 그는 소통을 잘한 왕으로 전해지고 있습니다. 장왕은 군웅이 활거한 춘추전국시대에 초나라를 크게 융성케한 임금으로 후세에 전해지고 있습니다.

왕에게 不飛不鳴(불비불명 : 날지도 울지도 않는 새)이란 수수께끼로 왕으로서 아무것도 하지 않고 주지육림에 빠져 있는 왕에게 충고한 신하 오거의 말을 듣고 깨달은 장왕, 말〔馬〕을 몹시 좋아하여 자신의 애마가 죽자 성대하게 말의 장례를 치르고자 하는 왕의 잘못을 비유를 들어 충고한 신하 우맹(優孟) 말을 듣고 자신의 잘못을 고친 장왕의 이야기는 2천 년이 지난 지금도 우리에게 많은 교훈을 주고 있습니다.

우리 공장은 많은 직원이 있지 않아 소통이 잘될 것으로 생각할 수도 있으나 그렇게 단정할 수도 없습니다. 저 자신 직원과 잘 소통하고 있는지 자문해 봅니다. 직원간, 사장 직원간 소통이 잘되는 직장이 되도록 노력합시다. 그리하여 막힌 직장이 아니라 소통하는 직장을 만들도록 합시다. 하루하루 건강하고 활기찬 삶이 되기를 기원합니다.

3월까지의 매출액을 보냅니다. 매출 부진이 계속되고 있습니다. 4월부터 본격적인 사업이 시작됩니다. 새로운 각오로 최선을 다합시다.

끊어야 할 것들

사조참치로 유명한 사조그룹의 주진우 회장의 이야기입니다. 사조그룹은 국내 최대 규모의 참치 선단을 거느리고 국내에서 가장 많은 수산가공식품 매출을 올리고 있는 식품그룹입니다.

주 회장은 당구에 빠져서 서울대 정치과에 삼수 끝에 합격했다고 합니다. 그는 입시 전날도 새벽 3시까지 당구를 쳤고 그 결과는 낙방이었습니다. 그는 단도박을 위해 손가락을 끊듯 부지깽이로 왼손 중지의 가운데 마디를 찍고서야 당구를 끊고 삼수 끝에 정치과에 합격할 수 있었고 오늘의 성공을 이룰 수 있었다고 합니다. 당구 한 가지를 끊는 것이 인생을 바꾸어 놓았습니다.

나에게 끊어야 할 잘못된 습관이 무엇인가 돌이켜 봅시다. 음주, 흡연, 도박, 게으름, 적당주의, 부정적 사고, 불평불만, 남을 헐뜯는 것 등 내가 끊어야 할 것이 무엇인가 돌아보고 끊는 용기를 갖도록 노력합시다.

하루하루 건강하고 활기찬 삶이 되기를 기원합니다.

타이거 우즈

섹스 스캔들로 그 명성이 많이 퇴색되었지만 다시 재기하고 있는 타이거 우즈의 이야기입니다. 부문별로 세계 최고의 골퍼를 선정한 일이 있습니다. 그 결과 최고의 힘을 가진 선수는 버바윗슨, 정확도는 짐 퓨릭, 승부욕은 비제이 싱, 경기집중은 비제이 가스였고 어느 부문에도 우즈의 이름은 안 보입니다. 그러나 그는 정신력 부문에서 일등이었습니다.

그러니까 정확도도, 파워도, 승부욕도 최고가 아닌 타이거 우즈가 그렇게 많이 우승할 수 있었던 비결은 정신력이었습니다. 정신력의 비결은 연습이었다고 합니다. 이 선수는 너무 연습을 많이 해서 근육자체를 기형으로 만들어 놓았다고 합니다. 그러한 근육은 샷과 퍼팅을 기억한다고 합니다. 타이거 우즈는 말합니다. 나보다 더 우승을 많이 하는 골퍼도 있을 수 있고, 나보다 더 우수한 골퍼도 있을 수 있지만 나보다 더 많은 연습을 하는 골퍼는 없을 거라고 말합니다.

우리 공장이나 우리 자신은 최고는 아닙니다. 그러나 정신력에서는 최고가 될 수 있습니다. 마음만 최고라고 해서 최고가 될 수는 없습니다. 최고의 노력이 있어야 합니다.

4월은 레미콘이 어려운 여건 속에서도 열심히 노력한 결과 3월까지의 부진을 많이 극복했습니다. 주택 자재도 다소 회복되고 있습니다. 4월의 상승세를 이달에도 이어 나갑시다. 4월까지의 매출 내역을 보냅니다. 참고하시기 바랍니다.

월요편지 2010-06-14 오후 2:42:49

좋아하는 일

호주의 세계적인 동기부여 전문가이며 베스트셀러 〈행복을 그리는 철학자〉의 저자인 앤드류 매투스의 말입니다.

"행복의 비밀은 자신이 좋아하는 일을 하는 것이 아니라 자신이 하는 일을 좋아하는 것이다. 내가 변할 때 삶도 변한다. 내가 좋아질 때 삶도 좋아진다. 내가 변하기 전에는 아무것도 변하지 않는다. 행복한 인생을 위해서는 좋아하는 일, 즐길 수 있는 일을 찾아야 한다"고 말하곤 합니다.

그러나 애석하게도 그런 사람은 1,000명에 한 명이 될까 말까입니다. 오히려 성공하는 많은 사람은 특별히 좋아하지 않는 분야에서 출발했지만 자신이 하는 일을 천직으로 생각하고 즐겁게 일한 사람들입니다. 좋아하는 일을 추구하기에 앞서 주어진 일을 좋아하는 것이 성공의 열쇠입니다.

지금 우리가 하고 있는 일이 마음에 들지 않을 수도, 또 하찮은 일, 또는 중요하지 않은 일로 생각될 수도 있습니다. 그러나 내가 지금 하는 일에 성공하지 못하면 실패할 수밖에 없는 것은 분명합니다. 지금 내가 하는 일을 사랑하고 존중하고 좋아합시다. 그렇게 함으로써 우리 삶이 값진 것이 될 것입니다.

하루하루 건강하고 활기찬 삶이 되기를 기원합니다.

약점에서 장점으로

창업 30년 만에 유일하게 중소기업에서 대기업으로 성장한 웅진코웨이의 윤금석 회장의 이야기입니다. 윤 회장의 말입니다.

성공하는 사람과 그렇지 못한 사람의 차이는 난관에 부딪쳤을 때 어떻게 대처하느냐의 차이다. "안해"나 "못해"가 아니라 "할 수 있다"는 생각이 전혀 다른 결과를 가져 온다. 세상에서 가장 큰 단점을 가진 사람은 약점을 가진 사람이 아니라 부정적인 생각을 가진 사람이다. 긍정과 부정은 떼어 놓을 수 없는 쌍둥이 형제이다. 무엇을 선택할지는 우리의 몫이라면서 다음의 예를 들고 있습니다.

고졸 학력과 신체장애를 극복하고 미용업계의 전설이 된 박승철 헤어스튜디오의 박승철 원장은 이렇게 말합니다. "똑같은 어려움 속에서 한 사람은 괴로워하고 다른 사람은 즐거워한다면 이미 승패는 결정된 것이다."

저는 매순간 즐겁게 살려고 노력합니다. 우리 공장도 우리 자신도 약점도 있고 단점도 있습니다. 그러나 약점이 강점이 될 수 있고 장점이 단점이 될 수도 있습니다. 그렇기 때문에 이 세상은 사는 재미가 있습니다.

남아공 월드컵에서 우리를 울린 아르헨티나의 메시는 어렸을 때 왜소증을 앓았습니다. 그것이 계기가 되어 이를 극복하고 오늘의 세계 최고의 몸값을 받는 최고의 선수가 되었습니다. 감독인 마라도나도 키 166센티로 세계적인 축구 선수로서는 턱없이 작은 선수입니다. 그러나 그는 이를 극복하고 축구의 신이 되었습니다. 실제로 마라도나 교가 있고 전 세계에 3만의 신도가 있고 성지순례로 마라도나의 생가를 순례하기도 한다고 합니다.

나는 무엇이 약점인가 그것을 어떻게 장점으로 만들 것인가 곰곰이 생각하는 시간을 갖도록 합시다. 약점은 신이 주신 선물입니다.

하루하루 건강하고 활기찬 삶이 되기를 기원합니다.

월요편지 2010-06-28 오전 9:59:18

아는 것과 실천하는 것

우리는 오랫동안 "아는 것이 힘이다"라고 믿고 살아왔습니다. 그런데 아는 것만으로는 힘이 될 수 없다는 것을 깨닫게 되었습니다.

백병원의 정신과의사인 우종민 박사의 〈마음력〉이라는 책에 기록된 말입니다. 아는 것이 힘이던 시대는 지났다. 생각이든 결심이든 실천이 없으면 아무 소용이 없다. 아무것도 달라지지 않는다. 하는 것이 힘이다. 1퍼센트를 이해하더라도 그것을 실천하는 자가 행복한 사람이다. 생각으로 아는 것은 집을 설계하는 것과 같고 실천하는 것은 집을 짓는 것과 같습니다.

머리에서 팔까지의 거리가 가장 멀다 할 정도로 아는 대로, 말하는 대로 실천하는 것은 매우 어려운 일입니다. 아무리 가까운 곳이라도 가지 않으면 다다를 수 없습니다. 실천이 결과를 만듭니다. 그래서 실천하는 사람이 항상 힘을 갖게 마련입니다.

우리는 하루에도 많은 생각을 하고 결심을 하며 삽니다. 그중에 하나라도 실천에 옮기는 하루가 되기를 기원합니다. 하루에 한 가지씩 실천에 옮기면 한 달이면 30가지의 열매를 확인할 수 있습니다.

천재와 둔재

이주현 저 〈그래도 당신이 맞다〉란 책에 나오는 말입니다. 재능이란 IQ(지능지수)의 높낮이를 가리키는 것이 아니라 어떤 일에서 "진정한" 흥미를 발견해 내고 "순수한" 재미를 느끼는 능력이다. 순수한 재미와 진정한 흥미는 지속성이 있다. 다시 말해 어떤 일에 흥미를 잃지 않고 계속 할 수 있는 능력이다.

천재들은 보통 사람보다 5배 정도 더 노력한다고 합니다. 모차르트는 35년 동안 600여 편을 작곡했고, 아인슈타인은 50년간 248건의 논문을 썼습니다. 에디슨은 1,093건의 특허권을 따냈습니다. 재능을 발휘할 수 있는 분야를 찾아서 남보다 5배 더 열심히 그리고 꾸준하게 노력하면 누구나 천재가 될 수 있습니다. 천재가 아닌 것을 슬퍼할 것이 아니라 노력하지 않은 것을 부끄럽게 생각합시다. 최소한 노력하면 천재는 아니어도 둔재를 면할 수 있습니다.

더위도, 가을 장마도 물러나고 상쾌한 가을이 되었습니다. 새로운 각오로 새롭게 도전합시다. 노력하면 성취할 수 있기에 살 만한 삶이 아닙니까?

하루하루 건강하고 활기찬 삶이 되기를 기원 드립니다.

일기 쓰기

17세 이하 여자 월드컵 우승은 우리에게 큰 기쁨을 주었습니다. 짜증스러운 일이 많은 우리에게 오랜만에 전해진 기쁜 소식이었습니다. 그중에서도 여민지 선수의 활약은 더욱 빛났습니다. 여민지 선수에 대한 기사가 있어 소개합니다.

그는 창원 명서초등학교 4학년 때 축구를 시작하면서 쓰기 시작한 6권의 일기는 초보자 교재로 써도 손색이 없을 정도로 꼼꼼하게 잘 정리되어 있다고 합니다. 그 일기 중에는 스물한 살엔 유럽무대에 진출해 첫 시즌에 25경기 40득점으로 득점왕이 되고 싶다고 적었습니다. 여민지의 당찬 꿈이 4년 후 현실로 이뤄져 또 한번 우리를 즐겁게 해 주길 기대합니다.

미국 LPGA에서 15년간 72승을 올리고 8차례나 올해의 선수로 뽑힌 애니카 소렌스탐은 기록의 여인으로 불리고 있습니다. 1987년부터 1998년까지 자신의 골프 기록은 물론 실수 상황까지 자세하게 컴퓨터에 기록했다고 합니다.

우리나라의 마라톤 영웅 황영조는 1988년 강릉 명륜고 1학년 때부터 1996년 은퇴할 때까지 하루도 거르지 않고 일기를 썼습니다. 날씨, 어떤 길, 먹은 것, 기록 등을 그림까지 곁들여 적고 있습니다. 잉글랜드 프리미어리그 볼턴에서 뛰고 있는 이청용 선수도 15세 때부터 축구 일기를 쓰고 있다고 합니다.

일본의 유명한 소설가로 소설 〈빙점〉을 쓴 미우라 아야코는 3년간 일기를 쓴 사람은 장래에 무슨 일이든 이룰 사람이며, 10년간 일기를 계속 쓴 사람은 이미 무언가를 이룬 사람이라고 말하고 있습니다.

저는 학생 시절에는 일기를 썼으나 사회생활을 하면서는 쓰지 못했습니다. 지금 생각해 보니 그것이 내 한계가 아니었나 반성하며 후회합니다. 이미 일기를 쓰는 사람은 더 열심히 쓰고, 쓰지 않고 있는 사람은 일기를 쓰는 것이 성공하는 지름길이 아닌가 생각합니다. 매일 일기를 쓰면 하루를 허송했다고 매일 쓸 수는 없을 것 아닙니까. 매일 반성하고 하루하루를 의미 있게 보내는 계기가 되리라 확신합니다.

하루하루 건강하고 활기찬 삶이 되기를 기원합니다.

월요편지 2010-10-06 오후 5:14:24

말의 능력

미국의 자기개발 전문가이며 베스트셀러 〈Unlimited Power〉(우리나라에서는 〈무한한 힘, 나는 성공한다〉로 번역 출간됨)의 저자인 앤서니 로빈스의 책에 나오는 말입니다.

습관적으로 사용하는 말 즉 삶의 감정을 묘사하기 위하여 빈번히 사용하는 말들을 단순히 바꾸는 것만으로도 생각하는 방식, 느끼는 방식, 심지어는 살아가는 방식을 변화시킬 수 있다.

자신의 삶을 바꾸고 더 나아가 운명을 개척하고자 한다면 신중하게 말을 선택하고 사용할 수 있는 어휘의 폭을 넓히려고 끊임없이 노력해야 한다. 긍정적인 말과 부정적인 말의 결과는 우리의 삶을 바꿀 수 있는 힘을 갖고 있습니다.

인간의 뇌세포는 말의 지배를 받는다고 합니다. 말에는 행동을 유발하는 힘이 있습니다. 말을 하면 그 말이 뇌에 박히고 뇌는 척수를 지배하며 척수는 행동을 지배합니다. 할 수 있다고 말하면 할 수 있게 되고, 할 수 없다고 말하면 할 수 없게 되는 것입니다. 말의 효과를 제대로 보기 위해서는 반드시 입 밖으로 발음해야 한다고 합니다. 성공의 방정식을 우리에게 가르쳐 주고 있습니다. 한번 실천해 보는 것이 유익하리라 생각합니다.

지난달은 비도 많이 오고 또 추석이 있어서 판매가 다소 부진했습니다. 이달에는 지난달의 부진을 만회하겠다는 각오로 임합시다. 9월까지의 매출액을 보냅니다. 참고하시기 바랍니다.

열심의 열매

85세에 세상을 떠나기 직전까지 무려 4,000여 회 이상의 콘서트를 연 독일의 20세기 대표적 피아노 거장으로 건반 위의 사자로 추앙받은 빌헤름 박하우스(wilhelm Bachaus)의 말입니다.

어느 날 연주가 끝난 후 한 기자가 물었습니다.

"선생님 연주하지 않을 때에는 주로 무슨 일을 하십니까?"

물끄러미 기자를 쳐다보던 박하우스는 무슨 그런 말도 안되는 질문을 하느냐는 표정을 지은 후 대답했습니다.

"연주하지 않을 때는 연습하지."

그의 집 한쪽 벽에는 힘들게 일하는 광부의 그림이 걸려 있었다고 합니다. 누군가 왜 하필 광부그림을 걸어 놓았느냐고 물었습니다. 그의 대답은 "그 그림은 내가 하는 일이 광부가 하는 일보다 더는 힘들지 않다는 것을 일깨워 주기 때문"이라고 대답했습니다.

우리는 흔히 내가 하는 일이 가장 힘들고 또 내가 가장 열심히 일한다고 생각하는 우를 범하고 있습니다. 내가 하는 일이 가장 어렵고, 내가 가장 열심히 일한다고 자만하지 않는 지혜가 필요합니다. 우리보다 더 어려운 일을 하는 사람들이 많고 우리보다 더 열심히 일하는 사람이 많다는 것을 잊지 않도록 노력합시다.

하루가 다르게 추워지는 이때에 더욱 건강하도록 노력합시다.

잉어과 물고기 코이

코이라는 잉어가 있습니다. 이 코이라는 잉어는 작은 어항에서는 5~8cm 정도 자라고 수족관에서는 15~25cm 정도, 강에서는 90~120cm까지 자란다고 합니다. 코이가 5cm에서 1m 20cm까지 자라듯이 우리 인간도 무한한 가능성을 갖고 있습니다. 다만 현재에 만족하고 주저앉느냐 계속 자기를 개발하고 노력하느냐의 차이입니다.

오늘의 삼성도 대구의 한 작은 술도가가 모태입니다. 현대그룹을 이룩한 고 정주영 회장도 작은 쌀가게에서 출발했습니다. 오늘의 대한항공도 인천의 작은 자동차 서비스 공장이 출발이었습니다. 지금은 실패했지만 대우의 김우중 회장도 신설동에 있는 조그만 섬유업체인 한성실업의 경리 사원에서 출발했습니다. 지금은 중요하지 않습니다. 앞으로가 중요합니다.

우리가 어린아이를 존중하는 것도 자라서 나라를 위하여 큰 인물이 되리라는 기대와 가능성을 믿기 때문입니다. 우리 한 사람 한 사람도 노력 여하에 따라서 무한히 성장할 수 있습니다. 큰 목표를 세우고 작은 것 하나씩 하나씩 매일 성취해 갑시다. 티끌 모아 태산이 된다고 하지 않습니까? 한 시간 하루를 허송하지 않는 삶을 살아갑시다.

소설가 시오노 나나미

〈로마인 이야기〉의 작가인 일본의 여류 소설가 시오노 나나미(1937년생)의 말입니다.

결심만으로는 아무것도 바뀌지 않습니다.

"결단을 내리는데 시간이 걸리는 사람을 비난해서는 안된다. 정작 비난해야 할 대상은 결단을 내린 뒤에도 실행에 옮기지 않는 사람이다. 모든 위대한 일은 작은 실천에서 출발한다"고 말하면서 "승자와 패자는 생각이 아닌 실행에서 갈린다"고 말하고 있습니다.

새해가 어제 같은데 벌써 5월이 되었습니다. 연초에 계획했던 일을 한번 되돌아보고 정리할 필요가 있다고 생각합니다. 연초에 무엇을 계획하고 어떤 결심을 했던가 그리고 얼마나 실천했는가 평가해 보고 미진한 것이 있으면 새롭게 출발합시다.

4월까지의 매출 실적을 보냅니다. 레미콘과 광주공장이 선전한 결과 전년 동기 대비 20프로의 매출 신장을 이룩했습니다. 감사드립니다.

이스라엘과 노벨상

지난 19일 강연을 위해 우리나라를 방문한 이스라엘 창조교육의 핵심 인물인 헤츠키 아리엘리(Hezki Arieli)의 말입니다.

세계 인구의 0.3프로밖에 안되는 유대인이 노벨상 수상자의 30프로를 차지하고, 세계 500대 기업 경영자의 42프로가 유대인이라는 사실은 부족함에서 출발한 교육에 있다고 정의하고 있습니다. 그들은 2천 년 동안 나라 없이 세계를 유랑하다 1948년 건국 첫날 제1차 아랍, 이스라엘 전쟁을 겪고 그 후 95년 제2차 전쟁, 96년 제3차 전쟁, 98년 제4차 전쟁을 치르면서도 오늘의 번영을 누리고 있습니다.

헤츠키 아리엘리는 부족함이 최고의 선물이라고 말하면서 유대인 성공 비결은 부족함(Lack)에 있다. 유대인은 부족함을 최고의 선물로 삼아 유일한 자원인 두뇌 개발을 위한 교육에 집중하여 오늘의 성공을 거뒀다고 말하고 있습니다. 그는 계속해서 말합니다. 부족함은 어떤 이에게는 실패의 핑계가 되고, 또 어떤 이에게는 성공의 원인이 된다. 부족함 때문에 실패했다고 말할 것인지, 부족함 때문에 성공했다고 말할 것인지는 온전히 자신의 선택에 달려 있다고 역설하고 있습니다.

저보다는 연상이시지만 중랑구에서 같이 활동한 고 윤 회장(지금은 크게 성공한 기업 크라운제과의 창업자)은 나는 가난하여 밥을 못 먹여 준 부모님께 감사한다. 왜냐하면 어렸을 때 밥만 먹여 줬어도 집을 나오지는 않았을 것이라고 하면서 열 살 남짓 때 배가 고파 집을 나와 마산의 작은 과자집에서 청소 등 허드렛일을 하면서 배운 과자 만드는 일이 오늘의 크라운이 되었다고 말하곤 했습니다.

우리도, 우리 공장도 많이 부족합니다. 그 부족함을 성공의 열쇠로 삼읍시다. 부족함을 실패의 핑계로 삼지 말고 성공의 원동력으로 승화합시다.

하루하루 건강하고 활기찬 삶이 되기를 기원합니다.

퍼거슨 감독

브리콜뢰르(Bricoleur) 스타일이란 말이 있습니다. 이 말은 한정된 재료와 도구를 갖고 새로운 방식으로 활용함으로써 새로운 것을 창조하는 것을 일컫는 말입니다.

이 말은 얼마 전 은퇴한 21세기 최고의 감독 맨체스터 유나이티드의 퍼거슨 감독을 일컫는 말이기도 합니다. 1986년 처음으로 감독으로 부임할 당시 맨유는 2부 리그 강등이 우려되던 2류 팀이었습니다. 보잘것없는 팀을 맡아 27년간 38회의 우승과 올해의 감독에 10차례 선정되는 기적을 이룩했습니다.

이와 같은 기적을 이룩한 감독이 우리나라에도 있습니다. 그는 삼성화재 배구단 신치용 감독입니다. 그는 18년간 배구팀을 이끌고 지난 2005년부터 9년 동안 일곱 번 우승했고 최근 6년간은 한 번도 1등 자리를 내준 적이 없습니다. 그러나 전력을 보면 결코 우승 전력은 아닙니다. 선수들의 평균 연령은 30세를 넘었고, 또 해마다 우승하는 바람에 신인을 뽑는 드래프트에서 순위가 밀려 좋은 선수를 뽑을 수 없어 우수한 젊은 피를 수혈할 수도 없는 상황이 계속되고 있습니다.

다시 말해 팀은 늙고, 탁월한 기량을 가진 젊은 선수도 별로 없는 상태입니다. 삼성화재 실내 훈련장 벽에는 "조직을 위해 헌신하라" "열정" 등을 쓴 큼직한 현수막이 걸려 있다고 합니다. 얼마나 선수들의 귀에 못이 박혔는지 용병이었던 가빈의 몸통엔 한글로 "헌신, 열정, 결속"이란 문신이 새겨 있다고 합니다.

우리 공장도 탁월한 시설도, 타사보다 비교 우위의 경영 환경도 갖지 못했고, 사장 자신도 탁월한 인재도 아닙니다. 그러나 조직에 헌신하고 일에 대한 열정을 갖고, 힘을 합쳐 노력하면 우리도 1등 할 수 있다는 것을 가르쳐 주는 귀한 이야기입니다. 조직과 열정과 협동의 힘을 믿고 매일 도전하는 삶을 살아갑시다.

하루하루 건강하고 활기찬 삶이 되기를 기원합니다.

이기는 습관

위닝경영연구소 소장이며, 숭실대학교 교수인 〈이기는 습관〉의 저자 전옥표 교수(1957년생)가 새로운 책 〈빅 피쳐를 그려라〉란 책에서 한 말을 소개합니다.

"하고 싶은 것을 생각하는 순간 장애물도 같이 따라 온다. 목표와 장애물은 한 묶음 상품이다. 목표가 클수록 뛰어넘어야 할 장애의 벽도 커지게 마련이다. 기회는 전혀 기회처럼 보이지 않고 불행이나 실패나 거부의 몸짓으로 변장해서 나타난다는 말이 있다. 지금 당장의 고통이나 비극은 어떤 좋은 것을 얻을 수 있는 기회라고 바꿔 생각해 보면 어떨까?"

그의 새로운 저서에서 말하고 있습니다.

행복과 불행은 같이 오고, 성공과 실패도 같이 오고, 호사다마라고 좋은 것과 나쁜 것도 같이 옵니다. 절망하거나 주저하지 말고 온 힘을 다해 행복을, 성공을, 좋은 것을 잡아야 합니다. 우리의 운명을 남에게 맡길 수도 운에 맡길 수도 없습니다. 적극적으로 우리가 잡아야 합니다.

기회는 뒤에서는 잡을 수 없다고 하지 않습니까? 적극적인 삶을 살아갑시다. 어느 누가 우리에게 행복을, 성공을, 좋은 것을 가져다 주지 않습니다. 우리의 노력으로 잡아야 합니다. 분초를 아껴 열심히 살아갑시다.

하루하루 건강하고 활기찬 삶이 되기를 기원합니다.

아침형 인간

얼리 버드를 생각하면 우리는 고 정주영 회장과 이명박 전 대통령을 떠올리게 됩니다. 그들은 아침형 인간입니다. 성공한 사람 중에는 아침형 인간이 많다고 합니다.

영국 병을 고친 고 마거릿 대처 총리, 세계 건축계의 3대 거장인 프랭크 로이드 라이트, 로버트 아이거 디즈니 그들은 모두 아침 5시(대처), 4시(라이트), 4시 30분(디즈니)에 일어났다고 합니다. 그들은 아침 8시 전에 꼭 하는 다섯 가지 습관이 있었다고 합니다.

첫째 가장 하기 싫은 일을 아침 시간에 했습니다. 가장 하기 싫은 일을 아침에 하고 나면 스트레스를 받지 않고 하루를 보낼 수 있습니다. 둘째 하루의 스케줄을 세워 머릿속에 생각한다. 비록 바쁘더라도 잊지 않고 차분하게 순서에 따라 일을 처리할 수 있게 됩니다. 셋째 단 15분이라도 운동을 한다. 아침 운동은 성취감을 주고 잠들었던 몸을 깨워 활기차게 일할 수 있게 몸과 마음을 만들어 줍니다. 넷째 오늘 수행해야 할 업무를 그려보고 일을 성공적으로 성취한 모습을 상상해 본다. 다섯째 가족들과 단란한 아침식사를 꼭 한다.

다섯 가지는 그리 어려운 것이 아닙니다. 그러나 실천하면 많은 도움이 될 것입니다.

늦었지만 매출액 내역을 보냅니다. 레미콘은 비록 작년만은 못하지만 비교적 선전하고 있고, 주택 자재는 계속 고전하고 있습니다.

다른 사람을 이끌어 주라

영화 스타워즈 시리즈와 인디아나 존스 시리즈(스티븐 스필버그와 공동)의 감독 조지 루카스(George Lucas, 1944년생, 미국)가 한 말입니다.

"성공은 내가 주변 사람들을 얼마나 밟고 올라섰느냐에 좌우되는 것이 아니라 오히려 주변 사람들을 얼마나 끌어올려주느냐에 달려 있다. 그렇게 하는 과정을 통하여 다른 사람들이 나를 끌어올려주게 된다."

철강왕 앤드류 카네기도 같은 뜻의 말을 했습니다.

"타인을 부자로 만들지 않고서는 아무도 부자가 될 수 없다."

철학자 플라톤도 같은 말을 하고 있습니다.

"남을 행복하게 해줄 수 있는 사람만이 행복을 얻을 수 있다. 먼저 타인의 행복과 성공을 도우면 자연스럽게 나의 행복과 성공이 따라옵니다."

요즘 정치인들이 싸움만 계속하여 우리 모두를 슬프게 하고 있습니다. 여러 가지 원인이 있겠지만 정치인들의 성품에 기인한다고 생각합니다. 왜냐면 그들은 다른 사람을 끌어내려야 자기가 올라갈 수 있다고 생각합니다. 그것이 정치계의 속성이기도 합니다. 그러나 그들도 남을 성공시켜야 나도 성공할 수 있다는 진리를 깨달아야 합니다.

정치인을 헐뜯기 전에 우리부터 내 주변에 있는 사람들을 밟고 일어서려 하지 말고 다른 사람들이 잘되도록 도와주는 삶을 살아갑시다. 그것이 곧 나의 성공이며 행복임을 명심하고 살아갑시다. 하루하루 건강하고 활기찬 삶이 되기를 기원합니다.

보이지 않는 곳

몇 년 전 방화로 불탄 국보 제 1호 남대문의 중수를 책임진 신응수 대목장(등록된 대목장 3인 중 1인)의 비리가 수사를 받고 있고 국민적 공분을 사고 있는 가운데 생각나는 것이 있습니다.

일본에는 578년 창업되어 1430년 동안 일본의 사찰 등 문화재를 건축 또는 보수하는 곤고구미〔金剛組〕라는 세계에서 가장 오래된 회사가 있습니다. 특히 이 회사는 백제인 유중광 대목장이 창업한 고건축 전문회사입니다. 곤고구미는 남들이 보지 않는 지붕 속에 최고급 목재를 사용하여 지진이 많은 일본에 내진기능을 높인 것으로 유명합니다. 곤고구미에서 남대문을 중수했다면 어떠했을까? 생각해 봅니다.

미켈란젤로의 이야기도 생각납니다. 땀을 흘리며 열심히 그림을 그리는 그에게 한 친구가 말했습니다.

"여보게 그렇게 구석진 곳, 잘 보이지도 않는 위치에 인물 하나를 그려 넣으려 그 고생을 하는가? 그렇게 완벽하게 그렸는지 안 그렸는지 누가 알기나 하겠는가?"

미켈란젤로가 말했습니다.

"내가 알지"

애플의 스티브 잡스도 같은 말을 했습니다. 스티브 잡스에게 친구가 말했습니다.

"쓸데없이 PC 보드 모양까지 신경쓰는가? 잘 작동하는 것이 중요하지 아무도 PC 보드 안을 들여다 보지 않는다."

하고 말하자 스티브 잡스는

"내가 봅니다. 비록 케이스 안에 있다 해도 나는 그것이 가능한 한 아름다워야 한다고 생각합니다."

금년 들어 3월 하반기까지 레미콘, 주택 자재 모두 판매호조를 보이고 있습니다. 물론 여러 가지 원인이 있겠지만 창업 이래 품질을 꾸준히 유지한 것이 원인 중에 하나라고 생각합니다. 우리가 만든 제품의 질이 어떤지는 그것을 만든 우리는 잘 알고 있습니다. 부끄럽지 않은 제품을 만드는 것이 우리 공장이 영속할 수 있는 길임을 명심합시다.

하루하루 건강하고 활기찬 삶이 되기를 기원합니다.

8. 자기 관리

정수근 야구 선수

재담도 잘하고 야구도 잘하는 롯데의 정수근 선수의 음주 난동(?)으로 롯데로부터 퇴출된 사건을 놓고 당연하다, 가혹하다로 찬반이 갈리고 있지만 한 가지 분명한 것은 자기 관리를 하지 못한 결과인 것은 분명합니다.

그는 과거에도 두 차례나 음주로 징계를 받았고 지난해는 음주 폭행 사건으로 무기한 실격선수라는 징계를 받았고 해제 후 얼마 되지 않아 또다시 똑같은 실수를 저지른 것은 변명의 여지가 없는 것 같습니다. 음주 다음 날은 경기가 예정되어 있었는데도 그는 밤늦게까지 술을 먹었습니다.

타산지석이라는 말이 있습니다. 과연 나는 나를 잘 관리하고 있는지 자신을 돌아보는 귀한 기회로 삼읍시다. 자기 관리에 실패하면 사회로부터, 직장으로부터, 가정으로부터 퇴출당할 수도 있음을 명심합시다.

8월까지의 매출 내역을 보냅니다. 전년 동기 대비 87프로로 7월보다 약 1프로 또 하락했습니다. 9월은 레미콘도 보강토도 선전할 것을 기대합니다. 주어진 여건에서 최선을 다합시다.

하루하루 건강하고 활기찬 삶이 되기를 기원합니다.

월요편지 2012-11-07 오후 2:47:14

버킷리스트

버킷리스트(Bucket List)는 죽기 전에 꼭 해야 할 일이나, 꼭 하고 싶은 일들에 대한 리스트를 뜻하는 말입니다. 나는 이 세상에 태어나서 꼭 이룩하고 싶은 일이 무엇인지, 또 꼭 해야 할 일이 무엇인지 생각해 봅시다. 젊은 사람들은 5년 또는 10년 내에 꼭 하고 싶은 일이 무엇인지, 꼭 이룩하고자 하는 일이 무엇인지 진지하게 생각해 봅시다. 5년 전에 버킷리스트에 대한 이야기를 듣고 이를 실천에 옮긴 모범적인 사례가 있어 소개합니다.

금년에 60세가 된 서울대병원 흉부외과 김원곤 교수의 이야기입니다. 5년 전 60세가 되기 전 '몸짱' 누드사진을 찍고, 4개 외국어 고급 등급시험에 합격하겠다는 버킷리스트를 세우고 지난 5년 동안 외래진료, 연구활동, 학생강의, 행정업무, 수술 등 바쁜 업무 속에서도 시간을 쪼개어 업무가 끝나면 주 3일은 어국어 학원에 나가 프랑스어, 스페인어, 일본어, 중국어를 배웠고, 주 3일은 헬스장에 나가 하루 2시간씩 근육운동을 계속했다고 합니다.

본받을 것은 5년 동안 한 번도 결석한 적도, 주 3회 운동도 한 번도 거른 적이 없다고 합니다. 주변에서는 의사니까 머리가 좋아 가능했던 것이 아닌가 말한다면서 머리가 아니라 꾸준함이라고 말하고 있습니다. 그는 꾸준함이 머리를 이긴다고 말합니다. 나이가 많다고, 머리가 부족하다고, 시간이 없다고 핑계 대지 맙시다. 우리도 버킷리스트를 만들어 실천합시다. 그러면 분명히 성공한 삶, 풍요로운 삶이 될 것입니다. 이것은 분명한 사실입니다.

10월까지의 매출액을 보냅니다. 10월부터 눈에 띄게 경기가 악화되고 있습니다. 마음가짐을 단단히 하고 어려움에 대처해 나갑시다. 하루하루 건강하고 활기찬 삶이 되기를 기원합니다.

월요편지 2012-11-14 오후 4:12:15

단련

일본 에도시대에 걸출한 검도인이 있었습니다. 미야모토 무사시(1584~1645) 그는 사무라이이자 예술가이기도 합니다. 쌍검을 사용하는 니토류〔二刀流〕 검법의 창시자이며 60여 회에 걸친 결투에서 한 번도 패한 적이 없는 전설적인 검도인입니다. 그의 유명한 말이 지금도 전해 내려 오고 있습니다.

"승리에는 우연은 없다. 천(千)일 연습하는 것은 단(鍛)이라 하고, 만(萬)일 연습하는 것을 련(錬)이라 한다. 이와 같이 단련(鍛錬)이 있고 나서야 싸움에서 이기기를 기대할 수 있다."

우리 모두 삶이라는 싸움터에서 살아가고 있습니다. 미야모토 무사시처럼 매일 이길 수는 없지만 매일 져서는 안됩니다.

내 삶의 승리를 위해서 어떤 단련을 하고 있는지 각자 자신을 살펴봅시다. 하루하루 승리하는 삶을 위하여 하루하루 노력하는 삶을 살아갑시다. 건강하고 활기찬 삶이 되기를 기원합니다.

9. 친구

월요편지 2006-04-25 오전 10:20:26

친구를 보내며

지난 한 주에는 많은 일들이 있었습니다. 오랜 세월 참으로 좋은 친구였던 권영우 회장을 잃었습니다. 그는 우리나라에서 가장 큰 버스업체를 일구어 운수업으로 크게 성공했고 그 힘으로 제천에 세명대학교를 설립하여 육영사업에 정열을 불태운 분입니다. 사업에 성공하고 교육사업을 한 것이 자랑이 아니라 그는 성실하게 그리고 열심히 살다 간 모범적인 사람이었습니다.

그는 유복자로 태어나 중학교 2학년 때 홀로 상경하여 전농동에 있는 작은 약국에서 심부름꾼으로 서울 생활을 시작해 남다른 노력과 성실로 쉬지 않고 많은 일을 하고 갔습니다. 그를 생각할 때마다 환경은 정말로 중요하지 않다는 생각을 하게 됩니다. 혼담이 오갈 때 사람은 똑똑한데 집안도 돈도 없다고 처가에서 반대할 때 백사장에 가서 모래를 씹을망정 처가 신세는 지지 않겠다고 말하고 이를 평생 잊지 않고 최선을 다한 삶을 살다 갔습니다. 작년에 그와 짧은 여행을 하고 와서 메일을 올린 적이 있습니다. 기회 있는 대로 다시 보내도록 하겠습니다.

지난주 금요일에 중국 산동성에 있는 친구의 초청으로 청도(칭다오)에 다녀왔습니다. 인구 7백만 명의 큰 도시였고 정말로 눈부신 발전을 하고 있는 것을 느꼈습니다. 시내 중심에 있는 Gloria Inn Hotel에 있었는데 좋은 호텔은 아니었으나 아침 뷔페를 포함 하루 숙박비가 30,000원이었고 슈퍼에서 맥주 한 병에 3.6원(한화 468원)이었습니다. 휴대폰도 기기는 우리 것보다 뒤지나 시스템은 우리나라보다 더 우수하다고 합니다. 그들은 테이프 사용하는 비디오를 뛰어 넘어 CD로 곧바로 갔다고 합니다. 모조품

이긴 하지만 좋은 여행용 소형 가방이 우리 돈으로 만 원이었습니다. 아마 정품이면 4, 5십만 원은 족히 될 것입니다. 참으로 두렵다는 느낌을 갖고 왔습니다.

우리는 그들이 따라오기 전에 더 빨리 발전해야겠다는 생각을 했습니다. 비록 우리나라에서 만든 제품과 품질 차이는 있겠지만 10분의 일, 20분의 일 가격으로 유사한 제품을 만들 수 있는 능력을 갖고 있었습니다. 품질 차이는 시간이 지나면 극복될 수 있을 것입니다. 청도 신시가지에는 많은 공원과 도로 양편에 넓은 녹지대를 조성하는 등 조경이 잘돼 있었고 아침이면 살수차가 와서 물을 뿌리는 것을 보면서 많은 것을 생각하면서 돌아왔습니다.

오늘도 건강하고 활기찬 하루가 되기를 기원합니다.

백 회장과 시계

며칠 전 경인TV의 새로운 사업자로 영안모자의 백성학 회장이 결정되었다는 기사가 났습니다. 백 회장과는 30년 넘게 가까운 친구로 지내고 있고 또 전 주간에는 고 권영우 총장 빈소에서 여러 날 같이 지내면서 1973년(1974년?)에 산 일제 시티즌 시계를 아직도 사용하고 있는 것을 보고 놀란 이야기를 하고자 합니다.

그 시계는 고 권 총장, 백 회장, 그리고 제가 일본을 여행하면서 최초로 나온 전자시계를 3개 사서 하나씩 차게 되었습니다. 저는 그 시계를 약 20년 사용하다 다른 것으로 바꿨습니다(김 대리가 근무한 지가 15년 되었는데 본 기억이 있다고 합니다).

백 회장은 6.25때 11살의 나이로 흥남에서 피난선을 타고 피난 온 고아입니다. 고향에서 초등학교 2학년을 다닌 것이 학교교육의 전부입니다. 그는 피난 온 후 미군부대에서 쑈리(조금 큰 아이는 House Boy라 하고 아주 어린아이는 애완견마냥 데리고 다니는 잔심부름꾼)로 최전방에 있다가 적의 포탄에 유류저장고가 피격되고 전신에 화상을 입어 오끼나와 미군병원으로 후송되어 2년여의 긴 병원치료를 마치고 귀국했으나 오갈 데 없어 안동역전에서 구두닦이 생활을 하다가 상경하여 중국집 식당 뽀이를 거쳐 동대문 시장에 있는 작은 모자가게에서 점원생활을 시작한 것이 오늘의 모자 왕이 된 계기가 되었습니다.

그는 세계에서 가장 큰 모자생산 시설을 국내는 물론 미국, 스리랑카, 중국, 코스타리카 등 세계 각국에 공장을 갖고 있으며 전 세계 최대 모자 생산업체가 되었으며 그 외에도 부산과 중국에 있는 대우버스 공장과 코스타리카에 특장차 공장(벤츠 부품을 수입하여 생산함), 세계 2위의 지게차 공장인 크라크 공장을 운영하고 있으며 숭의여자대학교를 인수해 육영사업에도 헌신하고 있습니다. 그는 20여 년 전 한일 간의 갈등이 심화되어(오늘날 독도 문제와 같은 분쟁이 있었음) 온 국민이 분노를 느껴 천안에 독립기념관을 건립하게 되었을 때 6억 원의 성금을 익명으로 낸 일도 있습니다(당시 삼성이 2억 원).

또한 강원도 홍천에 무의무탁한 노인들을 위한 백학마을을 건립해 많은 분들에게 삶의 보금자리를 마련해 주었으며, 전 세계에 있는 공장마다 고아원을 하나씩 운영하고 있는데 특징은 운영비를 도와주면서 운영은 천주교에 맡겨 운영할 뿐 전혀 관여하지 않고 있습니다. 친구를 자랑하고자 이 글을 쓰는 것은 아닙니다.

그가 얼마나 검소하고 절약하면서 또 남을 도우며 사는가를 이야기하고 싶은 마음에서입니다. 전자시계를 30년 넘게 사용하고 있다고 대단하다고 했더니 지갑을 보여 줬습니다. 그 가죽 지갑은 결혼 선물로 받은 것인데 군데군데 모자를 만드는 천으로 기워져 있었습니다. 그는 바바리 코트가 있는데 30년 전 처음 만났을 때부터 입던 것이어서 아직도 입느냐고 했더니 아직도 애용하고 있다고 했습니다. 시계 하나, 지갑 하나, 코트 하나 돈으로 치면 50만 원도 안될 것입니다. 그러나 절약하는 자에게는 하늘에서 만 배, 십만 배, 백만 배로 축복해 준다는 사실은 분명한 것 같습니다.

나는 어떻게 살았는가 반성해 보는 시간이 되었으면 합니다. 지난 편지에서도 이야기했습니다만 환경은 중요한 것이 아닙니다. 어떻게 사느냐가 핵심입니다. 고 권 총장, 영안모자 백 회장보다 못한 환경에 있는 우리 직원은 한 사람도 없습니다. 우리 모두 나 자신에 대하여, 우리 공장에 대하여, 우리나라에 대하여 무한한 자신감을 갖고 도전합시다. 열악한 환경, 현재의 위기를 축복으로 생각하고 최선을 다합시다.

오늘도 건강하고 활기찬 하루가 되기를 기원 드립니다.

백 회장과 자중자애

지난 5월 2일 백 회장의 전자시계에 관한 글을 올린 적이 있습니다. 지난주 백 회장과 저녁 식사를 하면서 다시 듣고 느낀 점이 있어 글을 올립니다.

백 회장은 19세인 1959년에 청계천 변에 영안모자 상회를 열었습니다. 그 당시 미싱 한 대로 사업을 시작하면서 그는 영업감찰(지금은 사업자 등록증)을 내고 최초로 소득세도 납부했는데 지금도 처음 받은 영업감찰과 최초로 납부한 세금영수증을 보관하고 있다고 합니다. 물론 그 이후 지금까지의 영수증도 보관하고 있다고 합니다. 그 뿐이 아닙니다. 처음 사용했던 다리미와 드라이버까지도 보관하고 있다고 합니다. 저는 부끄럽게도 보관한 것이 없습니다. 미싱 한 대로 하는 일이 뭐그리 대단하고 가치 있다고 할 수도 없습니다.

그러나 백 회장은 자신이 하는 일이 귀중하고 가치 있는 일이라는 자부심을 갖고 있었던 것을 분명히 알 수 있습니다. 또 분명한 목표를 갖고 있었을 것입니다. 내가 하는 일에 분명한 가치를 부여한 것과 그렇지 않은 것은 큰 차이가 있을 것입니다. 지금 우리가 하고 있는 일에 의미를 부여합시다. 우리가 이룩할 큰 일의 밑거름임을 인식합시다. 일을 대하는 마음가짐이 성공과 실패의 갈림길이라고 확신합니다.

자중자애란 말이 있습니다. 자신이 하는 일을 소중하게 여기고 자신을 귀하게 여겨야 합니다. 내가 나를 사랑하지 않는데 누가 나를 귀하게 여겨줄 것입니까? 소중한 일을 불성실하게 할 수는 없습니다. 귀중한 나를 함부로 처신할 수는 없습니다. 비록 현재는 작은 일이지만 큰일의 시작임을 믿고 최선을 다한다면 백 회장보다 더 성공적인 삶을 살 수도 있을 것입니다. 하루하루를 소중하게 하루하루의 흔적을 소중하게 쌓아 갑시다. 세월이 지났을 때 참으로 소중한 시간이었다고 자부할 수 있도록 삽시다. 내일 우리가 어떻게 될 것인가 묻지 맙시다. 오늘이 곧 내일의 나입니다.

우리 공장도 같습니다. 오늘 잘 하지 못하면 내일은 더 나빠질 것입니다. 자중자애(自重自愛) 다시 한번 마음에 새기도록 합시다. 그리고 실천합시다. 태풍이 북상하고 있습니다. 더욱 건강에 유의하고 주변을 점검하도록 합시다.

오늘도 건강하고 활기찬 하루가 되기를 기원 드립니다.

고 권영우 회장의 인사성

어제 주일 오후 찜질방에 다녀왔습니다. 30 전후의 젊은 사람이 다른 사람들 특히 나이 든 사람을 전혀 의식하지 않은 채 무례하게 행동하는 것을 보고 생각나는 것이 있었습니다.

저는 72년에 통일주체국민회의 대의원에 당선된 일이 있습니다. 동대문구에 33명이 당선되어 활동하게 되었는데 그중에 특히 눈에 띄는 사람이 하나 있었습니다. 그는 작년에 작고한 권영우 회장이었습니다. 그는 그 당시 32세였고 동료 의원 대부분은 5, 6십대로 연장자들이 많이 있었습니다. 그런데 권 회장은 33명 중 인사를 가장 눈에 띄게 잘했습니다. 연장자 앞으로 걷는 일도, 먼저 문을 들어가는 일도, 자리에 먼저 앉는 일도, 수저를 먼저 드는 일도 없었습니다. 그리고 인사를 할 때는 허리를 확실하게 굽혀서 정중히 했습니다.

저는 원래 인사를 잘하지 않는 성격이었습니다만 본받아야겠다고 생각하고 꾸준히 노력하여 권 회장 만큼은 안되지만 잘 하려고 노력하며 살아왔습니다. 인사를 잘하여 권 회장이 크게 성공한지는 몰라도 그가 성공하는 데 큰 도움이 되었다고 생각합니다.

연전에도 권 회장에 대하여 글을 쓴 일이 있습니다만 그는 제천에 세명대학교를 설립하여 이사장과 총장을 역임했으며 안동에 성희상업고등학교, 대원전문 대학을 설립했으며, 경영난을 겪고 있는 정보 고등학교를 인수하여 정상화시키기도 했으며, 2선 국회의원이며, 공화당 재정위원장과 국회 건설분과위원장을 역임했으며, 대원여객, 경기여객 등 3,500대의 버스를 가진 회사를 경영했습니다. 예의 지키는 것, 인사를 잘하는 것, 조금만 신경 쓰면 가능한 것입니다. 실천해 보면 그 효과를 확실하게 알 수 있습니다.

우리 공장에 자랑스러운 일을 소개하고자 합니다. 지난 연말 종부세가 과세되었습니다. 저도 업무용, 비업무용 재산에 대해 종부세 고지서를 받았습니다. 본사 박은주 과장이 세무서에서 작성한 고지서에 오류가 있음을 발견해 천만 원 이상 절세할 수 있었습니다. 조세에 대한 지식, 경험, 그리고 성실함의 결과라고 생각합니다.

우리 공장이 우수한 인적 자원을 갖고 있다는 사실은 자랑이며 또 감사할 일이라고 생각합니다. 이번 한 주가 지나면 2월이 됩니다. 봄이 문앞에 와 있습니다. 생명이 가득한 충만한 봄을 맞을 준비를 합시다.

건강하고 활기찬 하루하루가 되기를 기원합 니다.

10. 우리 공장

포틀란드 시멘트

우리 속담에 "남의 떡이 크다"는 말이 있습니다. 우리 공장도 첨단산업이었으면 좋겠다는 생각을 할 때도 있습니다. 그러나 우리의 업종이 결코 나쁘지만은 않다는 자부심을 가져도 좋다고 믿고 있습니다.

로마에 가면 2000년 전에 건설된 판테온 신전, 콜로세움, 아피안대로 등 로마제국의 찬란한 유적을 보면서 감탄하게 됩니다. 그 유적들은 겉으로 보면 대리석 등으로 마감되어 있으나 그 속을 보면 포졸란 성분의 시멘트로 되어 있음을 알게 됩니다.

19세기 영국에서 증기기관을 발명하면서 시작된 산업혁명이 성공할 수 있도록 뒷받침한 것도 우리가 지금 쓰고 있는 포틀란드 시멘트를 영국에서 발명하여 도시 기반 시설을 건설할 수 있었기에 가능했습니다.

통계에 의하면 인구당 도로 연장이 한국은 2.14km, OECD 국가 평균은 15.89km입니다. 앞으로 우리나라는 지금보다 7배 가까이 도로를 개설해야 합니다. 우리가 할 일은 많이 있습니다. 우리가 찾는 노력을 게을리 했을 뿐입니다.

흔히 시멘트를 공해물질로 생각하는 경향이 있기도 합니다. 그러나 식생콘크리트, 무공해성 콘크리트 등 친환경적인 제품, 철제보다 더 강한 콘크리트 등 우리의 일터는 무궁무진합니다. 전주간에 인증받은 이노비즈도 많은 도움이 되리라 생각합니다. 얼마 남지 않은 한 해를 잘 마감하고 희망찬 새해를 맞이합시다.

깨진 유리창

1969년 미 스탠퍼드대 필립 짐바르도 교수가 한 가지 실험을 했습니다. 한적한 골목에 두 대의 자동차를 보닛을 열어 놓은 상태로 놔뒀습니다. 그중 한 대는 유리창을 조금 깨뜨려 놓았습니다. 1주일 동안 지켜본 결과 뜻밖의 일이 벌어졌습니다. 유리창이 온전한 차는 처음과 별로 달라지지 않은 반면 유리창이 조금 깨진 차는 고철과 다름없이 파손됐습니다. 다른 유리창은 물론 낙서 투성이에 타이어, 배터리까지 없어져 버렸습니다.

1982년 미 범죄학자 제임스 윌슨과 조지 켈링은 이런 현상을 '깨진 유리창 이론'이라고 발표했습니다. 처음에는 작은 빈틈이 큰 실패의 원인이 된다는 것입니다.

삼성을 관리의 삼성이라고 말합니다. 얼마 전 삼성의 이건희 회장은 삼성 내의 부정 부패 구조를 뿌리 뽑겠다고 선언했습니다. 비록 지금 나타난 것은 결정적인 부패는 아니어도 방치하면 기업은 망할 수밖에 없다고 판단한 것입니다. 회사의 규모가 크고 작고의 문제가 아닙니다. 작은 틈, 작은 잘못이 회사의 운명을 좌우합니다.

저는 시멘트 벽돌공장을 운영하면서 운전기사가 벽돌을 싣고가 납품하고 오면 검수를 어떻게 하느냐를 묻곤 했습니다. 검수가 까다롭고 완벽하면 제품 대금을 못받을 가능성이 거의 없고 검수가 제대로 되지 않는 거래처는 제품 대금을 받기가 어렵습니다. 관리가 제대로 되지 않는 현장은 곧 망할 가능성이 크기 때문입니다.

예를 들면 원자재인 모래의 질, 양을 제대로 체크하지 않고 받으면 납품하는 사람은 편하기는 하겠으나 평안산업을 우습게 보고 또 신뢰하지도 않습니다. 우리가 업무적으로 만나고 거래하는 상대방은 우리의 말 한마디, 검수하는 태도, 물건을 사입하는 자세, 우리의 몸가짐, 사무실의 정리 정돈 상태 등 모든 것이 그들이 우리를 판단하는 중요 정보입니다. 나 자신의 관리, 가정관리, 직장 동료 관리, 거래처 관리 등 모든 것이 그냥 대강 해도 되는 것이 아닙니다. 모두가 관리의 대상입니다. 여기서 실패하면 다른 것으로 만회할 수 없습니다.

과연 나에게는 어떤 틈이 있는가, 우리 공장에는 어떤 틈이 있는가, 우리 가정에는, 우리 사회에는, 우리나라에는 어떤 틈이 있는가 체크해 보고 틈을 메우는 일을 게을리 하지 맙시다. 때이른 더위는 우리의 건강을 위협합니다. 건강한 여름이 되도록 몸과 마음을 잘 관리합시다.

건강한 하루하루가 되기를 기원합니다.

월요편지 2011-09-29 오전 9:35:33

다시 찾고 싶은 공장

가끔 전혀 이해가 안되는 경험을 하는 경우가 있습니다. 어떤 음식점에 갔을 때 맛도 성의도 없는 음식을 먹을 때가 있습니다. 성의도 맛도 위생도 엉망인 음식을 차려 놓고 손님을 기다리며 요즘은 경기가 없다고 환경 탓만 하고 언젠가는 나아지겠지 막연한 기대만 갖고 있는 음식점을 볼 때 정말 황당한 생각이 듭니다.

한번 가 보고 다시 가고 싶지 않은 음식점은 시간이 지나면 반드시 망할 수밖에 없습니다. 그 반대로 한번 가고 다시 가고 싶은 음식점은 시간이 지나면 반드시 성공할 것입니다.

우리 공장도 60년이 되었습니다. 최소한 과거의 평안산업은 다시 찾고 싶은 공장이었음에 틀림이 없었습니다. 그것은 60년을 생존한 실적이 있기 때문입니다. 그러나 지금도 다시 찾고 싶은 공장인가 자성해 보는 시간이 필요하다고 생각합니다.

우리가 만든 제품이, 고객을 대하는 우리의 자세가, 고객이 보는 우리 공장의 관리상태가, 고객이 느끼는 우리 공장의 인상 등 나 하나가, 내가 만든 제품 하나가, 나의 말 한마디가 고객을 실망케 한 적은 없는지 되돌아봅시다. 고객은 99번 잘한 것은 기억하지 않습니다. 한 번의 실수만 기억하고 우리를 떠납니다. 야속하다고 항변할 일이 아니고 그것이 고객이고 현실입니다.

다시 찾고 싶은 공장을 만듭시다. 그것만이 장기화할 불황을 극복하는 유일한 길입니다. 현재의 경제상황과 더욱 나빠질 것으로 예상되는 내년을 생각할 때 많은 걱정을 합니다만 우리의 마음먹기에 따라서는 전화위복의 기회가 될 수도 있습니다. 용기를 잃지 말고 열심히 노력합시다.

하루하루 건강하고 활기찬 삶이 되기를 기원 드립니다.

정리 정돈

울산에 소재하는 포스코 협력사 한성중공업에 대한 이야기를 하고자 합니다. 1989년 설립된 중소기업으로 탄탄한 기술력을 바탕으로 한때는 성장을 거듭했으나 과거의 실적만 믿고 현실에 안주하던 중 2008년 금융위기를 맞아 포스코 우수협력사(PCC) 지위를 박탈당하는 등 경영위기를 자초하는 최악의 상황에 다다르게 되었습니다. 그때 권오을 사장은 경영진단을 받아 현실에 안주하는 나태한 직원의 의식개혁과 공장의 정리 정돈을 통하여 위기를 극복한 이야기입니다.

지금은 포스코 협력사 지위를 다시 획득한 것은 물론 QCC (Quick Six Sigma) 활동 최우수 기업으로 선정되어 매일 10여 개 회사가 벤치마킹을 오는 회사로 거듭났다고 합니다. 3년 전만 해도 기름으로 뒤범벅이 되었던 장업장이 지금은 먼지 하나 없는 깨끗한 작업장으로 또 모든 작업 공구가 잘 정리되어 있는 공장이 되었다고 합니다. 의식개혁과 정리 정돈을 통해 폐업 직전에 놓여 있던 공장을 일으켜 세운 것입니다.

세계 금융위기는 우리나라 경제를 어렵게 만들고 그 여파는 우리 공장에까지 미치고 있습니다. 문제는 이번 위기가 금년으로 끝나는 것이 아니라 내년은 금년보다 더 심화될 가능성이 크다는 것입니다. 새로운 마음가짐이 꼭 필요한 시점입니다.

그리고 그 첫걸음으로 정리 정돈을 생활화할 것을 제안합니다. 작업현장에서 공구를 찾아 헤매는 일이 없도록 합시다. 사무실에서 서류를 찾아 시간을 낭비하는 일이 없도록 합시다. 모든 물건은 반드시 제자리를 정해 놓고 꼭 그 자리에 놓는 습관을 실천합시다. 자주 보지 않는 서류 등은 비망록에 기록하여 둡시다. 비망록은 일생에 한 권으로 충분합니다. 중요한 서류(예 등기부 등본, 계약서 등)를 두는 곳을 기록으로 남기면 몇 년 후 또는 몇십 년 후 큰 가치를 발휘하게 됩니다.

집을 나설 때, 여행을 떠날 때 꼭 잊지 않아야 할 물건은 문 열쇠, 또는 차 키와 같이 놓아두면 실수를 줄일 수 있습니다. 정리 정돈, 나만의 일에 대한 노하우를 갖도록 합시다. 작은 차이가 쌓이면 큰 격차를 만들 수 있습니다.

우리 공장은 이남식 전 공장장 전에 고 백성복 공장장이 있었습니다. 그 분은 적치장에 있는 벽돌, 블록 등 제품을 질서 정연하게 쌓고 또 비록 포장되지 않은 공장 마당이지만 티끌 하나 없이 관리했고 그것이 우리 공장의 자랑이었습니다. 그 전통이 이어져 지금도 다른 공장에 비하면 비교적 잘 정리되어 있다고 생각합니다. 치열한 경쟁 속에 살고 있습니다. 나만의 능력을 쌓아가는 것이 중요합니다. 우리 공장도 경쟁 공장보다 차이가 분명히 있어야 합니다.

하루하루 건강하고 활기찬 삶이 되기를 기원합니다.

9월까지의 매출액을 보냅니다. 레미콘은 다소 부진하고 보강토는 비교적 선전하고 있습니다. 참고하시기 바랍니다.

회사의 얼굴

어제는 레미콘 차주 28명을 모시고 새해를 다짐하는 저녁 모임을 가졌습니다. 그 자리에서 한 말을 다시 하고자 합니다.

우리의 레미콘 고객은 평안산업 사장의 얼굴을 한 번도 본 일이 없습니다. 그들은 차량 기사들의 얼굴을 사장의 얼굴로 보고, 그들의 말, 행동을 보고 평안산업을 평가한다고 말했습니다. 차량 기사 한 사람 한 사람이 평안산업을 대표하고 있는 것이 현실입니다. 제품을 만드는 사람은 그 제품이 그의 얼굴이며, 영업직, 사무직 등은 회사의 얼굴이며 회사의 정신을 대표하고 있습니다.

얼마 전 있었던 채선당 임산부 사건을 기억할 것입니다. 채선당은 2001년 의정부에서 창업한 한식집으로 현재는 230여 가맹점을 갖고 있고, 작년에는 인도네시아에 해외 가맹점을 내는 등 매우 건실한 외식업체입니다. 그런데 한 직원의 실수로 10년 쌓은 공이 하루아침에 무너질 수도 있다는 것을 극명하게 보여 준 사건입니다.

한 직원의 실수가 50년 평안산업을 문 닫게 할 수도 있음을 보여 주고 있습니다. 우리 한 사람 한 사람이 우리 공장을 대표하고 있음을 명심하고 생산, 판매, 구매, 사무 등 내가 맡은 분야에서 소홀함이 없도록 최선을 다합시다.

건강하고 활기찬 삶이 되기를 기원합니다.

부채, 선풍기 그리고 에어컨

열흘 넘게 35도를 넘나드는 폭염이 계속되고 있습니다. 가만 있어도 참기 힘든데 무더위 속에서 일을 해야 하는 것을 생각하면 미안하고 감사합니다. 옛날 이야기를 하고자 합니다.

지금은 자동화 기계화가 되었지만 3, 40년 전에는 우리 공장도 일명 딸따리라고 하는 수동식 기계로 제품을 생산했습니다. 그때는 블록공장은 건물이 있었으나 벽돌은 난장이라고 부르는 그늘도 없는 마당에서 생산했습니다.

1970년대 우리 공장에는 없는 것이 하나 있었습니다. 선풍기였습니다. 따가운 햇볕 아래서 일하는 직원들이 볼 때는 사무실에 앉아 있다는 것 자체가 호강인데 선풍기를 돌릴 수는 없다고 생각해 사무실에도 선풍기를 놓지 않았습니다. 세월이 지나 선풍기는 놓았으나 우리보다 월등 작은 공장 사무실들도 모두 에어컨을 놓았으나 우리 공장은 밖에서 일하는 직원을 생각할 때 그렇게는 할 수 없다고 상당 기간 에어컨을 놓지 않았습니다.

그런데 사무실은 부채에서 선풍기로 또 에어컨으로 개선되어 왔으나 현장은 세월이 많이 흘렀어도 아직 개선된 것이 없습니다. 폭염이 계속되고 있으나 뾰족한 대책 없이 고통을 받고 있습니다. 다시 한번 미안하고 감사한 마음입니다. 금년은 어쩔 수 없다고 해도 내년에는 대책을 마련하도록 노력하겠습니다. 무더위에 건강하시기를 기원합니다.

7월까지의 매출 내역을 보냅니다. 여러분들이 노력한 결과 30프로의 신장세를 유지하고 있습니다. 감사드립니다. 참고하시기 바랍니다.

사훈

1971년 고 안득범 사장과의 동업 관계를 청산하고 새롭게 평안산업으로 출발하면서 사훈을 제정했습니다. 벌써 40년이 넘은 사훈이 있습니다. 알고 있는 사원도 있겠지만 모르는 분도 있고, 또 한번 평안산업이 지향하고 지켜 온 가치를 생각하는 계기가 되기를 바라는 마음에서 우리 평안산업의 사훈을 이야기하고자 합니다.

"성실한 인간, 정확한 제품, 신의 있는 거래"가 우리 공장의 사훈입니다. 성실한 인간은 말 그대로 성실한 인간이 되자는 것입니다. 성실하지 못한 사람이 어떻게 좋은 제품을 만들 수 있으며, 또 사회의 일원으로서 제대로 된 역할을 할 수 있겠습니까? 정확한 제품은 품질 제일을 지향하고 있습니다.

우리 공장은 이익을 위하여 품질을 포기한 일이 없습니다. 또한 이익을 위하여 고객에게 신의를 저버린 적이 없습니다. 기업의 수명이 10년 넘기도 힘든 현실에서 평안산업이 50년 넘게 생존할 수 있었던 힘은 사훈을 지키며 성실하게 그리고 품질을 지키고, 고객 관계에서 신의를 지켜 온 결과라고 생각합니다.

평안산업은 처음 창업할 때 세운 사훈대로 앞으로 50년, 100년 이어지기를 바라고 이를 위하여 노력합시다.

하루하루 건강하고 활기찬 삶이 되기를 기원합니다.

자동차 왕 헨리 포드

불황 불황하더니 이제는 정말로 피부로 느끼는 시점까지 온 것 같습니다. 호조를 보이던 레미콘도 10월부터는 확실히 출하가 감소하고 있고, 전반기 비교적 선전하던 보강토 블록도 가을이 되면서 부진하고 있습니다. 그 동안의 경험으로 보면 전반기보다 후반기가 매출이 증가하는 것이 지금까지의 추세였습니다만 금년은 반대현상이 되었습니다. 그만큼 어려워졌다는 것을 말하고 있습니다.

컨베어 벨트를 사용한 자동 조립라인을 도입하여 자동차 양산체제를 이룩하고 그 결과로 자동차 대중화 시대를 연 미국의 자동차 왕 헨리 포드(1863~1947)의 말입니다.

"세상에는 두 종류의 사람이 있다. 하나는 자신이 할 수 있다고 믿는 사람이고, 하나는 할 수 없다고 도전을 포기하는 사람이다."

경영여건이 아무리 어려워도 포기하는 사람, 포기하는 공장은 되지 맙시다. 헨리 포드는 계속해 다음과 같은 말도 했습니다.

"사회에 존재하는 어떤 문제를 돈을 주어 해결하는 것은 임시방편에 불과하다. 도움이 필요한 사람에게는 새 일터를 일구는데 필요한 장비를 마련해 주어 새롭게 도전하는 새사람이 되도록 변화시키는 것이다."

요즘 너도나도 무상복지를 말하고 있습니다. 옛말에 "가난은 나라도 구제 못 한다"는 이야기도 있습니다. 무엇이 옳은 길인지 분명한 판단이 요구되는 시대에 살고 있습니다. 비난한다고 해결되는 것이 아니며, 분노만 한다고 해결되는 것도 아닙니다. 우리 조국이고, 우리의 자손들이 어깨 펴고 살아가야 하는 조국입니다. 한 사람 한 사람이 나라의 주인 의식을 갖고 지혜를 총동원해야 할 때에 살고 있습니다.

하루하루 건강하고 활기찬 삶이 되기를 기원합니다.

월요편지 2013-12-10 오후 3:09:05

공장은 조기 축구회가 아니다

1999년 네이버(NHN)를 창업하여 야후, 다음 등을 차례로 꺾고 국내 검색 포털 1위를 지키고 있고 2000년 처음 진출했다 실패하고 2011년 다시 일본에 진출하여 모바일 메신저 "라인"으로 크게 성공하여 서비스 시작 2년 반 만에 일본, 대만, 남미, 스페인 등 세계 230개국에서 3억 명 가입자를 돌파하여 페이스 북의 5년 8개월 가입자 3억 명 돌파보다 배 이상 빠른 성장을 하고 있는 이해진 네이버 이사장의 말입니다.

"회사를 조기 축구회쯤으로 생각하고 다니는 직원이 있다."

"회사가 어느 정도 성장한 뒤에 입사한 사원 중에는 안정적인 회사라고 생각하는 사람도 있다."

"내가 가장 어려웠던 물음은 회사가 언제 가장 어려웠던가"라고 묻는 말이다. "회사는 항상 위기이다"고 강조하고 있습니다.

직장은 조기 축구회가 아니라 프로들이 치열하게 싸우는 곳이다. 조기 축구회에 나가듯이 참여하기만 하면 되는 것이 아니라 성과를 내야 하는 곳이다. 안정된 회사이니 가만 있어도 공장은 잘 돌아갈 것이라는 안이한 생각을 하지 마라. 그리고 공장은 항상 위기에 처해 있다. 방심하면 곧 쓰러진다는 것을 말하고 있습니다. 그의 성공의 밑거름이 된 귀한 교훈이라고 생각합니다. 우리 공장도 똑같습니다. 계속 치열하게 노력하지 않으면 비록 작은 공장일지라도 곧 쓰러질 수도 있다는 절박감을 갖고 최선을 다합시다.

하루하루 건강하고 활기찬 삶이 되기를 기원합니다.

Company가 의미하는 것

일본 소프트뱅크 손정의 회장은 교포 3세로 일본 최고 갑부이며 스티브 잡스, 빌 게이츠와 함께 3대 천재로 불리고 있습니다.

그는 어릴 적 초등학교 교사가 되는 꿈을 가졌으나 교포이기 때문에 교사가 될 수 없다는 것을 알고 좌절과 차별을 통감하기도 했으나 한국인의 긍지를 버리지 않고 호적에 손정의라고 당당히 올린 한국의 피가 흐르는 한국인입니다. 손정의 회장이 한 말을 소개합니다.

"회사를 영어로 말하면 컴퍼니(Company)다. 이 컴퍼니라는 것은 함께(Com) 퍼니(빵)이다. 즉 함께 빵을 먹는 동료라는 뜻이다. 그러나 회사는 빵을 함께 먹는다는 것 이상의 뜻을 가져야 한다. 그것은 뜻을 함께 해야 하고 가치를 공유하는 공동체가 되어야 한다."

새해를 맞아 벌써 보름이 지났습니다. 우리 공장은 비록 작은 공장이지만 큰 뜻을 가집시다. 최고의 제품을 만드는 공장, 가장 따뜻한 사람들이 일하는 직장, 비록 작지만 나라에 공헌하는 직장, 서로 돕고 서로를 위하는 직장, 큰 뜻을 품은 공장이 되도록 노력합시다.

하루하루 건강하고 활기찬 삶이 되기를 기원합니다.

아인슈타인

1879년 독일에서 태어나 1933년 나치를 피해 미국으로 망명하여 1955년 사망할 때까지 프린스턴대 교수로 봉직하면서 프린스턴을 떠나지 않은 아인슈티인(Albert Einstein)에 관한 이야기입니다.

그는 1921년 노벨 물리학상을 수상했고 그의 상대성원리는 세상을 바꾼 가장 위대한 발견으로 회자되고 있습니다. 그러나 그는 대학에 실패하여 재수했고, 라틴어, 지리, 역사 등에서는 낙제를 받았습니다. 24세 때 결혼한 부인과의 이혼으로 노벨상 상금을 모두 이혼 위자료로 주기도 했습니다.

그의 상대성원리는 '절대적인 진리'와 '인식의 한계'에 기초하고 있습니다. 코끼리 한 마리를 놓고 장님 여러 사람들이 각자의 위치에서 코끼리를 만지게 했더니 귀를 만진 사람은 부채같다고 하고, 다리를 만진 사람은 기둥이라 하고, 몸통을 만진 사람은 항아리 같다고 했습니다. 코끼리라는 진리는 하나이나 각자 만진 위치에 따라 인식은 달랐습니다. 아인슈타인의 귀한 말이 있어 소개합니다.

"모든 사람은 천재다. 그렇지만 물고기를 나무타기 실력으로 평가한다면 물고기는 평생 열등감을 갖고 자신은 형편없다고 자학하면서 살아갈 것입니다. 우리는 각자 잘하는 것이 다를 뿐 각자 가지고 있는 잠재력의 총합은 누구나 똑같다고 합니다. 잠재력의 총합은 같지만 각자가 잘하는 분야는 따로 있습니다. 나만의 천재성을 찾아 내가 좋아하고, 잘할 수 있고, 사회와 타인에게 조금이라도 도움이 되는 길을 찾아가면 됩니다. 그렇게 되면 모두가 천재이고 일등인 세상이 될 것입니다."

우리 공장은 자동차는 못 만들고, 휴대폰을 만들지 못하지만 우리는 레미콘, 블록은 확실히 잘 만들 수 있다면 우리도 일등 공장입니다. 일등 공장이라는 자부심을 갖고 일등 제품을 만들어 사회에 공헌합시다.

하루하루 건강하고 활기찬 삶이 되기를 기원합니다.

11. 정보화 시대

월요편지 2011-02-16 오후 4:15:11

모바일 혁명

웹사이트인 위키리크스 전문 해커인 줄리언 어샌지(1971년생, 호주)에 의해서 새로운 세대가 열리고 있습니다. 물론 세상이 변했음을 상징하는 인물이기도 합니다. 최고의 해커인 어샌지는 미국의 외교문서를 비롯한 각국의 비밀리스트를 해킹하여 폭로하기 시작한 것이 도화선이 되어 23년 독재의 튀니지의 벤 알리(74) 대통령을 하야시키고 이집트의 30년 철권통치자 무바라크도 하야했습니다.

지금은 그 불길이 이웃 국가 알제리 수단으로 번져가고 있습니다. 아마 그 불길은 전 세계의 모든 독재자는 물론 감추어진 모든 것이 밝혀지는 그날까지 계속되리라 생각됩니다. 독재도, 부패한 권력도, 부정한 돈도, 불의도, 검은 거래도, 국민을 기만하는 것도 없는 투명한 사회가 될 것입니다.

이집트 혁명을 트위터 혁명 또는 모바일 혁명이라고도 합니다. 모든 정보가 순식간에 전파되고 누구도 막을 수 없는 세상이 되었습니다. 이제 남은 것은 투명성, 진실, 정의, 실력 등 긍정적인 것만 살아남을 수 있습니다. 거짓, 위선, 부정, 부실 등 부정적인 것이 발붙이기 힘든 세상이 되었습니다. 우리도 변화하는 세상에 적응해야 합니다. 그 길은 각자 자신의 실력을 키우는 길밖에는 없다고 생각합니다. 속일 수도, 위장할 수도 없는 세상이 되었습니다.

지난 1월은 강추위가 계속되어 동절기지만 판매가 부진했습니다. 매출액을 보냅니다. 참고하시기 바랍니다. 얼마 남지 않은 겨울입니다. 건강한 삶이 되기를 기원합니다.

디오게네스와 이외수

지금은 트위터의 시대라고 합니다. 이외수 씨는 100만 명의 팔로워를 갖고 있다고 합니다. 팔로워 한 명이 10명의 팔로워만 갖고 있다 해도 1,000만 명이 됩니다. 그것이 이 사회에 미치는 영향력은 상상 이상입니다. 저는 이런 현상에 우려를 갖고 있습니다. 저만의 걱정인지 한번 같이 고민해 보고자 합니다.

이외수는 BC 5세기에 살았던 고대 그리스의 악법도 법이라면서 독배를 마셨던 소크라테스가 아니라, 거지(?) 철학자 디오게네스와 비슷합니다. 그는 남루한 옷을 입고 토굴에서 살면서 조그만 자루 하나만을 메고 다녔고 당대에 세계 정복을 이룩했던 알렉산더 대왕과의 대화는 유명합니다.

알렉산더 대왕이 그의 토굴을 찾아와 "뭐 필요한 것은 없소? 원하면 제가 도와주겠소." 했을 때 그는 재물도 명예도 원하지 않고 "햇빛 가리지 말고 좀 비켜 주세요."라고 말한 일화는 우리 모두가 잘 아는 일화입니다. 그는 동시대에 살았던 소크라테스가 아닙니다. 우리나라에 100만 명, 1,000만 명의 디오게네스가 산다면 이 사회는 어떻게 됩니까?

그리스에는 한 사람의 디오게네스가 필요하고 우리나라에도 한 사람의 이외수로 족합니다. 삶은 현실이며 이상(理想)도 필요합니다. 그래야 좀 더 나은 세상을 향해 발전해 나갈 것이니까요. 현실과 이상의 조화로운 삶이 필요한 진리를 깨닫는 지혜가 요구되는 시대에 살고 있습니다. 나이 든 사람의 기우라고만 생각하지 말고 다시 한번 생각해 보는 시간을 갖는 것도 의미 있는 일이라고 생각합니다.

10월까지의 매출액을 보냅니다. 레미콘은 계속 부진하나 주택 자재가 비교적 선전하여 전체적으로는 작년 대비 -4프로입니다. 참고하시기 바라며 남은 두 달 분발하여 최소 작년 수준은 유지하도록 노력합시다.

월요편지 2012-07-11 오후 2:26:43

가상 국가

SM엔터테인먼트 이야기를 하고자 합니다. 이수만 회장이 설립한 SM은 보아, 소녀시대, 동방신기, 강타 등 세계적으로 K-POP 열풍을 이끌고 있는 그룹을 탄생시킨 주역입니다. 이수만 회장이 얼마 전 기상천외한 발상을 발표했습니다. 8월 18일 올림픽 경기장에서 4만 명(각국의 회장단 수천 명 포함)이 모인 가운데 '가상 국가' 선포식을 갖겠다고 선언했습니다.

오늘날 SNS와 크라우드 환경은 국가와 국민의 개념을 바꿔 놓았다고 하면서 가상 국가란 물리적 영토를 초월해 SM소속 가수의 음악을 즐기는 각국 팬들을 국민으로 하는 문화적인 개념의 국가가 가능하다는 믿음에서 출발하고 있습니다.

예를 들면 프랑스 팬은 물리적으로는 프랑스 국민이지만 사이버 세상에서는 SM국민이 된다는 것입니다. 사이버 세상에서는 기존의 국가 개념이 희박해지고 문화를 매개로 한 동질감을 느끼는 글로벌 세대가 부상하기 때문에 가상 국가, 가상 국민이 가능하다는 것입니다. 오늘날 유럽, 남미, 아랍 등 세계 각국에 SM 국민이 살고 있고 그러므로 우리나라는 인구 5,000만의 작은 국가가 아니라 인구 수십억 명의 대국이 될 수 있다는 것입니다.

K-POP을 앞세운 한류는 우리나라의 인지도, 호감도를 상승시켜 수출로 이어지고 있습니다. 이수만과 같은 참신한 아이디어를 가진 더 많은 인재가 나타나기를 기대합니다. 우리나라의 밝은 앞날을 보는 듯 기쁜 마음입니다. 장마가 시작되었습니다. 건강한 하루하루가 되기를 기원합니다. 금년 전반기는 여러분들이 많이 노력한 결과 30프로의 신장을 이룩했습니다. 감사하고 또 자랑스럽게 생각합니다. 매출액 내역을 보냅니다. 참고하시기 바랍니다.

인류 역사상 3번의 혁명

인류 역사상 3번의 혁명이 있었다고 합니다. 첫 번째는 농업혁명입니다. 농업혁명은 정착생활을 가능하게 해 국가가 형성되는 계기가 되었고, 증기기관을 발명하면서 영국에서 시작된 산업혁명은 영국을 해가 지지 않는 나라로 만드는 등 산업화에 성공한 선진국과 산업화에 실패한 후진국을 만드는 계기가 되었습니다.

우리나라는 산업혁명에서 낙오하면서 36년간의 치욕적인 식민지 신세가 되었습니다. 세 번째 혁명이 IT혁명(정보혁명)이라고 합니다. IT혁명에서는 우리나라가 두 가지에서 분명한 비교 우위를 갖고 세계 10위 국가가 되었습니다. 그 하나는 국민성이고 또 하나는 세종대왕이 창제하신 한글입니다. 오늘 의미 있는 통계가 있어 소개합니다.

글로벌 신용카드사인 비자가 서울, 런던, 도쿄의 20~30대 여성 300명을 대상으로 설문조사를 한 결과를 발표했습니다. 그 결과 2만 원 정도의 물건을 살 때 한국 여성은 90프로 이상이 카드 결제를 했고, 현금 결제를 하겠다고 답한 사람은 4.3프로에 불과했다고 합니다. 반면 일본 여성은 68프로, 영국 여성은 35프로가 현금 결제를 하겠다고 답했습니다.

국토가 작기 때문에 IT인프라가 잘 정비되어 있고, 우리 국민성이 잘 적응하고 있다는 증거입니다. 한글은 인터넷 문자 중 가장 빠른 문자입니다. 일본은 히라가나, 가타카나의 두 가지 글을 갖고 있어 우리보다 원천적으로 속도가 절반밖에 되지 않습니다. 중국은 수많은 음을 가진 글자가 있어 그 속도가 느릴 수밖에 없습니다. 인터넷 세계 공통어인 영어도 한글보다는 확실히 느립니다.

요즘 독도 문제로 시끄럽지만 IT시대에는 일본보다는 확실히 비교 우위를 유지할 수 있다고 확신합니다. 우리 자신의 능력을 믿고 묵묵히 살기 좋은 나라를 만드는 일에 정진합시다.

하루하루 건강하고 활기찬 삶이 되기를 기원합니다.

디지털 치매

'디지털 치매' 2004년에 처음 태어난 신조어입니다. 영국의 뇌 과학자들이 런던 택시기사 18명과 버스기사 17명을 조사한 결과를 발표했습니다. 학력, 운전 경험, 지능 등 모든 면에서 차이가 없었습니다. 그런데 대뇌 측두엽 해마부위에선 차이가 뚜렷했습니다. 해마는 학습, 기억 등 인지 기능을 담당하는 기관입니다. 그 이유는 런던 택시기사는 약 2만 5천 개의 도로와 수천 개의 광장을 반드시 알아야 하며 여러 단계의 시험을 거쳐 면허증을 취득할 수 있기 때문입니다. 버스기사는 반대로 정해진 노선만 운행하기 때문에 해마가 발달할 기회도, 필요도 없기 때문입니다.

뇌도 근육처럼 계속 쓰는 부위는 발달하고 안 쓰면 쪼그라든다는 것을 증명했습니다. 내비에만 의존할 것이 아니라 내비 없이 길을 찾아가는 것도 필요합니다. 우리는 무엇이 궁금하면 인터넷부터 조회할 것이 아니라 문헌도 뒤져 보고, 기억도 더듬어 보고, 생각도 해보고, 옛날 식으로 사는 것도 필요하다고 생각합니다. 디지털 치매도 치매입니다. 치매환자가 되지 않도록 무조건, 내비, 인터넷에만 의존하는 습관을 조금은 버려야 할 것 같습니다.

만프레드 슈피처가 지은 〈디지털 치매〉란 책에 나오는 디지털 치매 예방법을 소개합니다. ① 가장 효과적인 두뇌 조깅은 그냥 조깅. ② 아이들의 디지털 미디어 사용 시간을 제한하라. ③ 명상을 즐려라. ④ 일부러라도 음악을 들어라. 행복을 담당하는 뇌 부위가 커진다. ⑤ 이유 없이도 웃어라. 웃음은 뇌를 자극한다. ⑥ 친구 세 명과 하는 저녁은 페이스북에서 300명과 하는 가상접촉보다 우리를 훨씬 행복하게 만든다. 5월까지의 매출실적을 보냅니다. 예상보다도 저조합니다. 분발합시다.

12. 사는 이야기

희망

성공학의 대가이며 복음전도사인 미국의 오리슨 스웨트 마덴(Orison Swett Marden)의 말입니다.

인간은 무려 40일간 먹지 않고도 살 수 있다. 사흘 정도 물을 마시지 않고도 살 수 있다. 심지어 8분 동안 숨을 쉬지 않아도 살 수 있다. 그러나 희망이 없다면 단 1초도 살 수 없는 존재가 바로 인간이다.

단테는 〈신곡〉에서 지옥의 입구에 이런 글이 새겨져 있다고 했습니다.

"여기 들어오는 자는 모든 희망을 버려라."
"세상에는 희망만 한 명약은 없다."

내일은 더 나아질 것이라는 기대보다 약효가 강한 자극제나 강장제는 없다고 말하고 있습니다. 우리를 감싸고 있는 환경은 결코 장미빛만은 아닙니다. 문제는 희망을 갖고 도전하느냐, 절망하고 주저앉느냐의 차이일 뿐입니다.

금년도 앞으로 2개월밖에 남지 않았습니다. 희망을 갖고 금년을 마감하고 희망을 갖고 설레는 마음으로 새해를 준비합시다.

하루하루 건강하고 활기찬 삶이 되기를 기원합니다.

말 상대하는 직업

얼마 전 신문에 특이하지만 서글픈 글이 있어 소개합니다.

일본에는 하나시 아이테(이야기 상대) 업체가 10여 개가 있다고 합니다. 10분 통화에 1,000엔(13,500원)의 요금을 받고 이야기 상대가 되어 주는 사업입니다. 말 상대조차 없는 고독한 사람들이 이용합니다. 나이 많은 사람이 많겠다고 생각되지만 실제로는 20~30대가 많다고 합니다.

많은 사람 가운데 살고 있지만 고독한 사람이 많다는 증거이기도 합니다. 이런 현상은 일본만의 문제는 아닙니다. 우리 주변에도 이런 사람이 많을 것입니다. 가족, 직장 동료, 사회 친구 등 정말로 귀한 존재입니다. 우선 내 주변에 있는 사람과의 관계를 귀중하게 여깁시다.

대화하고, 존중하고, 사랑하고, 정답게 대하고, 이해하고, 간격을 줄이는 일 등에 진심을 다합시다. 내 이웃이 내가 사는 이유이고 내가 사는 원동력입니다. 인간관계를 잘 정립하는 것이 고독하지 않게 사는 첩경입니다.

오늘로써 금년도 절반이 지났습니다. 그동안 금년에 계획했던 일들을 돌이켜 보고 부족한 점이 있다면 남은 반 년은 더 열심히 살도록 노력합시다.

하루하루 건강하고 활기찬 삶이 되기를 기원합니다.

개꼬리

조지 워싱톤 미국 대통령이 어느 날 청중들에게 한 가지 질문을 던졌습니다. 여러분들 개꼬리가 개의 다리라면 개다리는 과연 몇 개일까요. 어느 누구도 쉽게 대답하지 못했습니다. 이때 워싱톤 대통령은 단호한 어조로 "개의 발은 4개이죠"라고 말했습니다. 아무리 개꼬리가 개의 다리라고 우겨도 진리는 변하지 않는다는 사실을 말해 주는 일화입니다.

요즘 세상에는 꼬리를 다리라고 우기고, 또 여기에 현혹되어 부화뇌동하는 사람들이 너무도 많은 세상인 것 같습니다. 나라와 국민을 위한 대통령 · 국회의원을 기대하는 것은 어리석은 일 같습니다. 왜냐하면 그들은 자신과 당, 또는 정파를 위한 일만 했지 한 번도 나라와 국민을 위한 적이 없습니다.

이름은 생각이 나지 않지만 영국의 한 학자는 대의 민주주의는 원천적으로 사기라고 일갈하고 있습니다. 우리의 대표로 국회로 보낸 국회의원이 한 번도 우리를 위한 일을 한 적이 없기 때문입니다. 우리의 삶, 우리의 주권, 우리의 장래, 우리의 나라는 우리가 지켜야 합니다. 정치인에게 기대할 수는 없습니다.

금년은 선거의 해입니다. 정신 똑바로 차리고 우리의 권리를 찾아야 합니다. 무엇이 진리인지, 무엇이 나라의 장래를 지켜 줄 것인지 현명한 국민이 되었으면 좋겠습니다.

건강하고 활기찬 삶이 되기를 기원합니다.

묘비명

1925년에 노벨 문학상을 받은 영국의 극작가 버나드 쇼의 유명한 묘지명이 있습니다.

"우물쭈물하다가 내 이럴 줄 알았지."(I knew if I stayed around long enough. something like this would happen.)

이 묘비명은 가장 널리 회자되는 묘비명입니다.

걸레 스님으로 유명한 중광 스님은 "에이 괜히 왔다 간다"라고 했고, 천진난만하게 살다간 천상병의 묘지명은 그의 유명한 시 「귀천」의 한 구절이라고 합니다.

"나 하늘로 돌아가리라 / 이 세상 끝내는 날 / 가서 아름다웠다고 말하리라"라고 했습니다.

이 세상에는 두 가지 피할 수 없는 것이 있는데 하나는 '죽음'이고, 하나는 '세금'이라고 미국의 건국공로자의 한 사람인 벤자민 프랭클린이 말했다고 합니다.

나는 과연 내 묘비명에 무엇을 쓸 수 있을까 자문해 봅시다. '어영부영 놀다 가노라'고 쓸 수는 없지 않습니까? '남에게 폐만 끼치다 간다'고 쓸 수도 없지 않습니까? 무엇 하나라도 당당히 쓰고 갈 수 있도록 살아야 하지 않을까요. 부끄럽지 않은 삶을 살도록 노력합시다.

하루하루 건강하고 활기찬 삶이 되기를 기원합니다.

성경 이야기

국무총리 지명자 김용준 인수위원장의 각종 의혹에 대한 세간의 질타를 보면서 나는 과연 잘못이 없는가 자문해 봅니다. 간음한 여인을 끌고와 돌로 치자고 외치는 군중을 향해 누구든 죄없는 사람은 돌로 치라고 말씀하자 모든 군중이 물러났다는 예수님의 성경이야기가 생각납니다.

마치 자기는 아무 잘못도 없는 양 비난하는 사람 중 과연 얼마나 남을 비난할 자격이 있는지 궁금합니다. 나 자신도 총리가 되기에는 너무 많은 흠결이 있다고 생각합니다. 지금부터라도 흠이 없는 삶을 살아야겠다고 다짐합니다.

우리나라에 총리, 장관만 깨끗하면 나라가 모두 깨끗한 나라가 될 수는 없습니다. 우리 한 사람 한 사람이 흠이 없는 삶을 살아야 나라가 깨끗한 나라가 된다고 생각합니다. 우리 모두 총리가 될 수 있게, 우리 모두가 장관이 될 수 있을 정도로 깨끗한 삶을 살아갑시다.

하루하루 건강하고 활기찬 삶이 되기를 기원합니다.

슬로, 스몰, 심플

미국 예일대학에서 신경정신과학 박사 학위를 받고 〈배짱으로 삽시다〉, 〈이시형처럼 삽시다〉 등 67권의 저서를 남긴 베스트셀러 작가인 이시형 박사가 얼마 전 80세에 〈이젠 다르게 살아야 한다〉는 힐링 문화를 촉구하는 새 책을 내놓았습니다. 여기에서 말한 내용을 소개합니다.

25년 전 88올림픽 때 나는 중산층이다고 말한 비율이 70프로였고 그때 국민소득이 4,400달러였는데 국민소득이 5배이상 증가한 2만 3천 달러인 지금은 반대로 70프로가 하층민이라고 생각하고 있다고 합니다. 25년 전보다 더 못살고 있지도 않는데 왜 그렇게 느끼는 것일까? 그 이유는 계속 올라가야 한다는 등산 심리 때문이며 양극화, 상대적 박탈 등 표를 의식한 정치권의 무분별한 선동에 상당 부분 영향이 있다고 생각됩니다. 그래서 그는 "슬로(Slow), 스몰(Small), 심플(Simple)의 3S를 제안하고 있습니다. 즉 욕심 부리지 않고, 작게, 그리고 단출하게 살아가자는 것입니다.

인도에서는 웃을 일이 없더라도 웃음지도자를 중심으로 억지로라도 웃는 훈련을 하는 화면을 본 일이 있습니다. 우리도 현실이 비록 만족스럽지 않더라도 조금은 여유를 갖고, 긍정적으로 생각하는 마음을 갖는 것이 필요하다고 생각합니다.

이시형 박사는 강원도 홍천군에 10년 전 '선마을'을 세우고 전기, 휴대폰, TV 등 문명과 차단된 마을에 살고 있습니다. 우리도 그렇게 살 수는 없지만 어떻게 살아야 할 것인가를 생각하게 합니다. 조금은 여유를 갖고, 조금은 느긋하게, 조금은 욕심을 내려 놓고, 조금은 손해 보면서, 조금은 멍청하게 사는 것도 현명한 삶이 아닌가 생각해 봅니다. 곧 솟아나올 조그마한 새싹을 보면서 생명의 소중함과 삶의 희열을 느끼는 마음을 가져 보는 것도 정신 건강에 좋지 않을까요.

하루하루 건강하고 활기찬 삶이 되기를 기원합니다.

루저

자전적 소설 〈오두막〉으로 1,800만 부를 판매하여 세계적 베스트 작가반열에 오른 윌리엄 폴 영(1955년 캐나다 출생)이 〈오두막〉 이후 5년 만에 소설 〈갈림길(Cross Roads)〉 홍보를 위해 우리나라에 와서 한 말 중에 의미 있는 말이 있어 소개합니다.

"죽을 만큼 힘들다고요? 그러니까 인생이죠."

"잘못을 저질렀을 땐 무조건 용서를 빌어라. 부끄러운 마음에 우물쭈물하다가는 사람을 잃고 관계가 망가지고 결국엔 못난 나만 남는다."

그는 아버지의 폭력 속에 어린 시절을 보냈고, 어렸을 때 성추행을 당하는 등 불우한 환경속에서 마음속 분노를 표출할 줄도, 방법도 몰라 자기만의 성을 쌓고 그 안에 모든 감정을 차곡차곡 쌓고 지내다 38세가 되어서야 비로소 자기를 가두었던 성을 허물고 루저(Loser 실패자) 틀을 깨고 나와 11년간 힐링(healing 치유)에 매진하여 오늘의 성공을 거뒀습니다.

그는 힐링이란 "삶을 뒤집고 뜯어고치는 것이 아니라 있는 그대로의 나를 받아들이는 것이라"고 강조하고 있습니다. 지금의 내가 중요하고, 지금이 중요하다는 것입니다. 우리나라, 우리 집, 우리 식구, 우리 직장, 우리 친구 이것이 중요하고 여기에 가치를 부여하고 행복을 찾아야 한다는 뜻이 아닐까요? 자기만의 운둔의 성에서 나오고, 나는 루저라는 잘못된 생각에서 자유로워집시다.

하루하루 건강하고 활기찬 삶이 되기를 기원합니다.

갑과 을

얼마 전 포철 상무의 기내 승무원 폭행 사건으로 갑(甲)을(乙) 관계가 새삼 사회문제로 대두되고 있습니다. 공무원은 대기업에 대해 갑이고 대기업은 중소기업에 대해 확실한 갑입니다.

우리 공장은 갑보다는 을의 위치입니다. 그러나 우리 공장도 갑이 되는 때도 있습니다. 모래 납품업자, 부자재를 납품하는 업자 등은 을입니다. 우리 자신도 을의 경우가 많습니다. 그러나 갑이 될 때도 있습니다. 식당에 가거나, 물건을 살 때 등은 우리가 갑입니다. 상대에 따라서, 상황에 따라서 갑이 되기도 하고 을이 되기도 합니다.

아무리 작은 직장이라고 해도 갑과 을 관계가 존재합니다. 을이 되었을 때도 비굴하지 않고 자기가 해야 할 일을 잘해야 합니다. 특히 갑이 되었을 때 을에게 상처가 되는 일은 하지 말아야 합니다. 아무리 작은 직장이라도, 몇 명 되지 않는 직장이라도 화합하고, 능률적이고, 서로 돕는 좋은 직장이 되기 위해서는 갑의 위치에 있는 사람이 잘해야 합니다.

내가 가진 권한을 최대한 자제하면 상대방은 많이 편안하고 갖고 있는 아무리 작은 권한이라고 남용하면 을에게는 큰 상처가 됩니다. 갑일 때 을을 배려하는 삶을 산다면 우리 사회는, 직장은 훨씬 살기 좋은 세상이 될 것입니다. 그것은 우리 모두가 할 수 있는 일입니다.

하루하루 건강하고 활기찬 삶이 되기를 기원합니다.

걱정의 4%

요즘 전두환 전 대통령의 미납 세금이 시끄럽습니다. 사람이 떼어 놓을 수 없는 것이 세금이라고 합니다. 또 한 가지 우리가 사는 동안 떼어 놓을 수 없는 것이 걱정입니다. 나 지신도 걱정 없이 깨어나는 날이 며칠 안되고, 걱정 없이 잠에 드는 날이 과연 몇 날일까 생각해 봅니다. 우리는 태어나서 죽는 날까지 근심 걱정 없이 사는 날이 과연 며칠이나 될까요? 걱정은 삶의 숙명이지만 걱정을 조금이라도 줄이며 살 수 있다면 그 길을 택하는 것이 현명하지 않을까요. 근심 걱정을 다스리는 지혜를 알려 주는 글이 있어 소개합니다.

캐나다의 심리학자로 인생 컨설턴트이며 베스트셀러 작가이며 그의 저서 〈느리게 사는 즐거움〉의 작가인 어니 젤린스키(Ernie Zelinski)가 그의 저서 〈모르고 사는 즐거움〉에서 한 말입니다.

우리가 하고 있는 걱정의 40프로는 절대 현실에서 일어나지 않고, 30프로는 이미 일어난 일에 대한 것이며, 20프로는 무시해도 될 정도로 하찮은 것이고, 4프로는 사람 힘으로는 어쩔 수 없는 것이고, 4프로만이 우리가 노력하면 바꿀 수도 있는 것이니 굳이 애써 미리 걱정하지 말라고 충고하고 있습니다.

특히 안 해도 될 걱정을 하는 것을 기우라고 하는데 기우(杞憂)라는 말의 유래를 소개합니다. 열자(列子) 천서편(天瑞篇)에 있는 말입니다.

"옛날 기나라에 살던 이가 하늘이 무너지고, 땅이 꺼져서 몸을 망치고 몸 둘 곳조차 없어질까 봐 걱정한 나머지 자고 먹는 일마저 그쳤다"는 고사에서 유래합니다. 하늘이 무너지지도, 땅이 꺼지지도 않듯이 필요 없는 걱정에서 자유로운 삶을 살아갑시다.

걱정을 없애는 비방도 있습니다. 바로 땀 흘리며 열심히 일하는 것입니다. 열심히 일할 때 걱정은 우리 머리에서 멀어집니다. 아무것도 하지 않을 때 오만 가지 생각이 떠오르는 것을 생각하면 이해가 됩니다. 걱정이 없을 수는 없어도 잘 다스리며 사는 지혜로운 삶을 살아갑시다. 긴 장마와 무더위에 건강하도록 힘씁시다.

목욕탕 이야기

50여 일 계속된 긴 장마 뒤 폭염이 기승을 부리고 있습니다. 모두가 불쾌감을 느낀다는 무덥고 짜증스러운 날입니다. 살아가는 가벼운 이야기를 하고자 합니다.

저는 주말 저녁이면 특별한 일이 없는 한 팔당 지나 양수리에 하나밖에 없는 시골 목욕탕에 갑니다. 경로 우대로 5천 원입니다. 손님이 많지 않고 대개 양수리에서 농사짓는 분들입니다. 그런데 한 가지 이해되지 않는 일이 있습니다. 목욕탕에는 세신사(때밀이)가 있고 많은 손님들이 때를 밀고 있습니다. 가격은 잘 모르겠으나 15,000원 정도 같습니다. 오래전에도 한 번 이야기한 적이 있습니다만 저는 때밀이에게 때를 밀어본 적이 없습니다.

또 한 가지 젊었을 때 한두 해를 빼면 구두를 구두닦이에게서 닦은 적이 없습니다. 탕안에서 일생 동안 얼마의 비용이 들까 대강 암산을 해 보고 집에 와서 계산을 해 보니까 티끌 모아 태산이라는 말이 괜히 있는 것이 아니라는 것을 새삼 깨달았습니다. 목욕 중 때미는 것 주 1회 15,000원, 구두닦기 주 1.5회(4,500원), 담배 주 5갑(2,500원)을 우리가 사회활동을 하는 기간을 20세부터 75세까지 55년으로 계산하면 때미는 값 43,725,000원, 구두 닦는 값 13,117,500원, 담뱃값 36,437,500원, 합 93,280,000원이 나왔습니다. 사는 방법을 조금만 바꿔도 일생 동안 2, 3억 원은 어렵지 않게 마련할 수 있다는 생각을 해 보았습니다.

저는 저의 아버님 말씀을 항상 기억하고 살아갑니다. 사람은 작은 돈은 아끼고 큰 돈은 쓰라. 작은 돈을 아끼지 않으면 큰 돈을 모을 수 없다. 큰 돈도 쓰지 않으면 수전노일 뿐이라고 말씀하셨습니다. 그대로 살았는지는 몰라도 그렇게 살려고 노력하며 살았다고 말할 수는 있습니다. 가벼운 이야기가 또 무거워졌습니다. 건강하고 활기찬 삶이 되기를 기원합니다.

월요편지 2013-10-08 오후 2:28:30

정승처럼 키우기

옛날부터 전해 오는 이야기가 있습니다. 옛날 가난한 집에 한 아이가 있었는데 이 아이는 배가 고파 늘 울었다고 합니다. 그때마다 엄마는 아이의 울음을 그치게 하려고 매를 들곤 했습니다. 그때 지나가던 스님이 이 광경을 보고 딱하게 여기고 갑자기 우는 아이를 향해 큰절을 했습니다. 놀란 엄마는 왜 아이에게 절을 하는지 물었습니다.

스님은 "이 아이는 장차 정승이 될 분이니 잘 키워야 한다"는 말을 남기고 떠났습니다. 그날 이후 엄마는 매를 들지 않고 지극정성으로 아이를 키우기 시작해 이 아이는 실제로 영의정이 됐습니다. 아이 엄마는 예언을 한 그 스님을 수소문 끝에 만나 감사한 마음을 전하고 어떻게 그렇게 용한 예언을 했는지 묻자, 스님은 "내가 어떻게 아이의 미래를 알 수 있겠느냐"고 반문하면서 "아이를 정승처럼 귀하게 키우면 정승이 되고, 머슴처럼 키우면 머슴이 될 수밖에 없다"고 말했습니다.

우리도 우리의 자녀들을 정승처럼 키워야 합니다. 우리 자신도 정승처럼 귀한 존재임을 생각하며 매사에 정진해야 합니다. 또 내가 근무하는 공장도 정승 공장처럼 생각하고 애정을 가지고 열심히 정진해야 할 것입니다. 내가 근무하는 직장이 형편없는 공장이라고 생각하고 일한다면 우리 공장은 보잘것없는 공장이 될 것입니다.

아이를 키우는 세 가지 엄마가 있다고 합니다. 소개하면 첫째, 엄마는 자기 아이를 실제보다 부족하다고 생각하는 엄마입니다. 그런 엄마 밑에서 자란 아이는 자신감을 잃게 됩니다. 둘째, 아이를 객관적으로 판단하는 엄마입니다. 아이의 장단점을 파악하고 아이에게도 얘기까지 해 주는 엄마입니다. 그런 엄마 밑에서 자란 아이는 열정이 없어집니다. 셋째, 우리 아이가 잘될 거라는 확고한 믿음을 갖는 엄마가 있습니다. 이런 엄마 밑에서 자란 아이는 꿈도 크고 또 자신감을 갖고 열심히 산다고 합니다. 우리는 어떤 엄마, 어떤 자세를 가지고 살아야 할까요.

하루하루 건강하고 활기찬 삶이 되기를 기원합니다.

자녀 교육

1875년 독일에서 태어나 1965년 90세로 적도 아프리카 람바레네에서 생을 마감한 밀림의 성자로 1952년 노벨 평화상을 수상하는 등 세계적 추앙을 받고 있는 철학자이며 신학자이며 의사인 슈바이처(Albert Schweiter) 박사의 말입니다.

하루는 어떤 사람이 슈바이처 박사에게 성공적인 세 가지 자녀 교육 방법에 대해서 물었습니다. 그는 첫째는 본보기요, 둘째도 본보기요, 셋째도 본보기라고 대답했습니다.

우리 속담에도 나는 바담풍이라 하고 너는 바람풍이라고 하라는 이야기도 있습니다. 많은 부모가 자녀 교육을 걱정합니다. 그러나 답은 명확합니다. 내 자신이 자녀의 본보기가 된다는 것입니다.

우리 직원들은 대개 자녀를 키우고 있습니다. 우리가 어떻게 살아야 하는가? 정답은 나와 있습니다. 그것을 실천하는 일만 남았습니다. 직장에서도 마찬가지입니다. 부하 직원에게 또 동료에게 본보기가 되는 삶을 살아갑시다. 그것이 우리 자녀, 우리 직장 생활, 우리 삶, 우리 사회가 성공하는 길입니다. 금년은 본보기가 되는 삶으로 가득 채웁시다.

하루하루 건강하고 활기찬 삶이 되기를 기원합니다.

사기와 공짜

나는 오랜 세월 살아오면서 크게 배신당하거나 크게 사기당한 일이 없습니다. 정상 이상으로 접근하거나, 필요 이상 친절하거나, 아부한다고 느낄 때는 일단 조심했고, 세상에는 공짜는 없다고 생각하고 횡재를 바라지도 않았습니다. 그런 연유로 크게 성공하지도, 크게 실패하지도 않은 평범한 삶을 살아왔는지도 모르겠습니다. 그런 나에게 크게 틀린 삶은 아니었구나 위로를 준 말이 있어 소개합니다.

전쟁과 평화의 저자로 세계적 대문호인 톨스토이(Leo Tolstoy, 1828~1910, 러시아)의 말이 있습니다.

"우리들의 적이 때로는 친한 벗보다 유익할 때도 있다. 친구는 언제나 우리들의 실수를 감싸 주지만 적은 항상 우리의 잘못을 들춰내어 우리를 공격한다. 그러나 결코 적의 비판이라고 가벼이 여기지 말라."

톨스토이의 말은 계속됩니다.

"남들이 자신을 비방하고 욕설할 때 기뻐하고 칭찬할 때 슬퍼하라. 비난은 그를 공손하게 만들고 스스로를 돌아보게 한다."

명심보감에도 같은 뜻의 말이 있습니다.

"나의 장점만 말하는 사람은 나를 해치는 사람이고 나의 단점을 이야기해 주는 사람은 나의 스승이다."

진리는 동서양이 다르지 않다고 생각됩니다.

3월까지의 매출액을 보냅니다. 3월은 비도 안 오고, 따뜻하기도 했으나 좋은 실적을 올렸습니다. 많은 수고에 감사합니다.

13. 감사의 기적

투쟁과 감사

공산주의가 멸망한 이유를 감사에서 찾는 글을 읽은 적이 있습니다. 공산주의 사회에서는 투쟁하여 쟁취했기 때문에 감사할 일이 없고 그러므로 감사를 잊고 살고 그 결과 삶 자체가 투쟁과 부정적인 사고로 일관하게 되었다고 합니다.

오늘 우리 사회도 감사를 잊고 살고 있습니다. 현재를 살고 있는 젊은 세대는 불만으로 가득 차 있습니다. 여러 가지 사회환경이 소득, 취업, 자녀교육, 노후 등 불만을 할 수밖에 없는 면도 있습니다. 그러나 돌이켜 보면 기성세대가 살던 30년 또는 40년 전은 지금보다 모든 것이 훨씬 열악했습니다. 그러나 그때는 현실에 불만만 했던 것이 아니라 이를 극복하려는 의지 즉 긍정의 의지가 있었습니다. 불만은 절망을 낳고 긍정은 희망을 잉태합니다.

50년 전 일인당 국민소득 70달러의 세계 최빈국이 세계 10대 부국이 되었습니다. 이것이 불만으로 이룩한 결과는 아닙니다. 우리도 잘살아 보세 노래를 부르며 앞날에 대한 확고한 긍정적 신념을 갖고 살아온 결과입니다. 40년 후에는 소득 4만 불의 시대가 온다고 합니다.

어떤 부인이 항상 술 먹고 밤늦게 귀가하는 남편을 보고 불평과 잔소리하며 하루가 멀게 싸웠다고 합니다. 그러나 생각하니 고생해 돈 벌어 식구들 먹이고, 술 먹고 실수하지 않고 꼬박꼬박 집 찾아오고, 술 먹을 수 있을 정도로 건강하고, 생각해 보니 감사할 것이 많음을 깨닫고 감사한 마음으로 남편을 대하니 남편도 바뀌고 화목한 가정이 되었다고 합니다. 긍정의 힘이고 감사의 힘입니다. 불평할 것을 찾지 말고 감사할 것을 찾는 지혜가 필요한 때입니다. 하루하루 건강하고 활기찬 삶이 되기를 기원합니다.

월요편지 2013-10-30 오후 2:27:25

넬슨 만델라 대통령

남아프리카 첫 민선대통령인 넬슨 만델라(1918년생)는 흑인 인권 운동가로 27년간의 옥고를 치르고 대통령이 된 후 그는 흑인을 탄압하고 착취하고 멸시했던 백인들을 끌어안고 나라를 다스린 그는 1993년 노벨 평화상을 받는 등 전 세계의 존경과 찬사를 받고 있습니다. 그가 한 귀한 말이 있어 소개합니다.

"감옥에 있다 나오면 작은 것에 감사하게 된다. 언제든지 원할 때 산책할 수 있고, 길을 건너 작은 가게에서 신문을 사고, 말하고 싶을 때 말하고, 말하기 싫으면 말하지 않을 수 있는 자유, 자신을 스스로 통제할 수 있는 단순한 자유 이런 것에 사람들은 감사하지 않는다."

사람은 속박을 당한 뒤에야 그런 것에 감사하게 된다. 아침에 일어나 가족들을 보고 같이 식사하고, 출근하고, 일하고, 직장 동료들 또는 가까운 친구들과 정담을 나누며 차 한잔, 또는 소주 한잔, 휴일이면 오솔길을 산책하며, 이런 일상이 모두 감사의 대상입니다.

불평을 하자면 얼마든지 할 수 있습니다. 그러나 잘 생각해 보면 감사할 일들이 많습니다. 불평은 좋은 결과를 낳을 수 없습니다. 그러나 감사는 값진 열매를 우리에게 줄 것입니다.

하루하루 건강하고 활기찬 삶이 되기를 기원합니다.

14. 건강

건강 습관

아침저녁으로 제법 선선한 바람이 가을을 느끼게 합니다. 가을은 독서의 계절이고 천고마비의 계절이라고 합니다. 다른 말로 바꾸면 몸과 마음을 살찌우는 계절이라고 하겠습니다. 몇 권의 책을 선택하여 반드시 읽도록 합시다. 그리고 건강을 위한 운동을 하는 습관을 꼭 갖도록 합시다. 정재관 코엑스 사장(65세)이 있습니다. 그의 말과 생활의 지혜를 우리도 실천하도록 합시다.

"에스컬레이터냐 계단이냐. 매일 지하철에서 맞닥뜨리는 결정의 순간에 계단을 택하세요."

"지하철을 타서 괜히 자리 찾느라 두리번거리지 말고 서서 지구력을 기르라."

"아침 일찍 스트레칭과 하체 운동을 하고 하루 계획을 점검하는 사람은 그렇지 않은 사람과 10년, 20년 뒤엔 큰 차이가 난다."

그러면서 서울 여의도역(240계단), 이대역(95계단), 충무로역(80계단)으로 운동하기 좋은 지하철역을 추천하기도 합니다.

그는 지난해 3월 코엑스 사장 공모에 도전, 평균 연령이 50대 초반인 경쟁자들을 물리치고 선임된 이유도 수십 년간 건강을 관리한 노력의 결과를 보상받은 것이라고 말하고 있습니다.

10년, 20년 후의 나의 건강을 생각하면 오늘을 소홀히 할 수는 없습니다. 건강은 가장으로서, 가족 구성원으로서, 친구로서 줄 수 있는 최고의 선물입니다. 건강하지 않은 가장, 건강하지 않은 자녀, 건강하지 않은 친구로 우리의 주변에 부담을 주어서는 안 됩니다. 가을을 맞이하여 새로운 결심을 하도록 합시다.

오늘도 건강하고 활기찬 하루하루가 되기를 기원합니다.

평균 수명

추석도 지나고 정말로 가을이 온 것 같습니다. 지루한 빗속에서도 결실을 맺듯이 우리도 한 해의 결실을 맺기 위한 마지막 도전을 시작합시다. 며칠 전 인간개발원 세미나 녹취록에 나온 글을 소개합니다.

원광대학교 보건학과 김종익 교수가 1960년부터 2000년까지 약 40년 동안 사망한 사회 저명인사들의 직업별 사망원인을 조사 발표한 내용은 시사하는 바가 크다고 생각됩니다.

평균수명이 가장 긴 직업군 첫째는 종교인 79세로 마음을 비우고 사니까 그런 것 같고, 두 번째는 정치인 73세, 교수 72세, 기업인 행정관료 71세, 법조인 70세 순이고, 반대로 수명이 짧은 직업군으로서는 언론인 65세, 문학작가 66세, 예능 예술인 69세이고, 이 세상에서 가장 좋은 음식과 산삼과 녹용 등 온갖 좋은 음식을 섭취한 조선왕조 임금의 평균수명은 43.5세, 로마의 네로황제는 32세, 지구의 3분의 1을 점령하여 대국을 건설한 알렉산더 대왕도 32세, 불로초로 영생하고자 했던 진시황은 50세를 넘기지 못하고 죽었다.

여기서 주목할 중요한 조사 하나가 있습니다. 백수로 지낸 남성의 수명입니다. 백수의 수명은 60.7세로 열심히 일한 사람보다 14.4년이나 수명이 짧았다는 것입니다. 노는 것보다는 일하는 것이 장수의 비결이라는 것입니다. 일의 가치를 다시 한번 깨닫게 됩니다. 일은 형벌이 아니라 축복입니다. 하루하루 즐거운 마음으로 열심히 일하며 살아갑시다.

건강하고 활기찬 삶이 되기를 기원 드립니다.

12가지 건강 수칙

십여 년 전 미국으로 이민을 떠나는 친구가 한 말을 지금도 기억하고 있습니다. 친구를 위해 꼭 해야 할 일은 건강한 것이다. 친구가 돌아와 식사라도 하자고 할 때 아파서 못 나간다고 하면 친구를 슬프게 하는 일이라고, 내 몸은 나만의 몸이 아닙니다. 가족의 몸이고, 직장의 몸이고, 나라의 몸입니다. 가장의 몸이 병들면 한 가정이 병이 들게 됩니다.

한강성심병원 가정의학과 김미영 교수, 강북삼성병원 가정의학과 박용우 교수의 12가지 건강 수칙을 소개합니다.

① 하루 한 알 종합비타민을 먹는다.
② 술은 2잔까지만 마신다.
③ 세 끼 식사를 꼬박꼬박 한다.
④ 담배는 죽음이라 여긴다.
⑤ 매일 5번 이상 채소, 과일을 먹는다.
⑥ 스트레스를 잘 다스린다.
⑦ 7시간 이상 푹 잔다.
⑧ 팔팔하게 많이 움직인다.
⑨ 양치질은 하루 3번, 식후 3분 이내, 3분 동안.
⑩ 체중을 자주 달아 본다.
⑪ 1년에 한 번은 건강검진을 받는다.
⑫ 손을 자주 씻는다.

쉽게 할 수 있는 것도 있고 다소 어려운 것도 있으나 하지 못할 것은 없습니다. 가족을 위하여, 친구를 위하여, 직장을 위하여, 사회를 위하여 건강한 삶을 살도록 노력합시다. 건강한 환절기를 보내기 바랍니다.

암

지난주 고향 초등학교 동창 4명이 저녁 식사를 했습니다. 네 명 중 3명이 전립선암, 설암, 손가락암(희귀하게 손가락 끝에 생기는 암)으로 수술을 받았거나 치료 중에 있는 것을 보면서 건강의 중요성을 새삼 느꼈습니다.

건강할 때는 건강의 가치를 잘 느끼지 못하는 것이 사람이기도 합니다. 그러나 분명한 것은 건강은 나빠지는 것이며 나이는 들어간다는 사실입니다.

건강은 건강할 때 지켜야 하며 건강도 건강할 때 저축해야 합니다. 건강하도록 노력한다고 꼭 건강한 것은 아니나 건강을 도외시하고 함부로 산다면 반드시 건강을 해치는 것은 분명한 사실입니다. 한 번밖에 없는 삶이고 하나밖에 없는 평생을 살아가야 할 몸입니다.

무엇이 건강에 좋고 무엇이 건강에 나쁘다는 것은 우리 모두 잘 알고 있습니다. 결심하는 것, 실천하는 것은 각자의 몫입니다. 금년을 건강한 가운데 마감하고 건강한 가운데 새해를 맞이합시다.

니트다이어트

지루한 장마도 끝나고 오늘은 가을마냥 푸른 하늘이 정겨운 날입니다. 비도 내리지 않는 무더운 날씨를 예보하고 있습니다. 운동의 역설이라는 글이 있어 소개합니다.

"니트다이어트"라는 말이 있습니다.

니트(Non-Exercise Activity Themogenesis 비운동성 활동열 생성)란 일부러 시간을 내서 운동하기보다 일상생활에서 가능한 한 몸을 많이 움직여 칼로리 소모를 높임으로써 살이 저절로 빠지도록 한다는 것입니다.

방법은 다양합니다. 계단 이용하기, 지하철에서 서서 가기, 리모컨 안 쓰기, TV보면서 훌라후프 돌리기, 서서 빨래하기, 마트에서 카트 대신 바구니 이용하기, 경쾌한 음악에 맞춰 몸 흔들기, 설거지, 욕실청소, 기지개 자주 켜기, 물을 많이 마셔 화장실 자주 가기, 의자를 없애고 옛날 식으로 좌식 생활하기 등입니다.

운동으로 다이어트 하기는 참으로 어렵고 성공률도 매우 낮다고 합니다. 많은 운동을 한 후에는 보상심리로 많은 양의 음식을 섭취하게도 되고 잘못된 다이어트는 요요현상을 일으켜 체중을 증가시킬 수도 있다고 합니다. 운동은 다이어트가 목적이 아니라 건강한 생활과 삶의 활력을 더하기 위한 것이 사실입니다.

연구 결과 매주 5시간 걸은 여성은 걷지 않은 여성보다 당뇨병 위험이 33퍼센트 낮고, 매일 45분씩 걸으면 감기나 폐렴에 걸릴 확률이 그렇지 않은 집단보다 절반으로 줄어들었다고 합니다. 생활 습관을 조금 바꾸면 건강한 삶과 삶의 질이 높아지고 병에 대한 면역력도 현격하게 증가됩니다.

오래 살기보다 건강하게 사는 것이 중요합니다. 건강해야 꿈도 이룰 수 있습니다. 건강만이 가정의 행복을 지켜 줍니다. 하루하루 건강하고 활기찬 삶이 되기를 기원합니다.

웃음의 효과

금년 우리나라 수출이 세계 8위를 기록할 것이란 자랑스러운 소식이 전해지고 있기도 하지만 매일 똑같은 말만 되풀이하고 있고 싸움만 하는 정치권 등 우리를 짜증나게 하는 일들이 너무도 많은 삶이기도 합니다. 현실이 아무리 어렵더라도 그 속에서 우리는 살아야 하고 또 일해야 합니다.

윌리엄 제임스는 "행복해서 웃는 것이 아니라 웃으면 행복해진다"고 말하고 있습니다. 우리가 익히 알고 있는 것이지만 다시 한번 되새기고 웃으며 살아갑시다. 웃음에는 많은 효과가 있지만 몇 가지만 이야기하면,

첫째는 우리의 심장을 튼튼하게 합니다. 우리 몸에는 교감신경과 부교감신경 두 가지 자율신경이 있는데 놀람, 불안, 초조, 짜증 등 교감신경은 심장을 상하게 하고, 웃음은 부교감신경을 자극하여 심장을 천천히 뛰게 하여 우리 몸 상태를 편안하게 합니다.

둘째는 암을 물리칩니다. 웃음은 병균을 막는 항체인 '인터페롤 감마'의 분비를 증가시켜 바이러스에 대한 저항력을 증진합니다. 또 웃음은 '엔돌핀'을 분비해 통증을 완화하며, 웃음은 인체의 면역력을 높여 감기와 같은 감염질환을 예방함은 물론 암과 성인병을 예방하는 효과가 있음은 이미 확인된 효과입니다. 요즘 신종 플루도 웃음으로 예방할 수 있습니다.

셋째 웃음 한 번은 에어로빅 5분과 같은 효과가 있습니다. 우리가 한번 크게 웃을 때 몸속에 있는 650개 근육 중 231개가 움직여 많은 에너지를 소모한다고 합니다. 그 외에도 많은 효과가 있습니다.

우리의 직장을 웃음이 가득한 직장, 우리 집이 웃음이 가득한 가정, 나 하나 있음으로 웃음이 가득한 자리를 만듭시다. 나 하나가 분위기를 짜증스럽게 하는 사람이 되지 않도록 노력합시다.

11월까지의 매출 내역을 보냅니다. 지난달도 크게 신장하지는 못했지만 작년 수준은 유지했습니다. 그 결과 지난해 같은 기간 대비 -8프로를 유지했습니다.

이제 한 달 남았습니다. 최선을 다해 한 해를 잘 마감합시다.

100세 시대

인간 수명 혁명이 진행되고 있다는 글을 보았습니다. 인간 수명 120~130세 시대가 오고 있다는 것입니다. 과학과 의학의 발달은 우리 자손의 세대가 아니라 우리 세대에 100세 시대가 온다고 합니다. 그렇기 때문에 평균수명과 건강수명의 괴리가 문제가 되고 있습니다.

예를 들면 80세에 사망하는 사람은 평균적으로 10년간 병들어 지내는 것이 오늘 우리의 현실입니다. 80세 90세가 아니라 100세를 산다고 하면 예를 들어 뇌졸중 등으로 20년, 30년간을 반신마비나 언어장애 등으로 살아야 합니다.

현대 의학은 인간을 못죽게 할뿐 건강하게 하지는 못합니다. 건강에 해로운 것 예를 들어 담배, 과도한 음주 등을 자제하라고 하면 실컷 피우고, 마음껏 마시다 빨리 죽겠다고 말합니다만 문제는 죽지 못한다는 것입니다. 개인의 건강은 각자의 몫입니다. 노후를 위하여 돈을 저축하면 무엇합니까? 모두 병원에 갖다 주어야 합니다.

지금 3, 40대는 원하든 원치 않든 100세를 사는 세상이 되었습니다. 2, 30년을 죽지도 못하고 고생 가운데 살아야 하는 우는 범하지 맙시다. 죽지 못하는 삶을 대비하는 지혜를 가집시다.

하루하루 건강하고 활기찬 삶이 되기를 기원합니다.

무릎과 치아

지금 30~50세인 세대는 100수를 누릴 수 있다는 것이 의학적 정설입니다. 나이가 들면서 반드시 나빠지는 것이 두 가지가 있습니다. 하나는 무릎 관절이고 하나는 치아입니다.

저의 친구들을 보면 정도의 차이는 있지만 무릎 관절이 나쁩니다. 그리고 벌써 몇 년 전에 의치를 한 친구들이 많습니다. 관절이 나쁜 것, 치아가 나쁜 것은 곧 삶의 질과 직결됩니다.

그리고 건강을 잃는 계기가 되기도 합니다. 걷지 않을 수도 먹지 않을 수도 없습니다. 사용하면 마모되기 마련입니다. 그렇기 때문에 무릎 관절 근육을 강화하는 운동을 정상적일 때부터 열심히 해야 합니다. 치아는 병원을 정해 놓고 조금만 이상해도 바로바로 치료를 받아야 합니다.

저도 젊었을 때는 나는 늙지 않는 줄 알았으나 세월이 지나면 늙게 마련입니다. 저도 약 2년 전부터 무릎이 좋지 않아 근 2년 동안 투약, 물리치료, 운동 등을 꾸준히 한 결과 많이 회복되었습니다. 세월이 지나면 반드시 나빠집니다. 걷지도 먹지도 못하면서 30년, 40년을 살아야 한다면 큰 재앙입니다. 건강은 건강할 때 지켜야 한다는 말을 명심합시다.

지난 5월은 비 오는 날이 많아서 레미콘이 작년보다 준 결과 주택 자재 부문에서 선전했으나 매출이 기대에 미치지 못했습니다. 참고하시기 바랍니다.

건강 수명

3, 40대의 기대 수명이 80세를 넘는다는 기사를 보았습니다. 문제는 병상에서 10년, 20년을 보내는 기간을 줄이는 노력을 해야 한다는 것입니다. 수명이 길어지면서 건강한 수명에 대한 관심이 높아지고 있습니다.

미국의 시카고대학과 캘리포니아대학의 연구팀의 연구 결과(성인 276명에 대한) 특정 약품이나, 건강 보조 식품, 위생 관리보다 중요한 것은 좋은 인간관계에서 오는 활력과 안정이 우리 건강에 더 큰 영향을 미친다는 결론을 확인했습니다.

원만한 부부 관계, 서로 이해하고 돕는 친구, 화목한 직장 동료관계 등이 건강한 삶을 보장합니다. 6명 이상의 대화 상대를 둔 사람은 감기 바이러스의 저항력이 그렇지 않은 사람에 비하여 4배 높았다고 합니다.

업무가 바쁘고 할 일이 많아도 친구를 자주 만나고, 대화하고, 전화하고, 문자도 보내고 연락이 그치지 않도록 노력하는 것이 중요하다고 합니다. 비관론자보다 낙관론자에게 면역반응을 강화하는 T세포가 더 많다고 합니다. 내일모레부터 추위가 온다고 합니다. 건강한 삶이 되도록 노력합시다.

11월까지의 매출 내역을 보냅니다. 레미콘이 부진했으나 주택자재가 선전하여 전체적으로는 작년 대비 96프로를 달성했습니다. 남은 12월을 선전하면 지난해 실적도 가능하다고 생각됩니다. 남은 한 달 최선을 다합시다.

15. 행복

행복 십계명

두 번씩이나 계속된 참담한 수해, 미사일 위기, 레바논 사태, 우리를 짜증나게 하는 김병준의 행태, 더욱 심화되고 있는 불경기 등 오늘의 우리나라 환경은 우리를 우울하게, 또 좌절하게도 하고 있습니다. 그러나 어려울수록 폭우가 내리고 천둥이 칠 때도 구름 위에는 태양이 빛나고 있음을 생각하여 희망을 갖는 지혜를 갖도록 노력합시다.

2005년 5월 영국에서 6인의 전문가로 구성된 행복위원회에서 행복을 검증하기 위한 실험을 한 결과를 영국 BBC TV에서 다큐멘터리로 방영했습니다. 그 결론은 행복은 우리가 알고 있는 것과는 상당한 차이가 있음을 알게 되었습니다. 행복은 멀고 추상적인 것이 아니라 악기 연주나 자전거 타기처럼 배울 수 있는 기술이라는 것입니다. 행복은 습관이고 연습할수록 커지는 것이라고 결론 지었습니다. 그리고 누구나 따라 할 수 있는 행복 실천 방법들을 구체적으로 소개하고 있습니다. 즉 행복 10계명입니다.

① 운동을 하라. ② 좋았던 일을 떠올려 보라. ③ 대화를 하라. ④ 식물을 가꾸라. 죽이지는 말라. ⑤ TV 시청 시간을 반으로 줄여라. ⑥ 낯선 사람에게 미소를 지어라. ⑦ 친구에게 전화하라. 만날 약속을 하라. ⑧ 하루에 한 번은 유쾌하게 웃어라. ⑨ 매일 자신에게 작은 선물을 하라. ⑩ 매일 누군가에게 친절을 베풀라.

누구나 충분히 할 수 있는 것들입니다. 실천하고 안 하고는 자유입니다. 선택권은 각자에게 있습니다. 그것은 인간이 가진 권리이기도 합니다. 그 권리를 현명하게 행사하는 지혜로운 사람이 됩시다. 오늘도 건강하고 활기찬 하루가 되기를 바랍니다.

행복의 조건

당신은 행복하십니까? 이런 질문을 받았다면 무엇이라고 답하겠습니까? 생각하기에 따라서는 답답한 일, 짜증스러운 일, 실망스러운 일, 맘대로 안 되는 일, 걱정스러운 일 등 우리는 행복과는 먼 곳에 사는 것처럼 생각할 수도 있습니다.

근대 철학의 아버지로 불리는 독일 철학자 임마누엘 칸트가 말한 행복의 원리는 많은 것을 시사해 주고 있습니다.

첫째는 일거리가 있을 것, 일할 것이 있다는 것이 행복의 첫째 조건이라고 했습니다.

둘째는 누군가를 사랑하는 것, 즉 사랑의 대상이 있는 것.

셋째는 희망이 있는 것, 즉 소망을 품는 것, 일거리가 있고 사랑하는 가족, 친구, 동료, 이웃이 있는 사람은 행복의 두 가지 조건을 가진 것입니다. 이제 하나, 희망을 갖는 것이 중요합니다. 우리는 나 자신에 대하여, 가정에 대하여, 직장에 대하여, 나라에 대하여 희망을 가집시다. 우리 모두는 충분히 행복할 수 있습니다. 그것은 우리 하기 나름입니다. 행복의 세 가지 조건, 우리의 의지로써 충분히 이룩할 수 있습니다.

세상만사는 마음먹기 나름이라는 말이 있습니다. 행복도 불행도 우리 마음속에 있습니다. 또 관리의 대상이기도 합니다. 행복이 행복을 만듭니다. 불행은 결코 행복을 만들 수는 없습니다. 장마가 시작되었습니다. 자칫 우울해질 수도 있는 계절입니다. 명랑하고 행복한 마음을 갖고 하루하루 힘차게 살아갑시다.

숍마

백화점에 숍마(숍마스터)가 있다는 것을 저는 처음 알았습니다. A급 숍마는 매출을 4, 5배 증가시킨다고 합니다. A급 숍마는 1억 정도의 연봉을 받는다고 합니다.

신세계 백화점 본점 '구호' 매장의 이은영(40) 숍마는 고객 400여 명의 옷의 취향을 기억하고 손님을 맞는다고 합니다.

롯데 백화점 본점 '베네통' 매장의 임종희(28) 숍마스터는 올 4월 매장에 들른 단골 이 모 씨에게 말을 걸었습니다.

"오늘은 남자 친구분과 함께 오지 않으셨네요?"

그러자 손님은 "속상한 일이 있다며 업무를 마치면 저녁이나 같이 먹자"고 하면서 남자 친구와 헤어졌다고 했습니다. 그날 저녁 먹고 술 마시고 클럽에서 춤도 추면서 스트레스를 풀어 주었다고 합니다. 이처럼 엄청난 친화력과 노력으로 고객의 경조사 챙기기, 인생 상담, 같이 여행 가기, 찜질방 가기 등 참으로 많은 노력을 한다고 합니다.

우리는 과연 고객을 위하여 무엇을 얼마나 했는지 자성해 봅시다. 판매가 부진한 것은 우리의 노력이 부족했음을 분명하게 보여 주는 이야기입니다. 우리가 해야 할 일은 많습니다. 그것을 우리가 하지 않고 있을 뿐입니다.

7월까지의 매출액을 보냅니다. 6월보다 3퍼센트 더 떨어졌습니다. 남은 5개월 분발하여 작년 수준은 안되어도 -10퍼센트는 넘지 않도록 최선을 다합시다.

월요편지 2013-08-27 오전 9:35:55

5만 유로와 10만 유로

하버드대학에서 연구한 보고서가 있어 소개합니다.

사람들에게 주변 사람들의 연봉은 2만 5천 유로인데 당신의 연봉은 5만 유로인 경우가 1번이고, 주변 사람들은 20만 유로인데 당신은 10만 유로인 경우가 2번이라면 그 상황에서 어느 경우를 더 좋아하는지를 물었는데 실험에 참가한 대부분의 사람들이 1번을 택했다고 합니다.

절대적인 수입과는 상관없이 비록 작은 연봉이라도 주변 사람들보다 더 많이 받는 것이 훨씬 더 만족하고 행복해 한다는 사실입니다. 나보다 돈을 더 잘 버는 사람, 나보다 더 좋은 직장, 나보다 더 좋은 환경에 있는 사람 등 나보다 더 나은 것과 비교한다면 우리는 영원히 불행할 수밖에 없습니다.

나보다 더 어려운 사람, 나보다 더 적은 수입으로 사는 사람들, 나보다 더 열악한 환경에서 사는 사람을 생각하며 산다면 항상 감사와 행복한 마음으로 살아갈 수 있습니다. 반대로 나보다 더 잘사는 사람, 나보다 더 많이 버는 사람, 나보다 더 좋은 직장을 다니는 사람, 나보다 더 출세한 사람들과 비교하며 산다면 우리는 평생 불행하게 살 수밖에 없습니다.

어떤 마음 자세가 우리를 성공으로 이끌 수 있다고 생각하십니까? 나는 불행하다고 생각하는 사람은 결코 성공할 수 없습니다. 그리고 주변을 피곤하게 할 따름입니다. 처서도 지나고 아침저녁으로 선선한 바람이 일고 있습니다. 새로운 각오로 오늘을 살아갑시다.

16. 도전

축구 선수 박지성

오늘은 기분 좋은 아침입니다. 어젯밤 우리 선수들이 토고를 꺾고 승리했습니다. 모든 선수들, 골을 넣은 이천수, 안정환 선수들이 잘했습니다만은 특히 박지성 선수가 승리의 견인차 역할을 했다고 생각합니다.

몇 년 전 일본에 다녀오는 길에 박 선수와 같은 비행기를 타고 온 적이 있습니다. 그는 한국 사람으로서도 작은 체구였습니다. 가까이서 보며 느낀 점은 어떻게 저 작은 체구에서 큰 힘이 나올 수 있을까 하는 의문이었습니다. 제 기억으로는 한양대학(?) 선수 시절 감독이 박 선수는 재능은 있는데 몸이 약해서 쓸모가 없다고 했다고 합니다. 두 개의 심장을 가진 선수, 가장 많이 뛰는 선수로 성장한 오늘이 있게 한 힘은 무엇이겠습니까? 강한 의지와 부단한 훈련, 단점을 장점으로 바꾸는 노력 등이 오늘의 박지성 선수를 만들었다고 확신합니다.

월여 전 우리를 감동케 하는 한 장의 사진을 모두 보았을 것입니다. 두 다리가 없는 뉴질랜드 산악인 마크 일글리스(47)가 세계 최고봉인 에베레스트 정상에 오르는 사진이었습니다. 그것이 가능하리라고 믿은 사람은 본인 자신을 빼고는 한 사람도 없었을 것입니다. 목표를 세우지도 도전하지도 않는 모든 사람들을 부끄럽게 했습니다. 저도 부끄러운 사람 가운데 한 사람이 아닌가 자문해 봅니다.

사람의 능력의 한계는 자신이 결정한다는 말이 있습니다. 우리 모두는 무한의 능력을 갖고 있습니다. 단지 그 능력을 개발하지 않았을 뿐입니다. 성공하는 사람들의 공통점 4가지 중의 하나로 적응 능력을 꼽고 있습니다. 항상 자신이 사는 나라(환경, 여건)에 불만인 사람들이 많습니다. 이들은 환경을 탓할 뿐 극복하려고 하지 않습니다.

이 직장에서 성공하지 못한 사람은 다른 직장에서도 성공할 수 있는 확률은 적고, 우리나라에서 성공하지 못한 사람이 미국에 간다고 성공할 수 있는 확률 또한 적습니다. 그들은 자신이 처한 상황을 제대로 파악하지도 못하고 상황에 적응하지도 못하기 때문입니다.

나 자신, 우리 공장, 우리나라의 환경이 비록 만족스럽지 못해도 강한 의지를 갖고 극복해야 합니다. 열악한 환경은 좌절의 대상이 아니라 도전의 대상입니다. 나의 단점, 우리 공장의 단점, 우리나라의 단점을 장점으로 만듭시다.

오늘도 건강하고 활기찬 하루가 되기를 바랍니다.

박태환 선수

지난 5월 1일 TV에서 수영 선수 박태환과 탤런트 조형기와의 대담 프로를 보았습니다.

제12회 호주 세계 수영선수권 대회에서 아시아인 최초로 자유형 400m 금메달을 딴 박태환 선수는 계속되는 혹독한 훈련을 이야기하면서 가끔 죽고 싶은 마음이 든다고 고백하는 것을 들었습니다. 수영 선수 중에서도 장거리 선수는 단거리 선수에 비하여 2~3배의 훈련을 해야 하므로 이 고통에서 헤어나는 길은 유일하게 죽음뿐이라는 것이었습니다. 우리는 선수의 화려한 면만을 봅니다. 그 뒤에 숨은 피나는 노력은 지나쳐 버립니다.

오늘의 나에 대해 만족합니까? 불평이라면 과연 불평할 자격이 있습니까? 죽기보다 더 어려운 피나는 노력을 우리는 했습니까? 일주일을 시작하는 이 아침 다시 한번 우리의 사는 자세를 점검해 봅시다. 박 선수는 경기 초반에는 뒤처지다가 막판에 역전하는 힘은 어디에서 나오는 것인가 묻는 질문에 자기도 모르는 잠재력인 것 같다고 말하는 것을 들었습니다. 자신의 능력을 믿는 믿음, 잠재력을 끌어내는 노력이 필요합니다.

우리는 우리 잠재 능력의 10%도 사용하지 못하고 있다고 합니다. 우리는 내가 할 수 있다고 생각하는 것보다 10배 이상의 능력을 갖고 있습니다. 10배는 아니어도 잠재력의 100%를 발휘하는 삶을 삽시다.

4월까지의 매출액입니다. 예상한 대로 작년 대비 약 -20%로 극히 저조했습니다. 6월이 되면 장마가 시작됩니다. 5월에 최선을 다하도록 합시다.

하루하루가 건강하고 활기찬 삶이 되기를 기원합니다.

김연아 선수

지난 일요일은 온 국민이 참으로 행복한 날이었습니다. 김연아 선수가 피겨 세계 선수권대회에서 놀라운 기록으로 세계를 제패한 날입니다. 특히 일본의 아사다 마오를 뛰어 넘어 승리했기 때문에 더욱 기쁜 날이었습니다.

우리나라는 올림픽 일부 종목에서 금메달을 땄으나 사람들이 말하는 선진 종목 수영, 육상, 피겨스케이팅 같은 종목에서는 메달이 없었으나 수영의 박태환 이후 김연아라는 세계적 스타를 갖게 되었습니다. 이제까지 피겨는 러시아, 미국, 일본 등 선진국의 독무대였습니다. 어떻게 이런 일이 가능했을까? 일본은 연간 250억 원을 투자해서 길러낸 선수가 아사다 마오입니다.

그러나 김연아 선수에게는 3가지가 없다고 합니다. 첫째는 제대로 된 연습장이 없고, 둘째는 이끌어 줄 선배가 없고 셋째는 지도자가 없는 불모지에서 이러한 스타가 나온 원동력은 과연 무엇인가? 김 선수는 굉장한 연습벌레입니다. 그리고 완벽주의자라고 합니다. 코치가 말릴 정도라고 합니다. 틀리플 점프가 보기는 쉬워 보이지만 굉장히 어렵고 성공율도 높지 않다고 합니다.

그는 일 년에 4천 번(?) 정도 엉덩방아를 찧는다고 합니다. 끝없는 연습과 자신의 약점을 강도 높은 연습으로 극복했다고 합니다. 그리고 실수하면 보통 선수들은 기가 죽으나 김연아 선수는 그 실수를 커버하려고 또 다른 기술을 구사한다고 합니다. 그는 실패가 두려워 도전을 포기하지 않는다고 합니다.

그리고 김 선수는 라이벌이 심리적으로 굉장히 부담이 가고 피하고 싶은 존재, 타도해야 할 상대가 아니라 배워야 할 선배 같은 존재로 생각하고 그 선수에게서 배워야 할 것이 무엇인지 고민했다고 합니다. 그 결과 마오를 넘어설 수 있었습니다.

김연아는 "친구는 가까이 하되 적을 더 가까이 하라"고 말합니다. 끈기, 노력, 실패를 두려워하지 않는 것, 자신의 약점을 알고 극복하는 것, 경쟁 상대에게 배우려는 자세 등은 우리에게도 꼭 필요한 명제라고 생각합니다.

하루하루 건강하고 활기찬 삶이 되기를 기원합니다.

39단계 실천론

인류 역사는 도전의 역사라고 합니다. 우리의 삶도 같습니다. 도전하지 않으면 아무것도 얻을 수 없습니다. 불가능을 가능케 하는 39단계 실천론이 있습니다. 불가능한 일이라고 지레짐작하고 포기하고 돌아서면 안된다. 불가능을 가능케 하는 방법 39단계 실천론은 불가능하다고 생각되는 일이 생기면 먼저 목표 지점에 이르기까지의 실천과정을 39단계로 나눈다.

까마득한 목표를 39단계로 쪼개어 하나하나 실천해 나가면 결국은 가능해진다는 것이다. 첫 번째 계단을 오르고 이어 두 번째 계단을 오르면 세 번째 계단이 보인다. 이렇게 맨 윗계단까지 오를 수 있게 된다.

가장 중요한 것은 아무리 어려운 일이라도 포기하지 말고 우선 첫 발걸음을 내디뎌야 한다. 1프로의 가능성만 있어도 일단 시도하면 의외로 활로가 생기는 게 세상사이다. 아무리 큰 목표도 작은 것들의 합으로 이루어지는 것이다. 사방이 꽉 막혔을 때는 하늘을 보라는 말이 있다. 우리를 슬프게 하는 일, 짜증나게 하는 일, 불평스러운 일이 한두 가지가 아니다. 그러나 원래 세상은 그렇게 생겨먹은 것이다.

우리가 세상을 바꿀 수는 없다. 그러나 나는 바꿀 수 있습니다. 역경을 극복하는 나로 바꿀 수는 있습니다. 우리는 살아야 하고 또 낙오자가 아니라 승리자가 되어야 합니다. 나만의 노하우를 갖고 함찬 삶을 설계하고 실천해 나갑시다.

하루하루 건강하고 활기찬 삶이 되기를 기원 드립니다.

이노비즈 인증

초겨울의 강추위가 매서운 날입니다. 그러나 훈훈한 소식이 있습니다. 우리 공장이 이노비즈(inno-biz) 인증을 받았습니다. 이노비즈란 Innovation(혁신)과 Business(기업)의 합성어로 기술 우위를 바탕으로 경쟁력을 확보한 기술혁신형 중소기업을 의미합니다.

연구 개발을 통한 기술 경쟁력 및 내실을 기준으로 선정되기 때문에 과거 실적보다는 미래 성장성을 보고 인증을 주고 있습니다. 국가에서 인증을 주었다는 것은 우리가 무엇을 했다는 것보다 무엇을 할 수 있다고 인정한 것입니다. 우리가 새로운 기술, 새로운 제품을 개발할 수 있는 터전이 마련되었습니다. 우리의 힘과 열정에 더하여 국가의 금융지원, 경영지도를 받을 수 있게 되었습니다.

인증을 받는데는 박은주 차장이 많은 노력을 했습니다. '이노비즈' 인증의 전 과정을 외부의 도움도, 아무런 준비도, 경험도 없는 상태에서 열정만 갖고 출발해 이룬 성과입니다. 서 이사도 황토벽돌 아이디어를 내는 등 이노비즈 기반을 만들었습니다. 이번 일은 전무가 주도해 한 일이고 사장인 저는 아무것도 한 것이 없습니다. 그렇기 때문에 더욱 값진 결과입니다.

새로운 기술, 제품을 개발할 수 있는 터전이 마련되었습니다. 이번 인증을 한 단계 도약하는 계기로 삼도록 합시다. 인증 업무를 돕기 위해 수고한 직원 여러분들께 감사를 드립니다.

하루하루 건강하고 활기찬 삶이 되기를 기원합니다.

아! 그때 해 볼 걸

미국 시인 존 그린리프 휘티어(John Greenleaf Whittier, 1836~1876, 매사추세츠 주 출생)는 시골에서 태어나 공식적인 교육을 거의 받지 않았으나 당대 대표적 시인이었던 그의 말로 널리 알려진 말입니다.

"인간이 사용하는 가장 슬픈 말은 무엇인가?"

라는 물음에 이렇게 답했습니다. 말이든 글이든 인간의 언어 중 가장 슬픈 말은

"아, 그때 해 볼 걸."

그는 다음과 같은 말도 했습니다.

"오르지 않는 사람은 떨어지지도 않는다. 아니 떨어질 수가 없다. 올라가지 않았기 때문이다. 그렇기 때문에 그는 아무것도 이룰 수 없다."

우리나라의 외화번역 작가(외화 500여 편 번역) 이미도 선생(53세)도 같은 뜻의 말을 하고 있습니다. 영어 단어에 Risk라는 단어가 있는데 리스크의 본질적 뜻은 도전이다. 따라서 "Take a risk"는 "위험을 감수하라"가 아니라 "도전하라, 모험하라"로 해석해야 한다고 주장하고 있습니다. 도전하지 않는 자는 아무것도 이룰 수 없다는 진리를 말하고 있습니다.

지루한 장마와 무더위로 몸이 나른하고 정신도 맑지 못한 것 같은 이때 도전하는 자세로 힘차게 살아갑시다. 다른 사람과 같은 삶의 태도를 갖는다면 절대로 성공할 수 없습니다. 그것은 명확한 진리입니다.

하루하루 건강하고 활기찬 삶이 되기를 기원합니다.

17. 판매의 지혜

녹심첩

장마 후 무더위가 10여 일간 계속되고 있습니다. 그냥 앉아 있어도 더운데 현장에서 일하고 또 거래처를 찾아 판매를 하는 것이 얼마나 어려운 일이겠습니까. 오래전 일이긴 합니다만 우리 공장에는 선풍기도 없었던 때가 있었습니다. 사무실에도 부채만 있었습니다.

그 당시는 전화 등 통신인프라가 지금처럼 되어 있지 않아 물건을 직접 사러 오는 경우도 많아 손님에게도 결례가 된다는 의견도 있었으나 지금처럼 공장 건물도 없이 뙤약볕 아래서 일하고 있는 직원들을 생각할 때 사무실에 앉아 있는 것만도 사치인데 어떻게 선풍기를 사용할 수 있겠느냐고 부채를 고집한 일도 있습니다.

사무실에 에어컨을 설치한 것도 우리 업계에서 작은 공장도 모두 설치한 한참 후에 설치한 일도 있습니다. 과연 잘한 일인지는 모르겠으나 고생하는 식구들을 생각했던 것은 사실입니다. 폭염이라고 일을 하지 않을 수는 없습니다. 서로 격려하며 이 더위를 극복합시다. 지난달은 계속된 장마로 특히 판매가 부진했습니다. 그러나 과연 최선을 다했는가 자성해 봅니다.

조선 시대의 거상들은 녹심첩(錄心帖)이라는 장부를 가장 소중히 여겼다고 합니다. 녹심첩은 단골손님 명단입니다. 단골손님뿐 아니라 그 손님을 중심으로 3~5대의 가계가 마치 족보처럼, 심지어 외가와 처가 가계까지 정확하게 기록되어 있었다고 합니다. 또한 여기에는 각 인물마다의 상세한 개인사까지 기록되어 있었습니다. 이 녹심첩은 당대에 끝나는 것이 아니라 자손 대대로 물려 가문 번창의 밑천으로 삼았다고 합니다. 소설 〈상도〉의 임상옥도 녹심첩으로 성공했다고 기술하고 있습니다.

과연 우리는 이와 같은 노력을 했는지 반성해 봅시다. 이렇게 했는데도 판매가 부진했는지 자문해 봅시다. 항상 매월 1일이면 지난달 매출 집계 자료를 작성하여 주던 박 과장이 이달에는 며칠이 지나 주었습니다. 늦은 이유가 매출이 너무 부진해서 미안해 늦었다고 했습니다. 이것이 박 과장 탓이냐고 했습니다. 그 책임은 사장인 제 책임입니다.

지난달은 일기 탓도 있었습니다만은 극히 부진한 것은 사실입니다. 금년도 5개월 남았습니다. 지난 7개월의 부진을 만회하도록 최선을 다합시다. 1~7월분 매출액 내역을 참고하시기 바랍니다. 무더위가 계속되고 있지만 건강하고 활기찬 하루하루가 되기를 기원합니다.

보험왕 이야기

삼성생명에서 6년 연속 보험왕이 되고 또 100% 고객을 유지하는 비결을 갖고 있는 보험왕 예영숙 설계사의 말입니다.

"흔히 한 번 고객은 영원한 고객"이라고 말하는데 나는 그렇게 생각하지 않는다. 나는 고객은 언제나 떠날 준비를 하고 있는 사람이라고 생각한다. 나는 단골고객이라도 항상 떠나려는 애인에게 쏟는 듯한 정성과 신뢰감을 주기 위해 계속 노력한다.

일본의 경영의 신이라는 마쓰시타의 고노스케 회장의 말과 일맥상통합니다.

"거래처 한 군데를 지키는 것이 결과적으로 거래처 백 개를 늘리는 것이다. 반대로 거래처 한 곳을 잃는 것은 거래처 백 개를 잃는 것과 같다."

영업 사원에게만 해당되는 말이 아닙니다. 한 해를 보내면서 나에게서 좋은 친구가 떠나가지는 않았는지? 이 한 해 좋은 친구를 얻었는지? 한 명의 좋은 친구가 떠났다면 백 명의 친구가 떠난 것이고, 한 명의 좋은 친구를 얻었다면 백 명의 친구를 얻었다고 생각하고 내 주변에 있는 사람에게 정성을 쏟읍시다.

가장 소중한 사람은 지금 내 앞에 있는 사람이라는 말이 있습니다. 지금의 내 식구, 지금의 직장 동료, 지금의 사회 친구가 가장 소중한 존재입니다. 그들에게 최선을 다합시다. 성공의 비결이기도 합니다.

건강하고 활기찬 하루하루가 되기를 기원합니다.

얼굴과 낙하산은 펴져야 산다

문충태 저 〈고객 졸도 서비스〉란 책에 나오는 말입니다.

"얼굴과 낙하산은 펴져야 산다."

웃음은 먼저 웃는 사람이 임자다. 내가 먼저 웃으면 고객도 따라 웃게 된다. 이럴 때 주도권은 내게로 오게 됩니다. 그러나 고객이 먼저 웃고 내가 따라 웃게 된다면 주도권은 고객에게로 넘어간다. 고객을 대할 때는 내가 먼저 웃어라. 웃음은 바이러스처럼 강한 전파력이 있어서 고객의 마음까지도 즐거운 기분으로 만들어 주기 때문이다.

낙하산과 얼굴의 공통점은 펴져야 산다는 것입니다. 낙하산이 펴지지 않으면 사람이 죽게 되고 얼굴이 펴지지 않으면 서비스가 죽게 됩니다. 얼굴은 내 것이지만 표정은 상대를 위한 것입니다.

"웃지 않으려면 가게 문을 열지 말라."는 유태인 속담도 있습니다.

우리의 삶은 사람을 만나는 것의 연속입니다. 고객은 물론 우리가 만나는 많은 사람들, 같이 일하는 직장 동료, 함께 사는 가족, 세상을 같이 살아가는 친구들, 그들을 어떤 얼굴로 만나고 있습니까? 혹시라도 찡그린 얼굴로 만난다면 그들과의 관계에서 긍정적인 결과를 기대할 수 있겠습니까? 과연 나는 어떤 얼굴로 사람들을 만나고 있는지 돌이켜 봅시다.

오늘도 건강하고 활기찬 삶이 되기를 기원합니다.

고깃집 사장

강남에 박대감네라는 유명한 고깃집이 있습니다. 최근 인기리에 방영된 드라마 '아이리스'의 종영파티도 이곳에서 열렸다고 합니다.

이 업소의 나영노 대표는 휴대폰에 4,000여 명의 단골손님의 전화번호를 저장하고 있다고 합니다. 명함을 받는 즉시 고객의 얼굴과 이름을 외우기 시작한다고 합니다. 그는 고객을 알아보지 못하는 가게는 많은 단골을 확보하지 못한다고 믿고 있습니다. 장사가 잘되는 집은 반드시 그 이유가 있습니다. 그는 새벽 4시에도 손님 전화가 오면 문을 열고 영업을 한다고 합니다.

나는 몇 년 전 고 권영우 회장과 대관령의 한 횟집에 간 적이 있습니다. 그 후 몇 달 후에 그 집에 다시 갔습니다. 그런데 횟집 여주인이 잘아는 사람처럼 반갑게 맞아 주었습니다. 그래서 장사꾼의 손님 접대 방식이겠지 하고 생각했으나 정말로 나를 기억하는지 알고 싶은 생각에 나를 어떻게 아느냐고 물으니 권 회장하고 같이 왔지 않느냐고 말하는 것을 듣고 감탄한 적이 있습니다.

그 후로는 강원도 지방을 여행할 기회가 되면 가능한 한 점심 또는 저녁은 그 집에서 식사하고 있습니다. 일 년에 한 번 정도 가도 반갑게 맞아 주고 있고 기분 좋은 식사를 하고 있습니다.

우리는 과연 나의 고객에 대한 정보를 몇 개나 갖고 있는지, 나의 업무와 관련된 사람들의 정보를 얼마나 갖고 있는지, 정보가 능력이고 자산입니다. 우리가 할 일은 무궁무진합니다. 다만 그것을 게을리 하고 있을 따름입니다.

하루하루 건강하고 활기찬 삶이 되기를 기원합니다.

스마일 그림

이틀이 지나면 새해입니다. 금년은 경제 전망이 어려운 가운데 걱정하면서 출발했으나 여러분들이 열심히 노력한 결과 매출 100억을 몇 년 만에 이룩했고 20프로의 신장을 이뤄냈습니다. 여러분들의 노력에 감사를 드립니다.

30여 년 전 일이 생각납니다. 지금도 있습니다만 노량진 수산센터에 가끔 건어물을 사러 다닌 적이 있습니다. 요즘은 어떻게 변했는지 모르지만 그 당시는 한두 평쯤 되는 똑같이 생긴 건어물 가게가 줄지어 서 있었습니다. 자주 가는 곳이 아니므로 상호가 붙어 있었지만 전에 왔던 가게를 기억하기가 쉽지 않았습니다. 그런데 유독 장사가 잘되는 가게가 있었습니다. 그 가게 간판 한편에 동그란 스마일 그림이 그려져 있었습니다. 저도 그 가게의 상호는 기억 못 해도 스마일 그림을 보고 찾아가곤 했습니다. 조그마한 스마일 그림 하나가 그 가게가 번창하는 이유였습니다.

며칠 전에 강아지 캐릭터로 문구 대박을 터뜨린 기사가 났습니다. 아동인구가 줄고 중국산 제품이 넘치면서 매출이 격감해 폐업을 생각하다 제품을 납품받던 이마트의 충고로 제품에 강아지 캐릭터를 붙이면서 스티커를 붙인 관련 제품 출시 1년 만에 이마트에서 최고 인기 제품이던 헬로키티(일본계)를 누르고 금년에 140억 원의 매출을 이룩했다고 합니다. 스마일 그림 하나, 강아지 캐릭터 하나가 성공의 비결이 되었습니다.

우리도 새해를 맞이하면서 내년에는 어떤 아이디어로 살아남을 수 있을까 골똘히 생각합시다. 작은 변신, 작은 아이디어 하나가 우리의 앞날을 결정합니다. 건강하고 행복한 새해를 맞이하시기 바랍니다. 일 년간 수고에 다시 한번 감사를 드립니다.

바닥에서 위로

제약계 최대 유통업체인 지오영 이희구 회장에 관한 이야기입니다. 그는 그리 유명하지 않은 대학을 나와 시골에서 아이들에게 국어를 가르쳤으나 생활이 되지 않아 서울로 올라와 제약사 영업 사원으로 취직했으나 연수 과정과 첫달 영업 실적은 꼴찌였다고 합니다.

그는 결심을 새롭게 하고 걸레를 들고 하루 50군데 넘는 약국을 돌면서 청소를 해 줬다고 합니다. 그러면서도 약을 사 달라는 말은 한마디도 하지 않았으나 한 달 두 달 지나면서 약사들이 먼저 약을 사겠다고 했다 합니다. 그 결과 꼴찌에서 반 년 만에 회사에서 영업 사원 중 1위가 되었다고 합니다.

먼저 바닥을 쳐야 위로 솟구쳐 오를 수 있는 힘을 기를 수 있다고 말합니다. 그는 6개월 동안 미친 듯이 열심히 일하면 인생은 바뀐다고 말합니다. 그러면서 인생에 있어 스펙(학력, 경력 등 조건)은 중요한 것이 아니며 도전 의식과 끈질긴 노력이 처한 환경보다 중요하다고 주장합니다.

우리 공장도 우리 자신도 결코 최고의 스펙은 아닙니다. 그러나 최고가 될 수 있습니다. 신념을 가지고 도전하고 노력합시다.

하루하루 건강하고 활기찬 삶이 되기를 기원합니다.

미슈랭가이드

여행과 맛집 소개 등을 하는 〈미슈랭가이드〉에 관한 이야기입니다. 이 잡지는 '미식가들의 성서'라고 말할 정도로 맛집 정보지로 절대적인 호평을 받고 있습니다. 그런데 5월 17일 한국판이 불란서에서 출판된다고 합니다.

〈미슈랭가이드〉는 레드가이드(맛집), 그린가이드(여행지)로 두 가지가 있는데 우리나라는 전 세계에서 52번째로 〈그린가이드〉가 출판되었습니다. 그러나 그 안에는 여행지는 물론 107개의 음식점이 소개되어 있습니다(레드가이드와 달리 그린가이드에는 별점은 부여하지 않는다고 함).

우리나라에서 별 3개를 받은 최고의 여행지로는 경복궁, 창덕궁, 하회마을 등 23곳이 등재되어 있고 음식점으로는 삼청각, 삼원가든, 벽제갈비, 청진옥(해장국) 등 107곳이 올라 있습니다. 오늘 이야기의 목적은 다른 데 있습니다.

1900년 창간된 잡지의 탄생 비화입니다. 여러분도 잘 아는 미슈랭타이어 회사에서 타이어를 많이 팔기 위하여 무료로 제공하던 음식점 가이드 책이었습니다. 그 당시 타이어는 품질이 좋지 않아 조금만 많이 주행해도 타이어를 교체해야 했다고 합니다. 그래서 타이어를 많이 팔기 위해 음식점을 찾아 이리저리 많이 돌아다니라고 음식점을 소개하는 책(지도책)을 만들었다고 합니다.

우리 공장도 제품을 만들고 있습니다. 그리고 팔아야 합니다. 타이어를 팔기 위해 음식점을 소개하는 책을 만든 것처럼 기발한 생각은 없습니까? 지혜를 짜 봅시다. 길은 도처에 있습니다. 단지 찾지 못하고 있을 뿐입니다.

하루하루 건강하고 활기찬 삶이 되기를 기원합니다.

단 한 번의 실수

소비자는 100번 잘해 준 것은 잊고 한 번 실수한 것만 기억한다고 합니다. 나는 이웃에 있는 일식집을 자주 가지는 않았지만 아마 10년 넘게 다녔습니다. 그런데 금년 봄 식사한 적이 있었습니다. 식사 후 나는 별 탈이 없었으나 같이 식사한 사람 중 두 명이 식중독 현상이 있었습니다.

그 후 나와 같이 식사하지는 않았지만 비슷한 시기에 역시 식중독을 경험했다는 말을 들었습니다. 그 후 4, 5개월이 지났지만 한 번도 그 집에 간 적도 가고 싶은 생각도 없습니다. 십 년 이상 가던 집이며 아마 100번은 아니어도 가끔 다니던 음식점입니다.

우리의 고객도 마찬가지입니다. 100번 잘하다 한 번 섭섭하게 해도 거래가 끊길 수 있습니다. 10년 공든 탑이 한 번의 실수로 무너질 수 있다는 냉정한 세상입니다. 한 번의 실수를 용납하지 않는다고 야박하게 생각할 것이 아니라 현실을 직시하고 매사에 조심하고 최선을 다합시다.

직원 한 사람의 실수가 우리 공장 전체에 타격을 줄 수 있다는 것을 명심하고 행동합시다. 한 사람 한 사람이 우리 공장을 대표하고 있습니다. 고객은 모든 직원과 대하고 있지 않습니다. 내가 곧 평안산업이라고 생각하고 고객에게 최선을 다합시다.

하루하루 건강하고 활기찬 삶이 되기를 기원합니다.

판매 사원

개구리가 나온다는 경칩도 지났으나 아직 봄은 오지 않고 있는 것 같습니다. 지금쯤은 출고가 어느 정도 이루어져야 하는데 그렇지 않은 것 같습니다. 미국에서 있었던 일인데 자주 인용되는 일화가 있어 소개합니다.

미국의 큰 신발회사가 판매원 두 사람을 아프리카 대륙으로 판촉 활동을 보냈습니다. 그중 한 사원은 "다음 비행기 편으로 귀국하겠다고 하면서 이곳은 모두 맨발로 다니고 있어 신발을 전혀 팔 수 없다"고 전보를 보내왔습니다.

다른 판매 사원은 "이곳은 신발을 신고 다니는 사람이 없으니 시장 가능성은 무궁무진함"이라는 보고서를 보내왔습니다.

모든 것은 어떤 마음을 갖고 보느냐에 달려 있습니다. 금년이 어렵다는 것은 분명합니다. 그러나 어떤 자세로 대처하느냐에 따라 결과는 달라집니다. 거대한 불황의 벽을 보고 좌절하느냐, 의지를 갖고 돌파하느냐에 따라 승자가 될 수도 있고 패자가 될 수도 있습니다. 아무리 변명하여도 패자는 패자입니다. 우리는 꼭 승자가 됩시다.

하루하루 건강하고 활기찬 삶이 되기를 기원합니다.

가장 위대한 세일즈맨

세계 최고의 세일즈맨으로 추앙받는 조 지라드(Joe Girad 1928년 출생, 미국)는 1963부터 1978년까지 16년 동안 1만 3,001대의 자동차를 팔아 일일 평균 6대를 파는 기록을 세워 12년간 기네스북에 오르기도 했습니다.

세계에서 가장 위대한 세일즈맨이 된 비결을 묻는 질문에 "고객들은 자기가 좋아하는 세일즈맨에게 차를 산다"고 답하자 고객들이 좋아하도록 하는 비결이 무엇인지 다시 묻자 "나는 당신을 좋아한다"는 메시지를 전하라고 말했습니다.

나를 좋아하지 않는 사람에게는 아무것도 기대할 수 없습니다. 물건을 팔 수도, 도움을 받을 수도 없습니다. 영업 사원 뿐 아니라 우리 모두 평생 자기를 팔며 살고 있습니다. 내가 먼저 상대를 좋아해야 상대방도 나를 좋아할 것입니다. 상대를 존중하고 배려하고 상대가 싫어하는 일을 하지 않으면 상대도 나를 좋아하게 될 것입니다. 반대로 상대를 비하하고, 함부로 대하고, 자기자랑만 일삼는다면 과연 상대방이 나를 좋아할 리가 없습니다.

좋은 이웃이 되는 길이 곧 내가 사랑받는 사람, 성공하는 사람이 되는 길입니다. 비난받는 사람, 기피하는 사람, 사귀고 싶지 않은 사람, 믿을 수 없는 사람이 돼서는 결코 안됩니다.

하루하루 건강하고 활기찬 삶이 되기를 기원합니다.

18. 종북, 진보

친북주의자

요즘 저는 섬뜩한 일들을 보면서 많은 걱정을 하고 있습니다. 통합진보당의 이석기, 김재연 등의 행태를 보면서 우리나라의 정상적인 국민이라면 이해가 가지 않을 것입니다. 국기와 국가를 부정하면서 공산주의자임을 떳떳이 밝히고 있습니다.

그들은 정체를 감추고 있던 지하에서 당당히 나왔습니다. 그들은 혁명의 때가 무르익었다고 믿고 있는 것이라 단정합니다. 공산주의 혁명 당시 소련에는 공산당 추종자가 국민의 5프로에 불과했으나 95프로를 제압하고 혁명을 완수했습니다.

이석기 등 통진당 골수분자들은 10프로 정도의 친북주의자들이 있다고 확신하고 10프로면 90프로와 싸워서 충분히 이길 수 있다고 자신하고 있습니다. 그렇지 않고는 저간의 그들의 행태를 이해할 길이 없습니다. 비난하든 반대하든 욕하든 전혀 개의치 않고 있습니다. 문제는 그들이 바라는 공산주의 세상이 된다면 우리 남한 국민 5천만 명 중 적어도 2천만 명은 죽게 될 것입니다. 그것은 역사가 분명히 증언하고 있습니다.

1930년대 사유농지를 빼앗기고 집단농장 정책에 저항하는 농민 500만 내지 1,000만 명을 굶겨 죽였고 이 숫자는 소련 인구의 10~20프로에 해당됩니다. 불과 2, 30년 전에 캄보디아의 폴 포트 공산주의 정권은 공무원, 교사, 지식인, 상공인 등의 말살 정책으로 캄보디아 국민의 3분의 1인 수천만 국민을 참살했습니다.

만에 하나라도 공산주의 통일이 된다면 현재 종북에 앞장섰던 이석기 같은 사람을 포함 최소 남한 국민 2천만 명은 참살당할 것이 틀림이 없습니다. 그 이유는 그들은 저항 세력이고 식량만 축내는 무리들이라고 단정하기 때문입니다.

현재 북한에서 많은 아사자가 발생하고 있지만 북한 정권은 그들을 구제할 생각이 전혀 없습니다. 저항하는 숫자가 많은 것은 그들에게 짐이 될 뿐이기 때문입니다.

저의 이 같은 생각이 잘못이라고 생각하는 사람도 있을 수 있습니다. 그러나 편견을 버리고 냉철하게 한 번 생각해 보는 기회가 되기를 바라는 심정에서 이 글을 씁니다. 참고하시기 바랍니다.

날씨가 덥습니다. 건강하고 활기찬 삶이 되기를 기원합니다.

월요편지 2013-06-24 오후 3:06:15

6.25와 피난

63년 전 열세 살이었던 나는 부모님의 웅성거림에 잠을 깨었습니다. 아버님을 비롯한 온 식구들이 남쪽에서 쳐들어오고 있다고 기뻐하고 있었습니다. 그날이 주일날이라 9시 교회 유년주일 학교에 가니 목사님과 선생님들이 이제 자유의 세상이 되었다고 만세를 부르며 기뻐하고 있었습니다.

그들은 아침 6시 보도(뉴스)에 남조선에서 전쟁을 일으켜 북진 중이라고 첫뉴스를 내보냈기 때문입니다. 그들은 9시 뉴스 때는 경찰병력이 북침을 저지하고 있다고 전하고, 정오 뉴스 때에는 용감한 인민군이 적들의 진격을 격퇴하고 남진을 시작했다고 전하기 시작했습니다. 처음부터 거짓말로 시작된 남침이었습니다.

우리 공장이 있는 포천은 아침 먹기 전에 인민군이 들어왔다고 합니다. 3년에 걸친 전쟁으로 인적, 물적 피해는 상상을 초월합니다. 모든 시설은 파괴되고 전 국토가 폐허로 변해 버렸습니다.

인적 피해도 통계마다 차이가 있지만 대략 한국군과 유엔군(대다수가 미군임) 합쳐서 18만 명이 사망하고, 북한군 52만 명, 중공군 90만 명, 남한 국민(민간인) 99만 명 등 약 260만 명이 죽었습니다. 그중에서도 가장 악랄한 것은 인민재판에 의해서 죽임을 당한 양민이 많습니다. 인민재판이란 군중을 모아 놓고 그 한가운데 처단할 사람을 세우고 군중을 향하여 처형할까요 묻고, 군중들이 옳소라고 외치면 그 즉시 처형하는 것입니다. 공산치하에서 처형할까요 물을 때 아니요 하고 나설 사람은 절대로 없습니다.

전쟁 동안 북한은 남한의 지도자급 인사 8만 5천 명을 납치해 갔습니다. 그들 대다수도 북한에서 처형되었습니다. 그뿐이 아닙니다. 1,000만 명의 이산가족과, 몇 백만의 전쟁고아, 몇 백만 명의 전쟁과부가 생겨나 그들이 겪고 있는 고통은 지금도 계속되고 있습니다.

그중에서도 다행한 일도 있었습니다. 공산압제에 시달리던 북한 주민 중 300만 명이 자유를 찾아 남쪽으로 피난을 왔습니다. 저도 피난민 중 한 사람입니다. 피난 중 사망한 사람, 늦게 출발해 탈출하지 못한 사람들을 합치면 6.25 당시 북한 주민 1천2백만 명 중 거의 절반인 600만 명에 이를 것입니다.

조상 대대로 살아온 고향과 모든 재산을 버리고 피난을 왔습니다. 우리 민족에게 씻을 수 없는 죄를 저지른 공산주의자들은 지금도 입만 열면 평화를 외치고, 몇 백만 명의 동족을 죽인 그들은 지금도 민족 운운하는 철면피한 행동을 계속하고 있는 그들입니다.

북한 공산주의자들의 실상을 분명히 알아야 합니다. 아직도 종북을 하고 친북을 신봉하는 우리 민족 속에 상존하고 있는 독소를 깨끗이 씻어내야 합니다.

무더운 날씨에 건강하고 활기찬 삶이 되기를 기원합니다.

19. 송구영신

감사

다사다난했던 한 해가 저물고 있습니다. 기쁜 일보다는 슬픈 일들이 더 많았던 한 해였던 것 같습니다. 그러나 한 해를 보내고 새로운 또 한 해를 맞이할 수 있는 것은 축복이라고 생각합니다.

비록 어려웠지만 차근히 생각해 보면 감사할 일들도 많이 있을 것입니다. 전쟁 없이 한 해를 보낸 일, 가족들이 건강한 가운데 새해를 맞이할 수 있는 일, 수많은 사고와 온갖 병마에서도 건강을 지킨 일, 사업이 어려웠지만 공장이 문을 닫지는 않은 일 등 생각해 보면 감사할 일들이 많이 있을 것입니다.

백지를 꺼내 놓고 불평하고 원망할 것들이 아니라 감사할 것들을 적어 봅시다. 적어 보면 자신도 놀랄 정도의 많은 감사할 것들이 있음을 확인하게 될 것입니다. 감사하는 마음, 긍정적인 마음, 희망찬 마음을 가득 품고 새해를 맞이합시다.

새해에는 모두 건강하시고 가정마다 만복이 가득하고 소망하는 모든 것들이 다 이뤄지는 한 해가 되기를 두 손 모아 기원 드립니다.

한 해를 보내며

즐거운 일보다 괴로운 일이 많았던 한 해, 희망보다 좌절이 많았던 한 해, 전진보다 퇴보가 많았던 한 해, 사랑보다 미움이 많았던 한 해, 화합보다 편가르기가 많았던 한 해, 평화보다 전쟁과 테러가 많았던 한 해, 뿌듯한 마음보다 허전한 마음이 많았던 한 해, 성취보다 후회가 많았던 한 해가 막을 내리고 있습니다.

그러나 감사할 것을 찾아보면 감사할 것도 많을 것입니다. 건강하게 새해를 맞이할 수 있는 것, 비록 어렵지만 공장 문을 닫지 않은 일, 우리나라가 새롭게 출발할 수 있는 기회를 준 일 등 각자 감사할 일을 찾아봅시다. 우리에게 일할 수 있는 새해를 준 것을 감사하게 생각하며 새로운 출발을 다짐합시다.

새해에는 모두 건강하시고 소원하는 일들이 모두 이루어지는 축복의 한 해가 되기를 두 손 모아 기원합니다.

새해를 맞으며

새해 인사가 늦었지만 새해 인사를 드립니다. 새해 복많이 받으시고 건강하시기 바랍니다. 새해가 없다면 우리는 실패한 자일수도 있습니다. 그러나 새해가 있기에 우리는 절망하지도 슬퍼하지도 않습니다. 열심히 일할 수 있는 새해를 맞이한 것을 큰 축복으로 생각합니다. 지난해의 어려움은 귀한 교훈으로 여길 뿐 짐으로 생각하지는 맙시다. 각자 무엇을 어떻게 하여야 할 것인가를 생각하고 실천에 옮깁시다.

우리 속담에도 "구슬이 서 말이라도 꿰어야 보배"라는 말도 있지 않습니까? 우리 공장은 사람도, 시설도, 기술도, 서로의 믿음도 있습니다. 물론 부족한 것도 있지만 장점도 많이 있습니다. 부족한 것은 보완하고 좋은 것은 더욱 크게 만드는 한 해가 되도록 최선을 다합시다. 금년 세모에는 참으로 보람찬 한 해였다고 자부할 수 있는 한 해가 되도록 열심히 노력합시다.

하늘도 스스로 돕는 자를 돕는다고 하지 않습니까. 건강한 한 해, 소원하는 일들이 모두 이루어지는 축복의 한 해가 되기를 기원 드립니다. 지난 한 해 매출액 비교표를 보냅니다. 초라한 실적입니다. 참고하시기 바랍니다.

월요편지 2011-01-05 오후 3:55:43

순천자 역천자

신묘년의 새해가 밝았습니다. 모두가 건강하고 성공하는 행복한 한 해가 되기를 기원합니다. 새해를 맞아 어떤 마음으로 한 해를 살아갈까 생각해 보았습니다.

명심보감 천명편에 나오는 글이 있어 소개합니다. 우리가 잘 아는 말입니다.

공자께서 "順天者(순천자)는 存(존)하고

逆天者(역천자)는 亡(망)이니라"고 했습니다.

여기서 순천자란 선과 정의를 행하는 자를 말하고 있고, 역천자란 악과 불의를 행하는 자를 뜻하고 있습니다.

금년 한 해는 '선과 정의가 강같이 흐르는 한 해'가 되기를 바랍니다. 그리고 악과 불의가 발붙이지 못하는 사회가 되었으면 합니다. 나 자신은 물론 평안의 모든 식구들이 이 말을 마음에 새기고 한 해를 살았으면 합니다.

지난해는 여러분들이 알고 계시듯이 어려운 여건 속에서도 2009년 대비 약 20프로 신장했습니다. 여러분들이 열심히 노력한 결과에 감사를 드립니다. 그리고 또 자랑스럽게 생각합니다. 금년은 자신감을 가지고 또다시 성장하도록 도전합시다. 2010년 매출 내역을 보냅니다. 참고하시기 바랍니다.

월요편지 2012-12-28 오전 10:04:16

목표를 세우자

이제 4일이 지나면 한 해가 가고 새로운 한 해를 맞이하게 됩니다. 건강하고 활기찬 모습으로 새해를 맞이하시기 바랍니다. 몇 년 전에 월요편지에서 인용했던 칼럼이 생각납니다.

변화하지 않고 새해를 맞이하면 지난해의 연장이지 새해는 아니라고 했습니다. 새해에는 무엇을 변화하고 새해를 맞이할지 생각해 봅시다.

금년에 잘못한 것은 무엇이며, 이루지 못한 것은 무엇인지, 무엇이 잘된 습관이고, 무엇이 잘못된 습관인지, 내년에는 무엇을 할 것인지, 또 어떻게 할 것인지, 백두산에서 시작한 물줄기가 하나는 두만강을 거쳐 동해로, 한 줄기는 압록강을 흘러 서해로 들어갑니다.

나는 어디로 가야 할지 목표를 세우고 새해를 출발합시다. 가다 보면, 살다 보면 어떻게 되겠지가 아니라 목표와 수단을 정하고 출발합시다. 새해에는 우리 모두 건강하고, 발전하고, 행복한 한 해가 되시기를 기원 드립니다.

월요편지 2013-01-03 오후 1:24:37

만 가지 실패

계사년 새해가 밝았습니다. 새해 복많이 받으시고 건강하시기를 기원 드립니다. 지난 한 해는 어려운 환경 속에서도 열심히 노력한 결과 연초 기대에는 못 미쳤으나 전년 수준을 유지할 수 있었습니다. 12월 한파만 없었어도 10프로 정도는 신장할 수 있었는데 우리로서는 어쩔 수 없는 결과라고 생각하고 위로를 받습니다.

금년은 작년보다 더 어려울 것이라고 모두가 전망하고 있습니다. 저도 어려운 한 해가 되리라 생각합니다. 그러나 위기 속에 기회가 있다고 합니다. 어렵기 때문에 도전할 가치가 있다고 생각합니다. 전구에서 축음기까지 1,093건의 발명 특허품을 만들어낸 에디슨은 실패에 비해 발명이 그다지 많지 않다고 비웃는 사람들에게 "나는 실패하지 않았다. 단지 효과가 없는 1만 가지 방법을 발견했을 뿐이다."

30년간 714개의 홈런을 친 베이브 루스를 홈런왕으로만 기억하고 있으나 그는 1,330번의 삼진 아웃 기록을 가진 삼진 아웃왕이란 사실은 잊고 있습니다. 농구황제 마이클 조던도 "나는 9,000번의 실투를 했다. 패한 경기도 300회나 된다. 나는 그 덕분에 성공할 수 있었다"고 말하고 있습니다. 어렵다고, 실패했다고 주저앉지 맙시다. 어떠한 도전도 이길 수 있다는 용기를 가지고 새해를 힘차게 출발합시다.

저도 왠지는 모르지만 금년은 잘될 것 같은 예감을 갖고 있습니다. 성공하는 한 해가 되도록 최선을 다합시다. 그리고 축배의 연말을 준비합시다. 강추위가 계속되고 있습니다. 건강한 하루하루가 되시기를 기원합니다.

발레리나 강수진

갑오년의 새아침이 밝았습니다. 새해에는 건강하고 소원하는 일들이 모두 이뤄지고 가정마다 행복이 가득한 축복의 한 해가 되시기를 기원합니다. 금년은 특히 청마(青馬)의 해입니다. 갑오의 갑자는 색깔로는 푸른색이라고 합니다. 말의 상징은 박력과 생동감이라고 합니다. 말을 탄다는 의미는 권력과 권위를 상징합니다. 금년 한 해 우리 모두 크게 성장하는 해가 되도록 노력합시다.

우리 역사에도 갑오년에 의미 있는 일들이 있었습니다. 120년 전 1894년 갑오년에 갑오농민 전쟁이 있었고, 김홍집 내각이 갑오개혁을 단행한 해이기도 합니다. 노비매매를 금지하고, 반상제를 폐지하여 양반과 평민의 구분을 없앤 조선 최대의 개혁이 이루어진 해이기도 합니다.

1967년 태어나 금년 48세인 발레리나 강수진 이야기를 하고자 합니다. 동양인 최초, 최고의 발레리나 강수진은 현역 발레리나 중 최고령인데도 현재 슈투트가르트 발레단 수석 발레리나로 활약하고 있으며, 그는 열정, 노력, 끈기의 화신으로 존경받고 있습니다. 그의 말입니다.

"나의 유일한 경쟁자는 어제의 나다. 눈을 뜨면 어제 살았던 삶보다 더 가슴 벅차고 더 열정적인 하루를 살려고 노력한다. 연습실에 들어서면 어제 한 연습보다 더 강도 높은 연습을 한 번 단 1분이라도 더 하기로 마음먹는다. 어제를 넘어선 오늘을 사는 것 이것이 내 삶의 모토다"고 말하고 있습니다.

금년을 어떻게 살아갈까? 작년보다 더 열심히 노력하며 살아갑시다. 그리하여 작년보다 더 좋은 성적표를 갖고 연말을 맞이합시다. 하루하루 건강하고 활기찬 삶이 되기를 기원합니다

20. 성공하는 공장, 실패하는 공장

피자 집 이야기

캐나다의 한 피자점은 고객 거래 기록을 지속적으로 분석하여 고객별 구매 패턴을 파악한다고 합니다. 그리고 고객이 주문하기를 기다리는 것이 아니라 주문하지 않는 고객을 찾아냅니다.

평균 3주에 한 번씩 주문을 하던 고객이 5주간 주문을 안 하게 되면 이 고객에 대한 정보가 콜센터에 제공되어 고객에게 전화를 걸어 고객이 불편했던 일이 있는지를 확인하고 할인 가격에 피자를 주문할 것을 제의하기도 한다고 합니다.

이탈 가능성이 있는 고객을 적극적으로 찾아가 애호도를 유지하는 노력을 합니다. 기존 고객 한 명을 유지하는데 필요한 비용은 신규 고객 한 명을 확보하는데 드는 비용의 4분의 1밖에 들지 않는다고 합니다. 기존 고객의 유지 관리는 꼭 필요한 경영의 요체입니다. 이탈한 고객, 이탈 가능성이 있는 고객, 무엇인가 불평을 품고 있는 고객을 찾아내어 확실한 우리의 고객으로 만들어야 합니다.

우리는 가끔 음식점에 가게 됩니다. 음식 맛, 분위기, 서비스 태도 등 다시 가고 싶은 곳이 있는가 하면 다시는 가고 싶지 않은 곳이 있습니다. 다시 가고 싶은 곳은 시간이 지나면 번성할 것입니다만 다시 가고 싶지 않은 음식점은 시간이 지나면 반드시 문을 닫게 될 것입니다. 한 번 가서 밥 한 그릇 먹고도 분명히 알 수 있습니다.

우리 공장, 우리 제품은 다시 오고 싶은 곳, 다시 쓰고 싶은 제품인가 객관적으로 냉철하게 평가해 봅시다. 내가 고객이라면 평안산업과 거래하고 싶겠는가 자문해 봅시다. 다시 가고 싶은 공장, 다시 쓰고 싶은 제품을 만들도록 합시다. 그렇지 않으면 시간이 지나면 우리 공장은 더욱 위축되고 종국에는 문을 닫을 수밖에 없게 될 것입니다. 이 일을 위하여 각자 할 일이 있습니다. 각자의 책임을 다하도록 합시다.

오늘도 건강하고 활기찬 하루가 되기를 기원 드립니다.

소비자

1970년 노벨 경제학상 수상자 폴 A. 사무엘슨은 "소비자는 투표권자다"라고 했습니다. 유권자가 좋아하는 후보에게 한 표를 주듯이 소비자는 자기가 좋아하는 상품에 돈을 던진다고 했습니다. 정치인들은 선거 때마다(통상 4년 주기) 유권자들로부터 심판을 받습니다. 그러나 기업은 매순간 소비자의 선택을 받게 됩니다. 따라서 감언이설로 한 번 표를 받고 마는데 그쳐서는 안됩니다.

장기적 신뢰 관계 구축을 통한 고객의 평생 성공 파트너가 되어야만 소비자로부터 지속적으로 선택을 받을 수 있습니다. 고객이 좋아하지 않는 제품, 고객이 다시 만나고 싶지 않은 영업 사원, 우리는 그러한 제품, 그러한 사원이 아닌지 자문해 봅시다. 쓰고 싶지 않은 제품을 만들고 있지는 않은지? 다시 만나고 싶지 않은 사원이 되어 있지는 않은지? 꼼꼼하게 살펴봅시다.

지난달은 레미콘이 작년 동월 대비 약 2,000루베 정도 매출이 증가되고 보강토 블록도 매출이 증가하면서 7월까지는 전년 대비 매출액이 83%였으나 8월 말까지는 90%로 다소 감소폭이 줄었습니다. 앞으로 4개월 동안 열심히 노력하면 작년 매출을 달성할 수 있습니다. 남은 4개월 동안 자신감을 갖고 최선을 다합시다.

인과응보

어제 오늘은 언제 더웠느냐는 듯이 완연한 가을을 느끼게 하고 있습니다. 우리 공장도 정상적으로 생산, 판매할 수 있는 기간이 2개월 남짓밖에 남지 않았습니다. 후회 없는 한 해가 되도록 최선을 다합시다.

며칠 전 행복한 경영이야기에 올라온 글입니다. 피터 그러커는 〈위대한 혁신〉에서 "혁신은 '번뜩이는 천재성'의 결과가 아니다. 그것은 고된 작업이다. 그리고 그 작업은 기업의 모든 작업단위 및 모든 구성원의 정규 업무로 인식되어야 한다. 미래가 실현되도록 하기 위해서는 천재가 필요한 것이 아니라 고된 작업이 필요하다."고 했습니다.

역시 경영의 거장인 짐 콜린스도 "단 한 차례의 결정적인 행동, 원대한 프로그램, 한 가지 끝내 주는 혁신, 오직 혼자만의 행운, 혹독한 혁명 같은 것은 전혀 없었다. 위대한 기업으로의 도약은 단계마다, 행동 하나하나마다, 결정 하나하나마다, 바퀴를 한 바퀴 한 바퀴 돌릴 때마다 눈부신 성과를 쌓아 가는 축적 과정을 통해 달성된다"고 했습니다. 혁신 또는 성공은 특별한 것 하나가 아니라 지금 우리가 하고 있는 것에 최선을 다하는 것, 우리의 결정 하나하나가 쌓여 이룩된다는 것을 명심합시다.

오늘의 나는 어제의 나입니다. 실패했다고 생각합니까? 그것은 어제의 내가 실패했기 때문입니다. 내일은 오늘의 나입니다. 어떤 씨를 심을 것인가는 우리가 선택할 수 있습니다. 그러나 거두는 것은 필연이고 운명입니다. 심은 대로 거두는 것은 거역할 수 없습니다. 나를 위하여, 공장을 위하여, 나라를 위하여 그리고 내일을 위하여 좋은 씨를 심는 하루하루가 되기를 기원합니다.

네 가지 물음

요즘 읽고 있는 브라이언 트레이시(Brian Tracy)의 〈백만 불짜리 습관(Million Dollar Habits)〉의 내용 중에 좋은 글이 있어 소개하고자 합니다. 우리가 능력 있고 성실한 성공적인 사람이 되기 위해서는 항상 다음의 네 가지 근본 물음을 하라고 권고하고 있습니다.

① 세상의 모든 사람이 나와 같다면 세상은 어떻게 될까?
② 우리나라의 모든 사람이 나와 같다면 우리나라는 어떻게 될까?
③ 우리 회사의 모든 사람이 나와 같다면 우리 회사는 어떻게 될까?
④ 우리 집의 모든 사람이 나와 같다면 우리 집은 어떻게 될까?

네 가지 물음에 나로 인해서 세상이 잘되고, 우리나라가 잘되고, 우리 공장이 잘되고, 우리 집이 잘되고 못되는 것은 전적으로 나에게 달려 있다는 확실한 책임 의식을 갖고 살아가야 하겠습니다. 이 세상이, 우리 사회가, 우리 공장이, 우리 집이 나로 인해서 잘못되어서는 안됩니다.

연년이 계속되는 제품 가격 하락과 판매 부진으로 기쁜 일보다는 우리를 우울하게 하는 일들이 더 많은 것이 오늘의 현실이지만 우리 공장에는 희망을 갖게 하는 일도 있습니다. 이미 알고 있는 일이지만 광주공장의 임 부장이 새로이 개발한 선스턴(표준)락 훼이스는 기대 이상의 우수한 제품으로 효자제품이 될 것을 믿고 있습니다. 포천공장의 레미콘 영업 사원들도 어려운 여건 속에서도 최선을 다하고 있습니다.

레미콘을 시작한 지도 10년 넘었습니다. 레미콘 장기 미수가 20여 억 원, 부도금액이 8여 억 등 30여 억의 부실을 안고 있습니다. 그것을 볼 때마다 황당한 생각도 들고 어떻게 거래하여 이런 결과가 되었을까? 이해할 수도 없고, 참기 힘들 정도로 화가 나기도 합니다. 그러나 돌이켜 보면 이 모두가 사장인 저의 책임이기도 합니다.

지난해부터 열심히 노력한 결과 금년 들어서는 확실히 모든 거래가 정상화되어 가고 있습니다. 매일 아침 레미콘 출하 예정표를 체크해 보면 거의 모든 거래가 정상적으로 이루어지고 있음을 확인하게 됩니다. 서 이사를 비롯한 영업부 직원들이 최선의 노력을 다하고 있음을 감사하게 그리고 자랑스럽게 생각하고 있습니다. 비록 어렵지만 희망를 갖는 이유이기도 합니다.

오늘도 건강하고 활기찬 하루하루가 되기를 기원합니다.

삼성이야기

어제 아침 라디오에서 들은 강연 내용을 이야기하고자 합니다. 라디오로 들은 것이라 큰 틀은 맞으나 정확치 않은 것도 있을 수 있습니다. 삼성기술연구소 소장의 강연이었습니다.

삼성기술연구소는 87년에 설립되었고 오늘의 삼성을 세계 일류 기업으로 성장시킨 원동력이라고 했습니다. 새로운 기술의 생명은 농업사회는 100년, 산업사회는 10년, 지금 우리가 살고 있는 정보사회는 1년이라고 합니다. 그처럼 빨리 변화하고 있다는 것입니다.

그리하여 과거에는 선진 기술을 모방하면 되었고, 그 다음은 선진 기술을 따라 잡기만 하면 되었으나, 지금은 아무리 첨단 선진 기술이라고 하여도 그 기술을 열심히 노력하여 개발한다고 해도 아무 쓸모가 없게 된다는 것입니다. 선진 기술을 갖고 있는 나라가 또 새로운 기술을 개발할 것이기 때문이라고 했습니다. 그리하여 삼성은 아무리 최첨단 선진 기술이라고 해도 이미 개발되어 있는 기술은 개발하지 않는다고 했습니다. 이 세상에 없는 기술이 아니면 아무런 가치가 없기 때문이라고 했습니다.

삼성의 원리를 우리에게 적용하는 것은 무리이고 가당치도 않은 일이라고 치부할 수도 있습니다. 그러나 세상 이치는 같고, 삼성이 살고 있는 세상에 우리도 살고 있습니다. 제품을 만드는 일, 제품을 파는 일, 자재를 구매하고 관리하는 일, 장비를 유지관리하는 일 등 다른 공장에서 하지 않는 우리만의 노하우가 무엇이 있는지 자문해 봅시다. 우리만 갖고 있는 비장의 무기가 꼭 필요합니다. 공장만이 아닙니다. 우리 개인도 마찬가지입니다.

다른 사람과 차별화 되는 능력을 개발해야 합니다.

우리 공장에 특성상 구정도 지나고 새해가 시작됩니다. 공장의 능력을 개발합시다. 그리고 각자 자신의 능력을 개발합시다. 그 계획을 세우고 실천합시다. 참으로 값진 한 해였다고 스스로에게 칭찬하면서 세모를 맞을 준비를 지금 시작합시다.

오늘도 건강하고 활기찬 하루하루가 되기를 기원합니다.

장수 기업의 요건

며칠 전 인터넷에서 보신 분도 있겠지만 흥미 있는 통계가 있었습니다. 전 세계에 200년 이상 된 장수 기업이 5,586개사가 있고 일본에는 1000년 이상 된 곳이 7개사가 있다는 것입니다.

그중 최장수 기업인 오사카에 있는 건설회사 곤고구미(金剛組)는 578년(1430년 전)에 백제인 유중광(柳重光)이 창업한 회사로서 500년대 사천왕사(四天王寺)를 건설한 사찰 전문 건설회사로 출발했습니다. 전 세계 최장수 기업이 우리 조상이 세운 회사라는 사실에 자긍심을 갖기도 합니다.

우리나라에는 200년 이상 된 기업은 없고 1896년, 1897년 각각 창업한 두산과 동화약품이 100년 이상 된 2개의 장수 기업이었습니다. 장수 기업의 장수 요인을 분석해 보면 첫째는 의식주 관련 기업이고, 둘째는 고객신뢰(ⓐ 거래처의 신뢰 ⓑ 상품에 대한 신뢰 ⓒ 기술력), 셋째는 코끼리기업(대기업)이 아닌 곤충기업(중소기업)이라는 것입니다.

우리의 현재의 환경은 순탄치만은 않지만 우리 공장은 장수의 세 가지 조건을 모두 갖고 있습니다. 우리가 대박을 터뜨리고 대기업이 될 수는 없지만 아무리 환경이 어려워도 이를 극복하고 생존할 수 있다는 확신을 갖게 됩니다. 우리 힘으로 할 수 없는 것이 아니라 우리가 잘할 수 있는 것을 착실하게 수행해 나가면 큰 성공은 아니어도 자부할 수 있는 성공을 이룰 수 있습니다.

1월부터 4월까지의 매출 내역입니다. 레미콘이 다소 신장해 전체적으로 전년 동기 대비 20% 신장했습니다. 특히 레미콘 단가가 만족할 수는 없지만 인상되었습니다. 영업부 직원들이 어려운 여건 속에서 열심히 노력한 결과입니다. 주택 자재는 광주, 포천 합하여 6억 천만 원으로, 작년 6억 2천만 원보다 천만 원 감소했습니다.

나쁜 직원, 좋은 직원

오늘 광주공장에 다녀왔습니다. 실망스러운 일이 있었습니다. 기온이 많이 떨어져 생산은 하지 못하고 어제부터 보강토 블록 절단작업을 했습니다. 임 부장은 교육에 참석해 없는 중에 작업은 하지 않고 식당에서 떠들며 놀고 있었습니다. 들어가 확인은 하지 않았으나 목소리가 큰 것으로 미루어 술을 먹지 않았나 생각됩니다.

지금은 고인이 된 친구인 권영우 회장은 경기여객을 버스 5천 대의 국내 최대의 회사로 만들었습니다. 그의 생전에 회사에 가면 사훈(?)처럼 액자가 걸려 있습니다.

"보이지 않는 곳에서 진실하자"

사장이, 부장이, 책임자가 보지 않아도 각자 자기 맡은 일에 충성을 다한 결과라고 생각합니다. 변호사며 국회의원인 고승덕 의원은 직원을 ABCD 4등급으로 나누며 그중 가장 나쁜 직원인 D급 직원은 시킨 일만 하는 직원이라고 했습니다. 시킨 일도 하지 않는 직원은 정상적인 공장에는 존재조차 하지 않은 직원입니다.

그런 개념으로 보면 근본적으로 직원이 될 수도 없는 직원들이 근무하는 곳이 우리 공장의 현실입니다. 물론 이 지경까지 이른 일차적인 책임은 사장에게 있습니다. 그러나 한 가지 분명한 것은 지금과 같은 상태로는 불황을 극복할 수도 존재할 수도 성장할 수도 없다는 것은 분명합니다. 보지 않는다고, 사장이, 부장이 없다고 일하지 않는 공장이 과연 생존할 수 있겠습니까?

오래전에 소련에 가 본 적이 있습니다. 게으르고, 불성실하고,

불친절하고, 예의 없고, 술 담배로 건강마저 나쁜 소련 사람들을 보며 정치가 잘못되면 사람이 망가진다는 교훈을 얻은 적이 있습니다. 공장을 잘못 경영하면 불량직원 즉 불량인간을 만드는 것이라고 자책합니다. 과연 이런 공장을 계속해야 하는 것인가 자문해 봅니다.

그러나 절망 중에서도 희망을 갖는 면도 있습니다. 우리 공장에는 보이지 않는 곳에서도 성실하게 일하고 있는 A급 직원이 있기 때문입니다. 저 자신은 물론 우리 모두가 통렬하게 반성하고 새로운 자세를 가다듬는 기회로 삼읍니다.

하루하루 건강하고 활기찬 삶이 되기를 기원합니다.

직원의 4가지 등급

지난주 월요편지에서 인용한 고승덕 국회의원이 인간개발연구원에서 강연한 직원의 ABCD등급에 관하여 좀 더 자세한 내용을 소개합니다. 그는 직원을 ABCD 네 등급으로 분류했습니다.

D등급의 직원은 시키는 일을 마지못해서 할 수 없이 하는 직원입니다. 즐거운 마음으로 일을 하는 것이 아니라, 월급을 받았으니 싫어도 마지못해 하는 직원입니다. 이들은 일을 안하는 것만 아니라 안하는 이유를 엄청나게 많이 만들어 냅니다.

C등급의 직원은 시키는 일은 꼬박꼬박 하고 꾀는 부리지 않습니다. 그러나 잘하겠다는 생각은 없습니다. 또 시키지 않은 것까지는 하지 않습니다. 이들의 오류는 자기는 일을 잘했고 또 좋은 평가를 받아야 한다고 착각하고 있습니다. 이들은 수동적인 직원이며 능동적인 직원은 아닙니다. 그리하여 발전할 수는 없습니다.

B등급의 직원은 시키는 뜻을 헤아리고 그 뜻이 실천되도록 노력하는 직원입니다. 시키는 의미를 깨닫고 기왕이면 좀 더 잘하려고 생각하고 노력합니다.

A등급의 직원은 시키는 것을 기다리지 않고 자기가 무엇을 해야 할 것인지 스스로 찾아서 일을 하는 사람입니다. 계절이 바뀌면 무엇을 바꾸어야 하며 환경이 바뀌면 어떻게 대처해야 할 것인지 시키기 전에 먼저 생각하고 준비하는 직원입니다. 금년은 불황이 더 심화될 가능성이 큽니다. 이를 극복할 방안이 무엇인가 고심하고 아이디어를 내어 대처하면 A급 직원입니다. 이런 직원이 있어 공장이 발전하고 변화하고 혁신하는 것입니다.

한 가지 중요한 것이 있습니다. 등급은 능력이나 자질의 문제가 아니라 삶의 자세, 일을 대하는 자세입니다. D급 직원도 마음만 바꾸면 A급 직원이 될 수 있습니다. 기계가 고장난 후에 고치는 직원은 D급, 고장나기 전에 미리 예방하여 고치면 A급 직원입니다. 나 자신은 어느 등급에 해당하는가 자문해 봅시다.

지난주 광주공장에서 있을 수 없는 일이 있었습니다. 임 부장이 교육에 가면서 날씨가 추워 작업을 못하면 보강토 절단작업을 하라고 지시하고 갔다고 합니다. 기온이 내려가 절단작업이 어려워지면 무엇을 할 것인가를 찾아 일을 했어야 합니다.

예를 들겠습니다. 어떤 직원이 비행기를 타고 부산에 내려가 일을 보라고 지시를 받았습니다. 그런데 기상이 나빠 비행기가 결항되었습니다. 부산에 가는 방법은 비행기 말고도 기차도 있고, 버스도 있습니다. 그런데 그 직원은 비행기가 뜨지 못하니까 부산 가는 일은 염두에도 없고 도리어 잘됐다 생각하고 곧장 술집으로 갔습니다. 생각도 일에 대한 열정도 책임 의식도 없는 사람입니다.

순풍에 돛 달고 갈 때는 누구나 다 잘 갑니다. 폭풍이 불고 비바람이 몰아칠 때 차이가 극명하게 나타납니다. 인간의 능력은 위기관리 능력의 차이입니다. 위기를 슬기롭게 관리하지 못하면 인생에서 낙오자가 됩니다. 환경 변화에 적응하지 못하는 직원들이 일하는 공장은 절대로 살아남을 수가 없습니다.

특히 근무 중 음주는 절대로 안됩니다. 그동안도 여러 번 음주하지 말라고 지시한 적이 있습니다. 음주는 안전사고로 직결됩니다. 자동차도 음주운전을 못하게 하고 또 처벌하기도 합니다. 수십 억짜리 생산시설이고 제품을 생산하는 시설입니다. 취한 상태에서 기계를 돌리고 술 취해 만든 제품을 소비자에게 팔 수는 없습니다. 사장의 지시도 회사의 기강도 헌신짝이 되어 버렸습니다. 또다시 이런 일이 있으면 서서히 망하는 것보다 먼저 결단을 내려야 하리라 생각합니다. 모두가 깊이 반성하는 계기로 삼도록 합시다.

달인

지난주 말 생활의 달인이란 TV프로를 보았습니다. 떡볶이의 달인이란 내용이었습니다. 떡볶이는 떡볶이일 뿐 무슨 특별한 비법이 있겠는가 생각했으나 3명의 달인이 나와 겨루는 것을 보면서 무엇이든지 개발하고 개선하고 특화시킬 수가 있구나 하는 것을 깨달았습니다.

우리가 생산하는 벽돌, 블록, 보강토 블록, 레미콘 등 개선하고 특화할 수 있는 여지가 많다는 것을 또한 깨달았습니다. 우리가 개선하려는 노력을 게을리 한 것이 오늘의 부진의 원인 중 하나라고 생각합니다.

찐빵의 달인도 소개되었습니다. 경력 16년(?)의 달인은 하루 종일 서서 일하기 때문에 양쪽 무릎에 보호대를 착용하고, 발 밑에는 쿠션 역할을 할 수 있도록 골판지를 깔고 일하고 있었습니다. 우리는 과연 그토록 열심히 일했는가 반성하는 기회가 되었습니다.

우리도 각자의 분야에서 생활의 달인이 될 수는 없을까. 또 달인을 보면서 박수만 칠 것이 아니라 나 자신 달인이 되겠다는 각오와 노력이 필요하지 않은가 반성해 봅니다. 시멘트 제품을 40년 만들었으나 아직 달인이 되지 못한 나 자신 부끄럽게 느껴졌습니다. 우리 공장에도 달인이 탄생하기를 기대한다면 과욕일까요. 과욕이 아니라 현실이 되기 위하여 다같이 노력합시다.

하루하루 건강하고 활기찬 삶이 되기를 기원합니다.

정리 정돈

"마누라와 자식 빼고 다 바꿔라"고 외친 1993년 6월 독일 프랑크푸르트에서 선언한 삼성 이건희 회장의 신경영은 오늘에 와서 꽃을 피우고 있습니다. 일본의 소니, 핀란드의 노키아를 이기고 애플과 양강체제를 이뤄 세계 IT시장을 선도하고 있습니다. 삼성이 쓰러지면 우리나라가 쓰러질 정도의 성공을 거두고 있습니다.

이와 같은 신경영의 시작은 생각보다 거창한 것에서 출발한 것이 아닙니다. 그 당시 삼성전자 고문인 기보 마사오의 보고서 한 장이었습니다. 기보 마사오의 보고서는 사업장의 정리 정돈 및 청결 상태 등 기본에 관한 사항이었습니다. 보고서 내용 중에서 "삼성 사람들은 공장에서 콘센트 줄이 발에 걸리적거려도 정리할 생각을 않고 무심히 지나친다. 이런 기본적인 것에 문제의식을 갖고 있는 사람이 없다"였습니다.

우리는 변해야 산다고 말합니다. 무엇인가 큰 것이 변해야 한다고 잘못 생각하고 있으나 답은 작은 것이 변해야 한다는 진리를 우리에게 가르쳐 주고 있습니다. 청결한 작업장, 잘 정돈된 작업공구, 잘 정리된 문서, 사무용품, 기록 등 우리가 조금만 신경 쓰면 일을 능률적으로 할 수 있는 것이 참으로 많습니다. 공구 찾고, 서류 찾고, 기록을 찾고, 사무용품을 찾는 시간만 줄여도 많은 시간을 절약할 수 있습니다.

어떤 직원이 아침 일찍 출근해서 저녁 늦게까지 일했다 해도 비능률적으로 일했다면 비난받아 마땅합니다. 나는 과연 능률적으로 일하고 있는가 자문해 봅시다. 그리고 비능률적인 요소가 있다면 꼭 개선합시다. 작은 일이 불황을 이기는 확실한 첩경임을 명심합시다. 하루하루 건강하고 활기찬 삶이 되기를 기원합니다.

일은 즐거워야 한다

오늘은 어젯밤부터 비가 내리고 조금은 우울한 아침인 것 같습니다. 요즘 '운도남', '운도녀'란 말이 있습니다. 운동화를 신고 출근하는 도시 남자, 도시 여자의 줄임 말입니다. 이를 다른 표현으로는 '캐주얼 코드'라고도 합니다. 끝없는 경쟁과 목표 지향적 삶의 지친 '피로사회에 대한' 반작용으로 평안한 자세로 인생을 '목표'가 아니라 과정에 방점을 찍고 '어디로 갈 것인가'가 아니라, '어떻게 갈 것인가'에 눈을 돌리기 시작했음을 말하고 있습니다.

죽기 살기로 100억을 벌기보다 재밌게 20억을 벌겠다는 여행사도 있습니다. 이른바 펀(Fun) 경영으로 신생 여행박사 여행사는 연간 1,500억 원의 매출을 올려 중견여행사가 되었습니다. 미국에도 같은 기업이 있습니다. 1971년에 설립된 저가 항공사 사우스웨스트항공사입니다. 창업 이래 단 한 번도 적자를 낸 적이 없을 뿐 아니라 항공기 보유 대수, 승객 수, 수하물 처리 속도, 정시 발착, 고객 불평 등에서 부동의 1위를 지키고 있습니다. 그 비결은 뭘까? 그 답은 바로 '재미'입니다.

사우스웨스트의 창업자 허브 켈러허는 "일은 즐거워야 한다"는 모토로 회사를 경영하고 있고, 일을 놀이로 만드는 파격 경영의 결과입니다. 그들도 물론 캐주얼을 입고 근무하며, 금연 기내 방송도 재미있게 한다고 합니다.

"기내에서는 흡연이 금지되어 있지만 꼭 피우고 싶은 승객을 위해 비행기 바깥쪽 날개 윗자리에 흡연구역을 만들어 두었다." 도착지에 착륙해서는 잊으신 물건 없이 잘 챙기라는 안내방송을 "제발 아이들과 배우자는 놓고 가지 마라"는 식입니다.

우리 직장도 재미있는 직장을 만듭시다. 사장 자신 별로 재미있는 사람이 못되어 어려운 점도 있겠습니다만은 여러분들이 웃게 만들면 저도 따라 웃겠습니다. 즐거운 직장, 곧 성공하는 직장입니다. 웃는 하루하루가 되기를 기원합니다.

칭찬하라

〈리더의 조건〉 등 리더십에 관한 많은 저서를 집필한 리더십에 관한 최고 중의 한 사람인 존 맥스웰(1947년 미국 출생)의 말입니다.

“칭찬거리를 찾는 것을 하루 일과로 삼아라. 잘못하고 있는 순간을 잡아내면 사람들은 방어적이 되고 변명하고 회피한다. 반면에 사람들이 잘하고 있는 순간을 포착하면 긍정적인 면이 강화된다. 이는 사람들의 잠재력을 강화하고 더 잘하고 싶다는 마음이 들게 한다. 일이 잘 돌아가고 있는 순간을 포착하는 것을 하루 일과로 삼아라.”

부정적인 것에 초점을 맞추고 사람들이 잘못하고 있는 순간을 잡아내는 것은 그들을 개선시키는데 전혀 도움이 되지 않음을 우리는 일상의 경험을 통해 잘 알고 있습니다.

칭찬은 고래도 춤추게 한다는 말도 있지 않습니까? 타인의 잘못을 찾지 말고 칭찬거리를 찾도록 노력합시다. 만일 그 반대로 한다면 인간관계도 무너지고 우리 직장은 삭막해지고, 생산성도 크게 떨어질 것입니다. 정이 넘치고 서로 돕는 일터를 만듭시다.

하루하루 건강하고 활기찬 삶이 되기를 기원합니다.

21. 미래 이야기

미래의 쇠고기

유엔 미래포럼의 제롬 글렌(Jerome Clayton Glenn) 회장이 인간개발원 세미나에서 한 내용입니다. 지금부터 20년 뒤에는 아무도 쇠고기를 먹지 않을 것이라고 했습니다. 그 이유는 현재 쇠고기는 소의 근육인데 양질의 최고급 육질의 근육을 제조할 수 있게 된다는 것입니다. 소, 돼지, 닭의 탯줄 혈액에서 추출한 줄기세포를 배양해서 동물성 단백질을 얻는 기술이 네덜란드에서 이미 상당히 진척된 산업이 되어 있다는 것입니다.

그는 하이브리카를 사지 말라고도 했습니다. 차의 수명은 10~15년이나 3, 4년 내에 훨씬 효율적인 전기자동차가 생산될 것이라고 말했습니다. 일본은 20년 후에는 우주태양광 발전(Solar Power Satellites)으로 모든 에너지를 태양에너지로 교체하겠다고 일본 정부가 이미 발표했다고 합니다.

현재의 문제를 해결하는 것도 중요하지만 앞으로 나가는 길을 가로막지는 않아야 된다고 생각합니다. 나만 또는 우리만 살고 끝나는 나라가 아닙니다. 오고 오는 우리 자손들에게 어떤 세상을 물려줄 것인가. 우리가 지금 무엇을 해야 할 것인가를 냉철하게 생각하는 지혜가 필요합니다. 100년 앞은 아니어도 5년, 10년은 내다보고 살아야 하지 않습니까.

하루하루 건강하고 활기찬 삶이 되기를 기원합니다.

월요편지 2009-10-28 오후 4:57:34

허만 칸 박사

몇 년 전과는 달리 고 박정희 대통령에 대한 평가가 변하고 있음을 보게 됩니다. 저는 박 대통령의 미래에 대한 통찰력을 존경하는 사람 중 한 사람입니다. 그는 1970년대에 이미 세계적 미래학자인 허만 칸 박사와 교류하면서 10년, 20년, 30년 또는 50년 후에 어떠한 세상이 올 것인가를 생각하고 나라의 앞날을 설계했음을 보고 오늘날의 우리나라의 초석을 놓은 대통령이라고 생각합니다.

경영인 중에서는 삼성을 창업한 고 이병철 회장(1910~1987)을 존경합니다. 그는 1980년대 중반 이미 IT시대의 도래를 예견하고 반도체 사업을 시작했습니다. 그 당시는 정부도, 학자도, 기업인도, 일반 국민도 반도체가 무엇인지도 모를 때였습니다.

우리도 앞으로 세상이 어떻게 변화될 것인가를 생각하고 여기에 대비하는 삶을 살아야 합니다. 우리 자신은 물론 우리의 자녀들도 앞날을 생각하고 키워야 합니다. 미래학자들이 예견한 미래사회가 예측보다 더 빨리 실현되었다고 합니다. 그리하여 오늘의 미래학자들은 10년, 20년은 예측하지만 50년 후는 예측조차 하지 않는다고 합니다. 그 이유는 우리가 상상하는 것보다 훨씬 급격하게 변화되고 발전할 것이기 때문이라고 합니다.

인구가 감소하여 일본이 50여 년 후엔 국가로서의 기능을 상실하게 된다고 합니다. 인터넷이 발달하여 대의 정치제도인 의회제도가 소멸하고 직접 민주주의 제도가 올 것이라고 합니다. EU가 단일 통화를 사용하듯이 세계 단일 통화 시대가 온다고 합니다. 단일 통화가 실현되어 경제가 통합되면 국가간 전쟁의 위험성이 없어져 국방 외교의 필요성이 상실되어 정부의 필요성도 없어지게 된다고 합니다.

부부가 아기를 낳는 것이 아니라 공장에서 맞춤아기가 태어나며 소나 돼지를 키우는 것이 아니라 줄기세포 증식을 통해 고기를 공장에서 생산하는 시대가 이미 왔고 곧 대량생산 단계가 도래한다고 합니다. 기름을 원유에 의존하는 것이 아니라 바다 풀을 정제하여 기름을 생산하게 된다고 합니다, 이런 세상이 우리가 생각하는 것보다 더 빨리 도래한다고 합니다.

우리는 어떻게 대비해야 할지 생각하면서 살아갑시다. 하루하루 건강하고 활기찬 삶이 되기를 기원합니다.

(미래학자인 허만 칸 박사는 37년 전인 1972년 "한국은 놀라운 성장을 할 것이다. 그 이유는 논, 밭 팔아서 교육시킨 교육받은 노동력이 한국의 성장을 이룩할 것이다"라고 예견했습니다.)

월요편지 2010-06-08 오후 5:15:24

1년 후의 나

일본 최고의 경영 컨설턴트이며 〈당신의 회사가 90일 만에 돈을 번다〉의 저자인 간다마사노리의 말입니다.

"99퍼센트의 인간은 현재를 보면서 미래가 어떻게 될지를 예측하고 1퍼센트의 인간은 미래를 내다보면서 지금 어떻게 행동해야 할지 생각한다."

물론 후자에 속하는 1퍼센트 인간만이 성공한다. 미래는 어떤 세상이 될까? 미래 나는 무엇이 되려는가? 먼저 생각하고 계획을 세우고 실천에 옮겨야 성공할 수 있다는 말입니다. 미래에 대한 계획 없이 하루하루 산다면 우리의 미래는 실패할 수밖에 없습니다.

1년 후의 나, 10년 후의 나, 구체적으로 계획하고 살아갑시다. 지난 5월 달에는 레미콘이 선전하여 작년 동기 대비 약 9퍼센트의 매출 신장을 이룩했습니다. 수고한 분들에게 감사를 드리며 자랑스럽게 생각합니다. 6월에는 더욱 분발하여 좀 더 나은 결과를 기대합니다. 5월까지의 매출 내역을 보냅니다. 참고하시기 바랍니다.

22. 암적 존재

직장의 암

LG 디스플레이 사장으로 LG전자의 비약적 발전에 크게 기여하고 있는 권영수 사장의 직원에 대한 생각은 좋은 교훈을 주고 있습니다.

그는 어떤 부하를 가장 싫어하느냐는 질문에 "에너지 뱀파이어(energy vampire)"라고 단언하고 있습니다. 자신의 재능만 믿고 열심히 하지 않는 사람, 실력이 없는 데도 있는 척하는 사람들은 다른 동료들의 에너지까지 앗아가는 존재들이라는 것입니다.

나는 과연 어떤 직원인가? 자문해 봅시다. 재능도 있고 열심히 하면 되고, 실력이 없으면 노력하여 실력을 쌓으면 됩니다. 나로 인해서 공장의 에너지가 떨어지고, 동료의 에너지가 저하되는 암적 존재는 아닌지 돌이켜 봅시다.

하루하루 건강하고 활기찬 삶이 되기를 기원합니다.

월요편지 2011-01-19 오후 4:05:34

코미디언 이경규

해외 원정 도박으로 5개월여 귀국하지 못하던 연예인 신정환 씨가 오늘 귀국해 경찰에 연행됐다는 기사를 보면서 생각나는 연예인이 있어 소개합니다.

지난 연말 2010년 KBS 연예대상을 수상한 코미디언 이경규 씨입니다. 그는 52세의 나이로 활발하게 활동하고 있고 한때의 슬럼프를 해피선데이, 남자의 자격 등을 통해 새로운 전성기를 맞고 있습니다. 그 비결은 철저한 자기 관리에 있다고 합니다.

첫째는 타의 추종을 불허하는 열정과 성실함, 둘째 철저한 자기 관리, 셋째 혁신을 위한 끊임없는 도전, 그는 긴 연예생활 동안 한 번도 지각한 적이 없다고 합니다. 자기 관리를 예로 들면 음주운전, 외박, 싸움은 곧 죽음과 같다고 생각하고 술은 아는 집에서만 마시고, 해외 촬영 땐 절대 안 마신다고 합니다. 결혼식에 연예인 하객이 달랑 9명이었을 정도로 검소하고 허례허식을 싫어한다고 합니다.

문제는 자기 관리입니다. 인생의 성공 실패는 자기 관리에 성공하느냐 실패하느냐의 문제입니다. 나는 과연 자기 관리를 잘하고 있는가 자성하면서 금년 한 해가 성공하는 한 해가 되기를 우리 모두 결심합시다. 계속되는 추위에 더욱 건강한 삶이 되기를 기원합니다.

23. 메모의 힘

항상 메모하라

동아제약 회장이고 30대 전경련 회장을 지내신 강신호(1927년생) 회장은 메모광으로 잘 알려져 있습니다. 그는 20대 때부터 60년에 걸친 메모 수첩을 소중히 갖고 있습니다. 그리고 메모 습관은 사업적으로 큰 성공을 거둔 밑거름이 되었습니다.

우리나라에서 단일 약품으로는 최고의 매출액을 기록한 박카스란 약 이름도 그의 메모에서 나왔다고 합니다. 그는 항상 메모 수첩을 갖고 다니며 심지어 골프를 칠 때도 메모 수첩을 갖고 다닌다고 합니다. 메모가 쌓이면 큰 자산이 됩니다. 우리는 메모하지 않았기 때문에 큰 행운을 놓칠 수 있습니다. 메모는 성공의 지름길입니다.

고 정주영 현대회장과의 대화의 한 대목을 메모한 것을 소개합니다. 정 회장과의 대화를 통해서 부자되는 조건을 적어 놨습니다.

첫째는 가난을 통해서 고생,

둘째는 호기심을 가질 것,

셋째는 책을 많이 읽을 것.

이 세 가지가 부자되는 길이라고 적혀 있습니다. 곧 실천에 옮기면 큰 도움을 깨닫게 될 것입니다. 5월도 가고 6월이 곧 됩니다. 허송세월을 보낼 것이 아니라 내일을 위한 투자를 게을리 하지 않는 삶이 되기를 기원합니다.

메모 습관

기억하는 뇌는 머리에 있지만 기록하는 뇌는 손에 있다고 합니다. 잊지 않고 내 것으로 만들기 위해서는 메모 습관을 가져야 합니다. 천재의 대부분은 메모광이었다고 합니다. 시대를 선도하는 성공한 사람들 역시 메모 습관을 갖고 있었다고 합니다. 메모 습관 하나가 우리의 인생을 바꿔 줍니다. 메모하는 것 자체는 어려운 일이 아닙니다. 이를 습관화하는 것은 우리의 노력이 필요합니다.

한 줄의 메모가 큰 힘을 발휘하는 것을 경험을 통해 확인할 수 있습니다. 〈메모의 기술〉이란 책에서 메모란 잊어버리지 않기 위해 메모하는 것이 아니라 잊어버리기 위해 메모한다고 했습니다. 예를 들어 내일 해야 할 여러 가지, 모레 해야 할 일 여러 가지들, 메모하지 않고 기억하려 한다면 하루 몇 번씩 반복해 기억을 더듬어야 합니다. 그러고도 잊어버려 낭패를 본 기억이 있을 것입니다. 그러나 메모했다면 잊어버려도 됩니다.

우리는 생각할 것들, 기억할 것들이 너무도 많은 삶을 살고 있습니다. 메모 습관 하나로 훨씬 편하게 그리고 능률적으로 살 수 있습니다. 우리는 치열한 경쟁 사회에 살고 있습니다. 다른 사람보다 한 가지라도 더 좋은 무기를 갖고 있어야 합니다.

하루하루 건강하고 활기찬 삶이 되기를 기원합니다.

24. 공부의 힘

공부하는 중국

요즘 전 세계가 중국의 부상에 크게 당황하고 있습니다. 일본을 넘어 세계 제2의 강국이 되었습니다. 중국이 세계 제2의 강국이 된 이유는 국토, 인구, 자원, 아직까지는 안정된 정치 사회 등 여러 가지 원인이 있겠지만 중국 발전의 힘은 공부하는 지도층에 있다는 기사가 있어 소개합니다.

중국의 지도자들은 후진타오 주석, 정치국원은 물론 장관들도 집체(단체) 학습을 하고 있다고 합니다. 2002년 12월부터 시작된 학습은 5년간 한 달에 한 번꼴로 44회 진행됐고, 2007년부터 시작된 2기 학습도 23차례 열렸다고 합니다. 처음에는 중국 헌법이었으나 경제, 문화, 역사, 철학 등을 망라하고 있다고 합니다. 장관급들도 한 달에 최소 1회 이상 장관급 간부의 역사, 문화 강좌가 2002년 1월부터 시작되어 8년 동안 153회 열렸고 학습에 참가한 인원도 2만여 명에 달한다고 합니다.

우리나라에서 지도자들이 과문인지는 모르지만 정기적으로 학습하는 모임이 있다는 말은 들은 일이 없습니다. 남들을 탓하기 앞서 우리는 공부했는지 자문해 봅시다. 우리도 공부하는 습관을 갖도록 결심합시다. 나의 발전이 곧 회사의 발전이고 나라의 발전입니다.

하루하루 건강하고 활기찬 삶이 되기를 바랍니다.

유태인의 공부

세계적으로 인구 비율이 0.2프로인 유대인이 하버드대학의 30프로, 예일대학의 25프로, 노벨상의 23프로, 미국 억만장자의 40프로를 점하고 있습니다. 그 이유가 무엇인가 연구해 본 결과 지능의 차이는 없고 가정교육을 비롯한 교육에 있다는 결론을 얻었다고 합니다.

예를 들어 교통 규칙을 가르칠 때 일반적으로는 청색은 진행, 적색은 정지 등을 가르치나 유태인은 교통 규칙이 왜 필요한지, 안 지키면 어떤 혼란이 오는지, 교통 규칙은 사회적 약속이라는 등을 가르친다고 합니다. 사물이라든가 현상에 대하여 호기심을 유발하는 교육, 또 왜? 라는 의문을 갖도록 교육한다고 합니다.

우리 모두 다음 세대를 키우고 있습니다. 우리 후세를 어떻게 교육시킬 것인가를 생각하게 하는 귀한 교훈이라고 생각합니다. 훌륭하게 키우는 지혜라고 생각합니다.

하루하루 건강하고 활기찬 삶이 되기를 기원합니다.

공부

뉴욕 타임즈의 칼럼니스트 토마스 프리드먼의 말입니다.

내가 자랄 때만 해도 "밥 남기지 마라. 중국 아이들은 굶고 있어."라는 어머니의 말씀을 들었지만 나는 지금 딸아이에게 이렇게 말한다.

"더 열심히 공부해라. 중국과 인도 아이들이 네 직업을 넘보고 있어."

미국의 작가이며 컨설턴트인 톰 피터스는 이렇게 말하고 있습니다.

"공부하라 정말 공부하라."

"27세도 공부하고 47세도 공부해야 한다. 나처럼 내일모레 칠순인 사람도 공부해야 한다. 공부하라"고 말하고 있습니다.

우리가 살고 있는 지금 세대는 우리끼리 경쟁하는 세상이 아니라 전 세계를 상대로 살아야 합니다. 어떻게 살아야 할지는 자명합니다. 공부하여 실력을 키우는 길밖에는 없습니다. 아직은 더위가 계속되고 있지만 곧 등화가친의 계절이 다가옵니다. 무슨 책을 읽고 어떤 공부를 해야 할까 고민해 봅시다.

하루하루 건강하고 활기찬 삶이 되기를 기원합니다.

25. 긍정의 힘

미쓰시다 고노쓰케

엘리어트는 시 「황무지」에서 4월은 잔인한 달이라고 했습니다. 우리 공장의 4월은 잔인하기까지는 아니어도 만족할 수도 없는 한 달이었습니다. 오늘로 4월을 마감하고 5월을 맞이합니다.

일본의 경영의 신이라는 마쓰시다 고노쓰케는 감옥과 수도원의 차이점을 이렇게 표현했습니다.

"감옥과 수도원의 공통점은 둘 다 세상과 고립되어 있다는 점이다. 그러나 차이가 있다면, 불평을 하느냐, 감사를 하느냐 그 차이뿐이다. 감옥이라도 감사를 하면 수도원이 될 수 있다."

긍정적인 사고와 매사에 감사할 줄 아는 자세의 중요성을 역설하고 있습니다. 80이 넘어서도 스스로 청춘이라고 생각하던 그의 적극적, 긍정적 사고방식을 느끼게 하는 좋은 말입니다.

매사는 마음먹기에 달려 있습니다. 환경이 바뀌길 기다리느니 차라리 자기 마음을 먼저 바꾸는 것이 어쩌면 훨씬 쉽고도 확실한 해결책이 될 수 있습니다. 우리 공장의 환경만 보면 낙담할 수도 있습니다. 그러나 우리의 마음먹기에 따라서는 역경을 축복으로 바꿀 수 있고 또 그렇게 해야 합니다.

5월은 하루하루가 건강하고 활기찬 나날이 되기를 기원합니다.

선친 이야기

"작은 것을 아껴라. 작은 것이 모여 큰 것이 된다. 작은 돈은 아끼고 큰 돈은 써라."

이 말은 저의 선친께서 생존에 늘 하시던 말씀입니다. 우리 모두가 아는 대로 경영 환경은 해를 거듭할수록 나빠지고 있습니다. 언제 호전될지도 알 수가 없습니다. 우리가 지금 해야 할 것은 무엇이라고 생각합니까? 한 번에 이 난관을 극복할 수 있는 비책을 찾을 수 있을까요? 물론 큰 대책도 세워야겠지요.

그러나 오늘 당장 할 수 있는 것부터 하는 지혜가 필요합니다. 누구나 또 언제나 할 수 있는 것, 곧 절약하는 것입니다. 10원, 100원, 1,000원을 아끼는 것, 작은 것이 모여 큰 성과를 이룩할 수 있습니다.

경제 여건은 계속 어려워질 것입니다. 작년보다 나아진 것이 과연 있습니까? 내년은 금년보다 더 어려워질 수도 있습니다. 그러나 우리는 살아남아야 합니다. 무엇으로 살아남을 수 있는지 각자 고민해야 합니다. 그 답은 각자의 몫입니다. 각자 답을 찾아야 하고 또 실천에 옮겨야 합니다.

건강하고 활기찬 하루하루가 되기를 기원합니다.

삼중고(三重苦)

때이른 무더위로 작업하기에 고생이 많은 한 주간이 지나고 있습니다. 지난 8일은 포천공장의 레미콘 생산설비 중 기아박스의 고장으로 생산부 직원들이 많은 고생을 하기도 했습니다. 더위는 어쩔 수 없지만 건강을 지키는 것은 우리의 몫입니다. 무더운 여름을 건강하게 지내는 노력과 지혜를 갖도록 합시다.

마쓰시다 전기를 창업한 일본에서 경영의 신이라고 추앙받고 있는 마쓰시다 고노쓰케에 관한 글입니다. 94세에 세상을 떠날 때 570개의 기업과 13만 명의 직원을 거느린 기업가며 교육가이기도 합니다. 그는 구두닦이, 신문팔이 등 사회 밑바닥의 삶을 살며 세상을 배운 사람이기도 합니다.

그는 하늘로부터 받은 3가지 축복을 항상 감사하게 여기며 살았습니다.

첫째는 가난하게 태어나서 사회를 일찍 배울 수 있었고 또 이를 극복하려는 의지를 갖고 살았고,

둘째는 허약한 몸으로 태어나서 평생 운동과 절제된 생활을 함으로써 장수할 수 있었고,

셋째는 가난하여 배우지 못해서(초등학교 4년 중퇴) 모든 사람을 나의 스승이라고 생각하고 항상 배우는 자세로 살았다고 했습니다.

그가 감사하다고 한 3가지는 불평과 저주의 대상이지 감사의 대상은 아닐 수도 있습니다. 이 세상의 많은 사람들은 그렇게 생각하고 불평하면서 한평생을 보낼 수도 있습니다. 자신의 환경을 불평의 대상으로 삼은 것이 아니라 주어진 현실을 감사로 받아들

이고 이것을 극복하는 것이 성공의 요체라고 생각합니다.

우리 한 사람 한 사람, 우리 공장이 처한 환경이 결코 좋다고 할 수 없습니다. 그러나 우리가 어떻게 받아들이느냐에 따라 결과는 달라질 수 있습니다. 나의 약점을 장점으로, 우리 공장의 취약한 점을 강점으로 만드는 노력을 계속합시다.

금년도 벌써 반 년이 지났습니다. 건축자재, 토목자재 부문은 다소 부진했으나 레미콘이 선전하여 매출액 기준 전년 동기 대비 약 30% 신장했습니다. 많은 수고를 한 여러분들께 감사를 드립니다.

금년 하반기도 상반기의 신장세가 계속되도록 더욱 노력합시다. 그리하여 금년 말에는 성공적인 한 해였다고 자부할 수 있기를 기대합니다. 전반기 매출액 내역을 보냅니다. 참고하시기 바랍니다.

화 그리고 복

오늘이 입추이고 내일은 말복입니다. 장마와 무더위 속에서도 가을은 문 앞에 와 있습니다. 더위가 가고 서늘한 가을이 오는 것은 자연의 섭리입니다. 우리는 자연의 섭리에 순응하면서 살아가는 것이 순리이기도 합니다. 명심보감 순명편에 있는 말입니다.

禍不可倖免(화불가행면)이요, 福不可再求(복불가재구)니라.

"화는 가히 요행으로 면하지 못하고, 복은 가히 두 번 구하지 못하느니라."

화란 잘못된 모든 것을 포함하는 말입니다. 개인적인 것, 가정에 속한 것, 공장에 속한 것, 나라에 속한 것 등 우리에게는 많은 잘못된 것들, 해결해야 할 것들이 있습니다. 이 모든 역경을 요행으로 극복할 수는 없습니다. 자신의 노력으로 극복해야 합니다. 일할 수 있는 건강, 사랑하는 가정, 이만한 자유와 경쟁력이 있는 국가, 지금 우리가 잘 못하면 이만한 복을 다시는 가질 수 없다는 뜻이기도 합니다.

지금 우리가 처한 환경을 복으로 생각하고 이를 기초로 최선을 다하는 것이 복된 삶을 사는 지혜이기도 합니다. 우리보다 못한 사람, 우리보다 못한 국가가 얼마나 많습니까? 현재의 위치에서 최선을 다합시다.

7월까지의 매출액 내역을 보냅니다. 레미콘 부분이 선전했고, 주택 자재 부분은 부진한 가운데서도 전년 수준을 유지하여 전체적으로는 전년 동기 대비 133% 신장했습니다. 수고한 여러분들께 감사를 드립니다. 남은 5개월을 더욱 노력하여 금년 한 해 열심히 살았다는 자부심을 갖고 새해를 맞이할 준비를 합시다. 막바지 더위에 더욱 건강한 삶이 되기를 기원합니다.

긍정과 부정

13세 때 6.25전쟁을 겪은 저는 4, 50년이 지난 10여 년 전까지도 전쟁의 악몽을 꾸는 등 안보에 대해 과민한 가운데 지냈으나 몇 년 전부터는 전쟁의 공포을 잊고 살아왔습니다.

그러나 요사이 새로운 습관이 생겼습니다. 아침에 깨어 라디오를 틀 때마다 밤 사이 혹시 서해 등에서 남북간 무력 충돌은 일어나지 않았나 긴장하곤 합니다. 의도되고 계획된 충돌만이 있는 것이 아닙니다. 착오에 의해서, 작은 실수에 의해서도 충돌은 일어날 수 있습니다.

며칠 전 서평에 난 글을 보면 한국 전쟁은 북한의 김일성, 소련의 스탈린, 미국 애치슨 국무장관의 실언, 중국의 모택동의 오판에서 전쟁이 일어났다고 판단하고 있습니다. 정말로 백척간두에 서서 살고 있습니다. 휴전선에 대치하고 있는 수천의 대포 중에서 단 한 발의 사고가 국지전을 넘어 전면전으로 확대될 수도 있는 상황에 살고 있습니다. 북한의 핵실험, 미사일 발사 등 이것 말고도 우리에게 스트레스 주는 일도 많습니다.

노 전 대통령의 서거, 계속되는 금융위기, 신종 인플루엔자, 분열을 증폭하고 있는 사회적 갈등 등 엄청난 스트레스 가운데 살고 있습니다. 오늘 아침 TV에서 우종민 교수(스트레스 연구소 소장)가 소개한 말입니다.

몇 년 전 미국 하버드대학에서 연구한 결과 불만, 불평, 분노, 절망 등의 부정적인 생각을 하면 뇌에 공급되는 혈류가 현저히 감소하는 것을 발견했다고 합니다. 뇌에 혈류가 감소하면 뇌세포가 손상을 입어 뇌세포가 죽는다는 것을 알게 되었다고 합니다.

지금 처한 상황이 아무리 어렵더라도 희망을 갖고 긍정적 마음으로 좌절하지 않고 노력하는 것이 얼마나 중요한지를 잘 말해 주고 있습니다.

4월까지는 작년 수준을 유지했으나 5월은 부진해 작년 동기 대비 -4퍼센트를 기록했습니다. 좀 더 분발하여 지난달의 부진을 씻도록 배전의 노력을 경주합니다. 5월까지의 매출 내역을 보냅니다. 참고하시기 바랍니다.

박 대통령과 정주영 회장

1975년 어느 날 박정희 대통령이 현대건설 정주영 회장을 불렀다. 오일달러가 넘쳐 나는 중동 국가에서 건설공사를 할 의향이 있는지 타진하기 위해서였다. 이미 다른 사람들은 너무 더워서 일을 할 수 없고, 건설공사에 절대적으로 필요한 물이 없어서 불가능하다는 답을 한 터였다. 미션을 받고 한달음에 중동에 다녀온 정 회장은 대통령에게 이렇게 보고했다.

"중동은 이 세상에서 건설공사 하기에 제일 좋은 곳입니다."

"왜요?"

"1년 열두 달 비가 오지 않으니 1년 내내 공사를 할 수 있고요"

"또요?"

"건설에 필요한 모래 자갈이 현장에 있으니 자재 조달이 쉽고요"

"물은?"

"그거야 어디서든 실어 오면 되고요."

"50도나 되는 더위는?"

"낮에는 자고 밤에 시원해지면 그때 일하면 됩니다."

1970년대를 상징하는 중동건설 붐은 이렇게 시작되었고 우리나라가 경제적으로 발전하는 계기가 되었습니다. 긍정은 "할 수 있다"는 자신감이 "할 수 없다"는 두려움을 이기는 힘이 되었습니다. 한 사람의 긍정적인 삶이 우리나라 경제 발전의 밑거름이 되었습니다.

우리 공장도 나 한 사람의 긍정적인 힘이 공장을 성공으로 이끄는 계기가 될 수 있습니다. 장마와 무더위 속에서 하루하루 건강한 삶이 되기를 기원합니다.

문제가 없는 자는 죽은 자

세계적 성공학의 거장인 노먼 빈센트 필이 그의 저서 〈적극적 사고방식〉에서 한 말입니다.

"모든 문제는 그 안에 자체적인 해결의 씨앗을 지니고 있다. 그러므로 문제가 없으면 그 씨앗도 얻지 못한다. 문제는 유익한 것이고 문제가 없는 사람은 무덤에 묻힌 자 뿐이다."

대다수의 사람들은 문제를 문제로 보고 회피합니다. 소수는 문제를 기회와 은혜로 보고 환영합니다. 대다수는 이러이러한 문제 때문에 어렵다고 말합니다. 몇몇 사람들은 이런 문제가 있어 재미있고 더 도전해 보고 싶다고 말합니다. 대부분은 문제 때문에 좌절하지만 극소수는 그 문제를 활용해 자신을 단련시키고 남과 다른 차별적 우위를 만들어 갑니다. 그 소수의 사람들이 승리자입니다. 세상을 살아가는데 문제가 없는 사람은 죽은 자 외에는 한 사람도 없습니다. 문제를 대하는 우리의 태도에 달려 있습니다.

우리나라도 우리 사회도, 우리 공장도, 우리 가정도, 우리 자신도 문제를 갖고 있습니다. 이제 해결하는 일만 남았습니다. 문제를 극복하면 승리자가 되고 문제 앞에 좌절하면 실패자가 됩니다.

처서도 지나 아침저녁 선선한 바람이 불고 있습니다. 더욱 열심히 공부하고 부지런히 일하는 삶을 이어 갑시다.

하루하루 건강하고 활기찬 삶이 되기를 기원합니다.

뇌의 습성

서울 백병원 국제진료센터 및 스트레스 연구소 소장인 서울 백병원의 우종민 교수의 〈뒤집는 힘〉이란 저서에 있는 글입니다.

뇌는 현실과 언어를 구별하는 능력이 없기 때문에 입으로 "짜증나"를 반복하면 그 소리가 귀를 통해 뇌로 전달되고 뇌는 "짜증이 나 있는데 왜 괜찮은 척하느냐"면서 방어기전이 발동하여 온몸에 불쾌한 스트레스 호르몬을 쫙 뿌린다. 말버릇은 단순한 버릇으로 출발하지만 버릇이 거듭되면 마음과 몸을 사로잡는다.

흥미롭게도 뇌는 말과 현실을 구분하지 못한다고 합니다. 말은 밖으로 나왔다가 '뇌의 지령'에 따라 다시 자신에게로 돌아갑니다. 항상 '짜증난다'를 입에 달고 사는 사람에게는 실제로 짜증날 일이 계속 생겨납니다. 반면 긍정적이고 좋은 말만 계속하면 실제로 좋은 일만 생기게 됩니다. 말버릇이 자신의 운명을 결정합니다. 훈련을 거듭하면 좋은 말 습관을 만들 수 있습니다. 우리 속담에도 "말이 씨앗이 된다"고 합니다.

금년에는 나는 할 수 있다. 나는 건강하다. 나는 행복하다. 나는 내가 사는 사회에 필요한 사람이 될 것이다. 큰 소리로 외치며 힘차게 살아갑시다. 반드시 소리 내어 외쳐야 합니다. 내 말이 내 귀에 들리도록 말입니다. 웃음으로 흘려버리지 말고 꼭 실천해 보시기 바랍니다.

하루하루 건강하고 활기찬 삶이 되기를 기원합니다.

미국 정책 보좌관 강영우 박사

아버지가 별세하신 지 3년 후 중학교 3학년 때 축구를 하다가 공에 눈을 맞아 실명했고, 이 소식을 들은 어머니는 8시간 후 기절하여 세상을 떠났고 졸지에 가장이 된 누나는 평화시장 봉제공장에서 일하다 과로로 숨진다. 13세이던 남동생은 철물점으로 가고, 9세 여동생은 고아원으로 가고, 그는 맹인재활원으로 가게 된다. 이 이상 가혹할 수도 없는 절망적인 상황입니다. 과연 그는 어떻게 됐을까.

이 이야기는 우리나라 최초로 미국에서 맹인으로 박사 학위를 취득하고 조지 W 부시 대통령 때 장애인 정책담당 차관보가 되었고 그의 큰아들은 워싱톤 포스트가 선정한 2011년 "슈퍼닥터"로 선정됐고, 작은아들은 오바마 대통령의 선임법률 고문이 된 강영우(68) 박사의 이야기입니다. 그는 말합니다.

"제가 살아온 인생은 보통 사람보다 어려웠다. 하지만 결과적으로 나쁜 일 때문에 내 삶엔 더 좋은 일이 생겼다. 저는 나쁜 일이 생길 때마다 더 좋은 일이 생길 거라는 긍정적인 가치관, 생각을 가지고 살아왔다."

강 박사는 2011년 11월 29일 췌장암 진단을 받고 1개월 시한부 삶을 살고 있습니다. 그는 다시 말합니다.

"암보다 깊은 병은 포기다. 부정적인 생각으로 자기 자신을 포기하는 것이 가장 나쁘다"라고 말하면서 일 개월 시한부 인생을 살면서도 주변 사람들에게 "여러분 덕분에 제 삶이 행복했다"는 이메일을 보내고 있다고 합니다.

새해 첫 편지에 굳이 이런 사연을 올린 것은 여러분들도 이미 느끼고 있듯이 금년은 작년보다 더 가혹한 한 해가 될 것이 틀림이 없는 것 같습니다. 절망하면 절망할 수도 있는 상황입니다. 그러나 긍정적인 생각을 갖고 상황이 아무리 어렵더라도 극복해 냅시다.

새해 복많이 받고 건강하시기를 기원하면서 작년 매출 실적을 보냅니다. 어려운 환경 속에서 2010년과 같은 실적으로 올린 것을 감사하며 또 자랑스럽게 생각합니다.

월요편지 2013-04-03 오후 2:25:53

사소한 것에 목숨 걸지 말라

미국의 심리치료사 리처드 칼슨(Richard Carson, 1912~1977)이 〈우리는 사소한 것에 목숨을 건다〉란 책에서 한 말입니다.

"안돼, 나는 할 수 없어."

많은 사람들이 이같이 부정적인 말을 너무도 쉽게 습관적으로 말한다. 사람의 마음은 강력한 도구다. 어떤 일이 자신의 능력 밖에 것이라고 일단 확신하게 되면 그 후에는 스스로 만든 장애물을 넘어서기가 거의 불가능해진다. '나는 할 수 없어'라고 스스로 한계를 긋는 것은 일이 잘못되기를 바라는 나쁜 습관이라 할 수 있다. 불가능은 사실이 아니라 여러 가능성의 하나일 뿐이다는 것을 명심해야 한다."

그의 말은 계속됩니다.

"고달픈 인생을 행복하게 만들기 위해서는 사소한 것에 연연하지 말고 인생을 물 흐르듯이 살아가라"고 말하고 있습니다.

우리 몸에는 병을 이길 수 있는 자연치유력이 있듯이 난관을 돌파할 수 있는 잠재된 힘이 있습니다. 불황이 계속되는 어려운 이때에 우리에게 주는 귀한 교훈이라고 생각됩니다.

하루하루 건강하고 활기찬 삶이 되기를 기원합니다.

3월까지의 매출액을 보냅니다. 봄이 되면서 조금씩 회복되고 있습니다. 희망을 잃지 말고 정진합시다.

박인비 선수

TBWA Korea 전문임원이며 우리나라에서 가장 영향력 있는 광고인 박웅현의 저서 〈여덟 단어〉에 실린 말입니다.

"답을 찾지 말라. 인생에 정답은 없다. 모든 선택에는 정답과 오답이 공존한다. 지혜로운 사람들은 선택한 다음에 그걸 정답으로 만들어 내는 것이고 어리석은 사람은 그걸 선택하고 후회하면서 오답으로 만든다. 내 선택이 정답이 아닐 수도 있다고 생각하는 순간 동력을 잃고 약해지기 시작한다. 어떤 문제에 직면했을 때 내가 할 수 있는 가장 현명한 판단을 신중하게 하고 나서 과감하게 셔터를 내리고 바보처럼 단순하게 쭈욱 밀고 감으로써 내 선택을 정답으로 만들어 가는 게 필요하다."

지난 1일 제68회 US여자오픈 골프대회에서 박인비 선수가 63년 만에 한 시즌 메이저대회 3연승이라는 대기록을 세워 한국 낭자의 힘을 전 세계에 떨쳤습니다. 우승 후 박 선수가 한 말이 곧 이 말이었습니다. 선택을 한 후에는 믿고 경기에 임했다는 말입니다.

그리고 어떠한 위기에서도 '긍정의 힘'을 믿고 위기를 헤쳐 나갈 수 있었던 것은 스포츠 멘털 전문가 조수경 박사의 지난 5년간의 심리 상담이 큰 힘이 되었다고 했습니다. 조 박사는 박인비 외에도 박태환, 손연재, 양학선 등 한국의 대표적인 스포츠 스타들의 경기력 향상에 큰 역할을 했다는 사실입니다. 그리고 조 박사가 우리에게 꼭 필요한 말을 하고 있습니다.

"사람은 누구나 장점과 단점이 있는데 긍정적인 마음을 가지려고 노력하는 이들에게는 늘 장점이 극대화되어 나타난다."는 말입니다. 우리 모두에게도 장점과 단점이 있습니다. 긍정적인 마음이 우리의 장점을 극대화한다는 진실을 믿고 힘차게 도전합시다.

하루하루 건강하고 활기찬 삶이 되기를 기원합니다.

콜린 파월 국무장관

카리브해에 있는 인구 280만의 소국 자마이카의 이민자의 아들로 태어나(1937년 출생) 미국 최초의 흑인 국무장관(제65대)과 미국 합동참모본부 의장(제12대)이 된 콜린 파월(Colin Luther Powell)은 파나마 전쟁과 걸프전쟁을 승리로 이끌어 미국의 가장 존경받는 군인이자 영웅이 되었으나 대통령에 출마하라는 강력한 권유를 뿌리치고 아내와 아들 그리고 두 딸이 있는 가정으로 돌아간 파월 장관이 한 말이 있어 소개합니다.

나는 긍정적인 사고를 견지하기 위하여 항상 책상 유리 밑에 긍정적이고 낙천적인 금언을 적은 종이를 넣어 두고 있다.

＊내가 생각하는 것처럼 나쁘지 않다.

＊내일 아침이면 더 좋아질 것이다.

＊나는 해낼 수 있다.

＊두려움을 주거나 부정적인 말을 하는 사람들의 충고를 듣지 말라.

우리도 한번 실천해 보는 것이 어떨까요. 금년 한 해 긍정적인 마음을 갖고 승리하는 삶을 살아갑시다.

하루하루 건강하고 활기찬 삶이 되기를 기원합니다.

동화작가 안데르센

1805년 가난한 술주정뱅이 아버지와 세탁부 어머니 사이에서 태어나 가난 때문에 초등학교도 가지 못한(나이 든 후에 독지가의 도움으로 공부함) 아동문학 최고걸작 〈성냥팔이 소녀〉, 〈미운 오리 새끼〉, 〈인어공주〉, 〈벌거숭이 임금님〉 등의 작가 안데르센(Hans Chritian Andersen)의 말입니다.

"생각해 보니 나의 역경은 정말 축복이었다. 어린 시절 가난했기에 〈성냥팔이 소녀〉를 쓸 수 있었고, 또 못생겼다고 놀림을 받았기에 〈미운 오리 새끼〉를 쓸 수 있었다. 나는 가난과 술주정뱅이 아버지의 학대 속에서도 알콜중독자 아버지를 좋은 사람으로, 가난한 것을 축복이라고 상상하며 살았다. 내가 살아온 인생사가 바로 내 작품의 핵심이다."

우리는 돈이 없기 때문에 돈을 벌어야 하고, 아는 것이 없기 때문에 배워야 하고, 기술이 없기 때문에 기술을 익혀야 합니다. 우리 공장은 입지 여건이 좋지 않기 때문에 입지가 좋은 공장보다 더 열심히 뛰어야 하고, 우리들은 최고가 아니기 때문에 남보다 더 노력하여야 하며, 최고의 직장이 아니기 때문에 최고의 직장을 만들어야 합니다.

가난하기 때문에 〈성냥팔이 소녀〉 같은 작품이 나오고, 못생겼기 때문에 〈미운 오리 새끼〉 같은 걸작이 나오는 진리를 믿고 환경을 뛰어 넘는 성공의 스토리를 만들어 갑시다.

하루하루 건강하고 활기찬 삶이 되기를 기원합니다.

26. 여행

월요편지 2007-03-20 오후 7:44:22

미시간 랜싱에서

저는 지난 18일 미국 미시간 랜싱에 왔습니다. 랜싱은 자동차 도시인 디트로이트에서 150여 킬로 떨어진 곳에 있습니다. 디트로이트에 대해서는 지난해 10월 23일 월요편지에서 간단하게 이야기한 적이 있어 다시 쓰지는 않겠습니다. 참고하시기 바랍니다.

이곳에 와서 이번에도 지난번처럼 디트로이트와 현대자동차를 비교하게 됩니다. 여러분들도 잘 아시는 대로 디트로이트는 세계 자동차 생산의 중심지였고 미국 경제를 리드했던 산업도시였습니다. 지금은 옛 영광은 간 곳이 없고 폐허의 도시로 변해 가고 있습니다. 이곳 랜싱에도 GM의 큰 공장이 있었으나 지금은 거의 폐쇄되었다고 합니다.

한 가지 예로 한국에서 이곳에 오려면 시카고에서 비행기를 갈아타고 랜싱공항으로 오면 공항에서 집까지 차로 10여 분밖에 되지 않으나 랜싱공항에는 손님이 없어 비행기가 스케줄대로 운항이 잘되지 않아 차로 1시간 반 넘게 걸리는 디트로이트공항으로 먼 길을 돌아옵니다.

들리는 이야기로는 랜싱공항은 금년이 지나면 폐쇄된다는 소문도 있다고 합니다. 랜싱공항은 지금은 손님이 없으나 규모도 크고 잘 지어진 공항입니다. 잘나가던 자동차 공장도, 잘되던 공항도 망할 수 있다는 교훈을 우리에게 주고 있습니다. 타산지석으로 삼아야 할 귀중한 교훈이 아닐 수 없습니다. 현대자동차도 지금 정신을 차리지 않으면 똑같은 전철을 밟게 될 것은 확실합니다. 한국은 20일 저녁 6시이지만 이곳은 지금 20일 아침 5시입니다. 서울에서 진달래가 피기 시작하는 것을 보고 왔는데 어제 아침은 눈이 내리고 오늘 새벽 지금은 -3도 입니다. 회사 인트라넷을 통하여 생산과 판매 등은 계속 파악하고 있습니다. 사용하고는 있지만 마술 같은 컴퓨터의 경이로운 기능을 다시 한번 깨닫게 됩니다.

오늘도 건강하고 활기찬 하루가 되기를 멀리서 기원 드립니다.

월요편지 2007-03-29 오후 8:07:33

내가 본 미국

이곳에 온 지도 벌써 10여 일이 지나 내일모레면 귀국하게 됩니다. 이곳은 미시간 대학이 있는 인구 5, 6만의 작은 시골 도시입니다. 그렇기 때문에 대도시와는 많은 것이 다를 수 있습니다만 이곳에서 느끼는 미국의 힘을 생각해 보았습니다.

① 많은 인종이 섞여 살고 있지만(상점가에서 지나가는 사람을 보면 흑인, 인도인, 중국인 등 동양계가 백인보다도 더 많게 느껴졌습니다.) 미국이라는 하나의 가치, 하나의 목표가 있었습니다. 나라를 사랑하고 자부심을 갖고 있었습니다.

② 법과 질서를 잘 지키고 있었습니다. 길에는 우선멈춤이 많이 있습니다. 다른 도로로 진입하는 곳, 교차로, 사람이 건너가는 곳 등에는 반드시 우선멈춤이 있습니다. 차나 사람이 없어도 반드시 멈춰 섰다가 진행합니다. 우리 생각으로는 건너가는 사람도 지나가는 차도 거의 없으므로 전혀 필요가 없는 것 같고 또 보는 사람도 없으나 모든 사람들이 철저히 법을 지키고 있었습니다.

③ 비록 모르는 사람일지라도 만나면 미소로 인사하고 가다가 마주서면 서로 먼저 가라고 양보합니다.

④ 소박한 생활을 하고 있었습니다. 돈이 아주 많은 사람들은 어떠한지 모르지만 서민들은 참으로 소박한 삶을 사는 것을 볼

수 있습니다. 그들은 애플비 등 체인식당에서 10불(만 원 정도, 음식질로 보면 우리나라에서는 3, 4만 원 정도의 식사) 내외의 식사를 하고, 옷은 어린이 것은 만 원 내외, 어른 것도 3, 4만 원, 구두도 2, 3만 원 정도면 훌륭한 것을 살 수 있습니다. 물론 돈 많은 사람, 대도시 사람들은 다를 수 있겠지만 제가 보기는 거의 모든 사람들이 소박하게 살고 있다고 느껴졌습니다. 저도 집사람과 둘이서 집 근처 상점가에 있는 후드 코트에서 점심을 가끔 먹는데 팬더 익스프레스라는 체인점인데 볶음밥, 닭튀김, 소고기 야채볶음 3가지 들어간 식사가 5, 6불(약 5,500원)입니다. 양이 많아 둘이서 하나를 사서 먹으면 점심이 충분히 됩니다. 일인당 2,800원 정도면 됩니다.

⑤ 미국에는 비만 환자가 많이 있습니다만 거리에서 조깅을 하는 많은 사람들을 볼 수 있습니다. 물론 자연환경이 조깅을 하기에 좋은 여건을 제공해 주기도 하지만 많은 사람들이 건강유지를 위하여 노력하는 것을 알 수 있었습니다.

⑥ 이곳은 시골이라 개인 주택이 많이 있습니다. 대지는 2, 3백 평 정도에 건평은 4, 50평 정도의 집들입니다. 주택 값은 20만 불(약 2억 원) 내외라고 합니다. 이런 정도는 중산층인 것 같고, 좀 더 규모가 작은 10만 불 내외의 집들도 많이 있습니다. 집집마다 잔디 심고, 소나무같이 생긴 큰 나무들이 대지 경계에 심어져 있고 일년생 화초들을 많이 심어 돈이 아니라 정성으로 정원을 잘 가꾸고 있는 것을 보게 됩니다.

⑦ 이곳에 와서 특이한 현상을 보았습니다. 2인용 유모차입니다. 우리나라에도 있습니다만 미국에는 유모차의 2, 30%로 많이 있는 것을 느꼈습니다. 출산율도 적지 않은 것으로 보였습니다.

⑧ 모든 사람들이 일을 하고 있는 것 같습니다. 상점에 가면 6, 70대의 나이가 많은 할아버지, 할머니들이 일하고 있는 것을 보게 됩니다. 일전에 시얼스 백화점에서 본 일입니다. 확실히는 모르겠으나 80은 훨씬 넘고, 90도 지난 것으로 보이는 할머니가 계산원으로 일하고 있는 것을 보았습니다. 모든 사람들의 속마음은 모르겠으나 겉으로 보기에는 즐거운 마음으로 일하고 있는 것을 보았습니다.

기간도 짧고 또 시골에서 미국을 논한다는 것이 주제넘는 일이기는 하지만 10여 일을 지내면서 느낀 것을 적어 보았습니다.

건강하고 활기찬 모습으로 만나기를 바랍니다.

고교 졸업 50주년

지난 주간에는 고등학교 졸업 50주년을 맞아 미주에서 온 동창 20여 명과 국내에 있는 동창 30여 명 등 52명이 여행을 다녀왔습니다. 지내고 보니 50년이란 세월이 결코 길지 않다는 것이었습니다. 모두가 똑같은 생각을 가지고 있었습니다.

좀 더 열심히 공부할 걸, 좀 더 열심히 살걸, 좀 더 즐겁게 살걸, 다시 태어난다면 지난 50년보다 더 가치 있게 살겠다는 생각을 모두가 갖고 있었습니다. 50년을 살고야 깨달으면 이미 늦습니다. 시간이 있고 건강이 있을 때 깨닫는 것이 중요합니다. 먼저 산 선배의 경험과 말을 통해, 글을 통해 터득할 수 있습니다. 어떻게 살 것인가 답은 나와 있습니다. 실천만이 있을 뿐이고 또 실천하면 됩니다.

미주 동창 중에는 40년 만에 고국에 온 친구도 있고, 한두 번 다녀간 친구도 있고, 많은 왕래와 대중 매체를 통하여 고국을 잘 알고 있었으나 직접 와서 보고는 고국의 발전에 정말로 놀라워했습니다. 또 이민 간 것을 말하지는 않지만 후회하고 있는 것 같기도 했습니다.

그들이 미국으로 이민 갈 당시는 일하려고 해도 일자리가 없고 먹고 사는 것 자체가 어려운 때였습니다. 그들이 선물을 가져왔습니다. 고국에 있는 친구들에게 줄 선물이므로 많은 생각 끝에 통에 든 원두커피를 갖고 왔습니다. 성의는 고맙지만 그렇게 귀한 것도 아니며, 국내에는 더 좋은 커피가 많이 있습니다. 선물을 이야기하는 것이 아니라 우리나라가 그들이 생각하는 것보다 훨씬 더 잘살고 있다는 것입니다.

우리 모두가 자랑스러운 나라를 만들었다는 자부심을 가져도 좋다는 생각을 했습니다. 우리는 우리가 한 일을 잊고 살 때가 있습니다. 참으로 우리는 큰일을 했습니다. 앞으로 더 큰일을 해서 오고 오는 후손들에게 자랑스러운 나라를 물려 줍시다.

건강한 하루하루가 되기를 기원 드립니다.

아키타 공항

지난주 말에는 일본 동북부에 위치한 쌀 주산지인 아키타에 다녀왔습니다. 국제공항이지만 시골 작은 공항에 내려 느낀 것이 있습니다. 아키타에 오는 방문객 모두에게 선물을 주고 있었습니다. 비행기에서 내려 공항에서 주는 선물을 받은 것은 처음이고 신선한 느낌을 받았습니다.

일본에서 유명한 모리나가 제과의 카라멜 한 갑과 카레 한 봉지(일본에서 요즘 웰빙식품으로 붐을 이루고 있다고 함)였습니다. 선물의 크고 작은 것이 문제가 아니라 한 명의 관광객이라도 더 오라고, 또 좋은 인상을 주기 위해 작은 시골에서도 최선을 다하고 있는 것을 보았습니다. 다른 말로 하면 치열한 경쟁을 하고 있다는 것입니다. 공항에는 물론 작은 관광지에도 한글로 된 팸플릿을 준비하고 있고 화장실 등 모든 시설에 한글로 안내문이 쓰여 있었습니다.

우리 개인도, 우리 공장도, 우리나라도 치열한 경쟁에서 뒤지지 않기 위해 무엇을 하고 있는지 뒤돌아보아야 할 것입니다. 우리는 지금 무한 경쟁의 한가운데 서 있습니다. 우리를 에워싸고 있는 모든 사람들이, 모든 공장들이, 모든 나라들이 우리가 미처 생각지도 못한 도전들을 하고 있습니다. 나의 경쟁력, 우리 공장의 경쟁력, 우리나라의 경쟁력은 무엇입니까? 공항에서 방문객에게 선물을 주는 것 같은 참신한 경쟁력을 우리도 갖도록 노력합시다.

환절기에 더욱 건강에 유념하고 활기찬 삶이 되기를 기원합니다.

미국이라는 나라

지난 12일 서울을 출발해 지금은 큰딸네 집에 와 있습니다. 이곳은 자동차의 도시 디트로이트에서 멀지 않은 미시간 주립대학이 있는 시골의 작은 도시 미시간 주 랜싱입니다.

겨울에는 눈이 많이 오기로 유명한 지역인데 10여 일 전에 큰 눈이 왔으나 그 후 예년에 비해 기온이 높아 도착할 때는 눈이 없었으나 어제 많은 눈이 내리고 기온도 -7도로 온 세상이 하얀 눈으로 덮여 있습니다.

미국에 올 때마다 느끼는 것입니다만 사람이 평균적으로 생긴다는 것이 참으로 어렵다는 생각이 듭니다. 우리나라에서는 길에서 만나는 사람이 크게 다르지 않습니다. 그러나 이곳에서는 평균적인 사람이 많지 않습니다. 지나치게 키가 작은 사람, 지나치게 키가 큰 사람, 지나치게 뚱뚱한 사람, 몹시도 검은 사람, 특이한 옷을 입고 있는 인도 사람, 동양의 여러 나라 사람, 몸의 균형이 전혀 맞지 않는 사람 등 전혀 한 나라의 국민이라고는 생각되지 않는 사람들입니다.

1620년 102명의 영국의 청교도들이 메이훌라워(Mayflower)라는 작은 배를 타고 신대륙에 건너와 세운 지 388년밖에 되지 않는 나라가 세계 최강국이 된 원동력이 무엇인가 생각해 보게 됩니다. 그 원인은 미국이라는 나라를 중심으로 모든 국민이 하나로 뭉친 결과가 아닌가 생각합니다. 미국 민주당 대통령 경선에서 케냐 출신 흑인인 오바마가 돌풍을 일으키고 있는 것이 곧 미국의 힘이라고 생각합니다.

지난 대선 때는 많이 희석되기는 했습니다만 한 쪽에서는 호남은 안되고, 다른 쪽에서는 영남은 안된다고 하는 분열은 이제는 극복하고 통합을 이뤄야 한다고 생각합니다. 대한민국을 중심으로 우리 모두가 하나로 뭉칠 때 국운 융성의 큰 힘을 발휘할 수 있다는 생각이 듭니다.

서울도 오늘 아침 -10도였습니다만 여기도 그 동안은 춥지 않았으나 주말부터는 -11~-15도 내외로 추워진다고 합니다. 지금 이곳 시간은 낮 12시입니다. 서울은 새벽 2시로 곤히 잠든 시간이군요. 좋은 꿈 많이 꾸시고 추위에 더욱 건강하시기를 먼 곳에서 기원 드립니다.

한국 음식

랜싱에 온 지 벌써 일주일이 지났습니다. 지금 이곳은 월요일 새벽 5시, 서울은 하루를 마감한 월요일 저녁 7시군요. 서울은 요즘 기온이 많이 올라갔으나 이곳은 며칠째 강추위가 계속되고 있습니다. 최저기온이 -17도, 한낮에도 -10도로 춥고 눈도 시도 때도 없이 많이 내리고 있습니다.

음식 문화를 이야기하고자 합니다. 이곳에 와서 보면 엄청 뚱뚱한 사람이 참으로 많습니다. 우리나라 음식이 웰빙음식이라는 보도를 본 적이 있을 것입니다. 미국 사람들의 비만은 육류, 햄버거, 콜라 등 식습관의 잘못에서 비롯된 것이라고 생각됩니다.

롯데식품이라는 동네 한국 슈퍼가 있습니다. 그 주인의 말이 매출의 3분의 1이 미국 사람들이라고 합니다. 특히 햄버거보다 좋다고 하면서 낮 12시면 김밥을 사러 많은 미국 사람들이 온다고 합니다. 슈퍼 주인의 부인이 혼자서 김밥을 만들기 때문에 많은 양을 만들지를 못해 항상 부족하다고 합니다.

또 이곳의 난방은 온풍식이고 이들은 실내 온도가 18도 내외로 우리보다 춥게 살고 있고 난방방식이 온풍식이라 따뜻한 곳이 없습니다. 그렇기 때문에 한국에 근무한 적이 있는 사람들이 온돌에 많은 관심을 갖고 있고 축조방법을 문의하기도 한답니다. 한국 슈퍼에 와서 전자파 발생이 없는 한국산 전기장판을 구해 달라고 부탁하는 이들도 많이 있어 이를 주문해 많이 판다고 합니다. 우리나라 음식, 우리나라 주거 문화의 우수성을 새삼 느끼게 됩니다.

이번 주말에는 돌아갑니다. 건강한 얼굴로 만나기를 기대하고 있습니다.

미국 대학 졸업식

미국 대학의 졸업식에 대하여 느낀 것이 있어 소개합니다. 대학원 졸업식이 저녁 7시에 시작해 9시가 넘어 끝났습니다. 화려하고 축제의 분위기 속에서 대학 당국이 아니라 졸업생 한 사람 한 사람을 배려하는 졸업식이었습니다.

최근에는 졸업식에 참석한 일이 없어 잘은 모르지만 우리나라에서는 학부, 대학원 모두 한자리에서 10시 또는 11시에 식을 거행하는 것으로 알고 있습니다. 졸업하는 당사자나 가족은 졸업식 날 많은 시간을 할애해도 좋습니다만 축하해 주는 친척, 친지들의 시간은 배려해 주는 것이 맞다고 생각합니다.

또한 그들은 각자 해야 할 생업이 있지 않습니까. 대학 당국은 졸업생이 불편하고, 식에 참석하는 사람들이 불편하더라도 한 번에 졸업식을 끝내는 것이 편할 것입니다.

그러나 이곳에서는 학부, 대학원, 단과대학 등 일자, 시간, 장소를 달리하여 졸업식을 거행하는 것을 보았습니다. 축사 등 의례적인 것은 최소화하고 졸업생 한 사람 한 사람을 호명하여 단상에서 총장이 축하해 주고 한 사람 한 사람의 기념사진을 찍어주는 정성을 다하는 것을 볼 수 있었습니다.

우리도 내가 편한 것이 아니라 상대방이 편한 것을 생각하는 문화를 체질화하는 것이 필요하고 또 중요하다는 생각을 했습니다. 내가 편한 것이 아니라 고객이, 내가 편한 것이 아니라 가족이, 직장 동료가, 내 이웃이 편하도록 생각하고 행동하는 것이 중요하다는 생각을 했습니다. 이런 배려들이 모여 선진사회가 형성된다고 생각합니다.

이곳에서도 회사 인트라넷을 통하여 실시간으로 생산, 출하 등을 보고 있습니다. 내주 초에 귀국합니다. 기쁘고 건강한 얼굴로 만나기를 기원합니다.

시마네현 공항

지난주에 일본에 다녀왔습니다. 일본에서 가장 오지인 시마네현이었습니다. 인천공항에서 충격적인 일이 있었습니다. 일본 출입국 관리가 한국 인천공항에 나와서 한국에서 입국 심사를 해주는 것이었습니다. 방문국 공항에서 입국 심사를 받는 것이 관례인데 우리나라에서 일본 입국 심사를 받았습니다. 입국 심사를 편리하게 해서 방문자의 불편을 최소화하고 시간을 절약하여 한국관광객을 한 명이라도 더 유치하려는 피나는 노력을 보면서 많은 것을 생각했습니다.

특히 우리나라의 현실을 생각할 때 비통한 심정을 금할 수 없었습니다. 무한 경쟁의 국제사회입니다. 일본이 다시 무력으로 우리나라를 침략할 수는 없습니다. 그러나 경제적으로는 얼마든지 가능합니다.

몇 년 전 호주에 간 일이 있습니다. 그때 일본 해군사관학교 학생들의 훈련 함정이 시드니항에 입항한 사실을 보도한 호주 신문이 생각납니다. 2차대전 때도 일본 함정이 시드니에 들어온 적이 없는데 일본 함정이 당당하게 입항했다는 것이었습니다. 대포를 들고가 아니라 경제를 들고 시드니항을 점령했다는 것이었습니다.

국가도, 기업도, 개인도 실력을 키우는 것이 가장 중요합니다. 기억하고 계실 줄로 압니다만 우리나라 대통령이 일본을 방문할 때마다 사과의 수준을 놓고 줄다리기했던 것을 기억하실 것입니다. 노태우 대통령 때 친구인 이종남 법무부 장관이 대통령을 수행한 적이 있습니다. 그때 이 장관의 말씀이 생각납니다. 사과의 수준은 우리나라의 국력과 정비례한다는 것이었습니다.

무엇이 우리가 살아갈 길인가 가슴도 중요하지만 머리로 냉철하게 생각하고 행동하는 것이 필요한 시점이 아닌가 생각합니다.

하루하루 건강하고 활기찬 삶이 되기를 기원합니다.

미국 생활

이곳에 온 지도 벌써 일주일이 되었습니다. 주말에 귀국 예정입니다. 이곳 기온은 그간 따뜻했으나 어제는 눈이 내리고 오늘 아침은 -1도 입니다. 미국에 올 때마다 느끼는 것이지만 이들은 우리보다 훨씬 춥게 살고 있다는 것입니다. 월마트 등 슈퍼에 가면 털로 된 실내화와 의자에 앉아 무릎 또는 상체를 덮는 드로우즈(Throws)라는 담요를 많이 팔고 있습니다. 그만큼 실내가 춥기 때문입니다.

우리 큰딸도 부모가 왔다고 20도 정도로 온도를 높였으나 평소에는 더 춥게 살고 있다고 합니다. 유가가 상승할 당시 실내 온도를 제한하자는 의견이 제기되었을 때 실내 온도까지 규제하느냐면서 반대한 기억이 있습니다. 규제를 해서라도 습관을 바꿔야 한다고 생각합니다. 제가 살고 있는 아파트의 실내 온도는 26~27도 입니다. 20도 정도면 충분하다고 생각합니다. 이곳에 와서 20도에서 생활해 보니 조금도 춥거나 불편하지 않습니다. 1주일 또는 한 달만 20도에서 생활하면 곧 적응하게 될 것이고 이로 인한 절약은 엄청날 것입니다.

이곳 미시간주 랜싱은 소도시로 그간 집값 상승이 없었는데도 집값이 20퍼센트 이상 하락했고 그나마 거래가 없다고 합니다. 집단상가에 가 보면 빈 가게가 많이 보이고 점포를 정리하는 곳을 볼 수가 있습니다. 과거에는 한 개 정도의 폐업하는 상점을 본 적이 있는데 이번에는 세 곳의 점포가 폐업세일을 하고 있었습니다. 우리나라도 더 어려워지지 않도록 최선을 다해야 합니다. 서울에서 건강하고 활기찬 얼굴로 만나기를 바랍니다.

공항 풍경

지난 주간에는 미국에 다녀왔습니다. 여행 중이어서 컴퓨터 환경이 여의치 않아 월요편지를 보내지 못했습니다. 여행 중 비행기를 기다리면서 공항 대합실에서 여러 시간을 보내면서 보고 느낀 것이 있어 소개합니다.

대합실 의자가 여섯 명씩 마주보게 되어 있었습니다. 열두 자리 중 열 명이 앉아 있었는데 5, 60대로 생각되는 미국 할머니가 다섯 명, 50대 중년 남자 두 명, 60대 할아버지 한 명, 젊은 청년 한 명, 그리고 나, 모두 10명이었습니다. 그중 미국 할머니 3명은 책(소설책으로 보임)을 읽고 있고, 60대 할아버지는 신문을, 중년 신사는 메모 종이를 뒤적이며 컴퓨터 작업을, 또 한 명은 컴퓨터로 책을 읽고 있고, 젊은이는 게임을 하는 것으로 보였습니다. 나와 두 명의 중년 미국 여인만 아무것도 하지 않고 앉아 있었습니다.

그것을 보면서 미국의 저력을 느낄 수 있었습니다. 나를 제외한 미국인 9명 중 4명은 독서를, 한 사람은 일을, 한 사람은 게임을 하고 있었습니다. 그들은 확실히 우리보다 독서를 많이 하는 것은 분명합니다. 우리 국민도 독서를 생활화하는 것이 매우 중요하다는 생각이 들었습니다. 자투리 시간을 허비하지 않고 독서하고 일하는 습관을 익혀야 한다고 생각했습니다.

또 한 가지 느낀 점은 중국의 힘을 느낄 수 있었습니다. 과거에는 여행지에 가면 일본 사람이 많았으나 이번에는 중국 사람이 확실히 많았습니다. G2 국가의 위상을 보는 듯했습니다. 우리나라도 더욱 정신 차리지 않으면 중국에 뒤질 수 있겠다는 위기감을 느낄 수 있었습니다. 우리나라가 살 길은 중국보다 한 발짝 또는 최소한 반 발짝 앞서가야 살 수 있습니다. 독서하는 민족, 더욱 노력하는 민족이 되어야 생존할 수 있다는 생각을 갖게 하는 여행이었습니다.

건강한 하루하루가 되기를 기원합니다.

삼성 TV

여행을 다녀오느라 월요편지를 보내지 못했습니다. 벤츠, BMW 차가 기술의 독일을, 소니 전자 제품이 정밀의 일본을 세계에 알렸다고 말합니다. 이번 여행을 통해서 우리나라의 기업이 우리나라의 기술을 세계에 알리고 있다는 사실을 확인하는 여행이었습니다.

세계의 유수 공항에는 거의 예외없이 LG 또는 삼성 TV가 설치되어 있고, 호텔에도 새로 설치된 TV는 거의 삼성 TV였습니다. 세계 사람들이 한국 TV를 보면서 기술의 한국 이미지를 쌓아 가고 있었습니다.

전쟁의 폐허에서 이룩한 기적은 이제는 속도를 낼 수 있는 시점에 도달했다는 확신을 갖고 돌아왔습니다. 지금까지 우리가 이룩한 발전을 기반으로 이제는 비약할 때가 왔다고 확신합니다. 한 치의 흐트러짐 없이 정진한다면 지금보다 훨씬 발전된 조국을 후손들에게 물려줄 수 있을 것입니다.

장마가 계속되고 있습니다. 광주, 포천 공장 식구들이 퇴근도 못하고 수고했습니다. 감사합니다. 오늘을 무사히 넘기면 금년 장마도 거의 끝나는 것 같습니다. 계속되는 비에 건강에 더욱 유념하기를 바랍니다.

러시아

지난 여행 중에 소련 제2도시인 피터스버그(레닌그다드)에 잠시 다녀왔습니다. 약 30년 전(국교 개시 전) 소련을 여행하면서 가난하고 낙후되고 희망이 없는 소련을 보면서 공산주의가 국가는 물론 국민까지 황폐하게 만든 것을 보면서 정치제도의 선택이 얼마나 중요한 것인지 깨달은 적이 있었습니다.

푸틴 이후 옛 영광을 다소 회복했다는 느낌을 갖고 다시 갔습니다. 잠깐의 방문으로 정확하게 알 수는 없지만 겉으로 보기에는 지금도 허름한 아파트 등 가난하게 살고 있었습니다. 공산주의, 사회주의, 민주주의 등 현재의 3가지 형태의 정치제도 중 제도마다 장단점도 있고, 빈부 격차 등 문제점을 갖고 있지만 민주주의를 선택한 나라가 상대적으로 잘살고 있다는 것은 분명한 사실이라는 확신을 갖고 돌아왔습니다.

우리나라에도 많은 문제점이 있고 또 개선해야 할 것이 있지만 민주주의의 근본은 확실하게 잘 지켜야 하겠다는 확신을 다시금 갖게 된 여행이었습니다.

지긋지긋한 장마가 계속되고 있습니다. 그 결과 매출도 많이 감소했습니다. 그러나 비도 끝나고 일할 날이 곧 올 것입니다. 건강한 몸으로 준비합시다.

7월까지의 매출액을 보냅니다. 참고하시기 바랍니다.

일본 여행

몇 년 전 일본에서 기차를 탄 적이 있습니다. 그때 본 일을 소개합니다.

어린아이 둘을 데리고 탄 중년 여인은 기차에서 파는 도시락을 사서 네 살, 여섯 살쯤으로 보이는 아이들에게 하나씩 주고는 도와주지 않고 각자 먹게 하는 것을 본 적이 있습니다.

그런데 더욱 놀라운 것은 어린아이들이 도시락을 다 먹고 난 후 처음 쌌던 대로 깨끗이 싸고 고무줄로 묶기까지 하는 것이었습니다. 일본 식당에서도 보면 식사를 마친 후 식당 종업원이 쉽게 치울 수 있도록 최대한 깨끗이 정리를 하고 떠나는 것을 볼 수 있습니다.

우리나라 식당에서 보면 모두 다 그러는 것은 아니지만 최대한 어지럽게 널려 놓고 떠나는 손님을 볼 때도 있습니다. 남에 대한 배려가 부족하다는 생각이 듭니다. 어린아이에게 자립심을 키우는 일, 자기가 할 수 있는 일은 자기가 하는 것 등이 곧 남을 돕는 일이고 또 남을 배려하는 것이라고 생각합니다.

지금은 많이 쇠퇴했습니다만 20여 년 전만 해도 미국을 위협할 정도로 경제강국을 이룬 것도 이런 저력이 있기 때문이라고 생각합니다. 내가 조금 양보하고, 노력하면 상대는 많이 편안하게 됩니다. 내가 조금 편안하면 상대는 많이 불편하게 됩니다. 혼자 사는 세상이 아닙니다. 더불어 사는 세상입니다. 작은 양보, 작은 배려가 좋은 사회를 만들게 됩니다.

하루하루 건강하고 활기찬 삶이 되기를 기원 드립니다.

세인트 마틴

구정 연휴를 이용해 여행을 다녀왔습니다. 여행 중 느낀 몇 가지를 말씀드리고자 합니다. 미국 프로리다 남쪽 카리브해에 있는 작은 섬 세인트 바틴(네덜란드와 프랑스령, 면적 88㎢)에 갔을 때 전체 차량 중 약 20프로 정도는 현대, 기아차였습니다.

우리나라가 우리가 느끼지 못하는 사이 정말 크게 발전했다는 감명을 받았습니다. 배에도, 호텔에도, 공항에도 어김없이 모든 TV는 삼성 아니면 LG였습니다. 좋은 나라가 되었다는 자부심과 뿌듯함을 갖고 돌아왔습니다. 또 한 가지는 세상이 많이 변했다는 느낌을 받았습니다.

과거에는 세계 여행 시장을 일본이 장악하고 있었으나 이제는 중국이 장악하고 있음을 실감했습니다. 일본은 많이 침체되어 가고 있고, 중국은 부상하고 있음을 느낄 수 있었습니다. 일본이 침체되는 것은 우리에게는 기회이고, 중국이 크게 발전하고 있는 것은 우리에게 위협이 될 수 있습니다. 정신 바짝 차리고 현실에 대처해야겠다는 생각을 하게 하는 여행이었습니다.

내일이면 벌써 입춘입니다. 어제오늘은 춥지만 따뜻한 봄도 머지않았습니다. 건강한 몸, 준비된 마음으로 새봄을 맞이합시다.

태극기 든 관광객

주초 일본 후쿠오카에 갔다가 어제 돌아왔습니다. 후쿠오카는 우리나라보다 남쪽에 위치해 따뜻한 지방이지만 지진 때문에 온돌이 없으며 일본의 특성상이긴 하지만 우리보다 많이 춥게 사는 것을 보았습니다.

방 하나만 열풍기로 난방을 할 뿐 마루, 화장실, 복도 등은 전혀 난방이 되어 있지 않고, 방 안도 정확히는 모르겠으나 15도 내외가 아닌가 생각되었습니다. 에너지 자원이 부족한 우리도 온도를 좀 낮추는 것이 좋지 않겠나 생각했습니다. 현재 온도보다 5도 정도 낮추면 많은 자원을 절약할 수 있다고 생각합니다.

또 한 가지 기분 좋은 일이 있어 소개합니다.

후쿠오카 시내에서 우리나라 관광단체를 만났습니다. 그런데 인솔자가 태극기를 들고 일행을 인도하고 있었습니다. 일본에서 태극기를 들고 다니는 현실이 얼마나 당당하고 뿌듯했는지 감명을 받았고 국력이 얼마나 컸는지 실감할 수 있었습니다. 이전까지는 회사 사기를 들고 다녔는데 태극기를 들고 다닐 정도로 자신감 넘치는 나라가 되었습니다.

금년은 새로운 대통령이 출발하는 해이기도 합니다. 임기가 끝나는 5년 후 더 발전한 나라를 기대합니다.

하루하루 건강하고 활기찬 삶이 되기를 기원합니다.

아들에게 준 아버지의 조언

○… 이 글은 2001년 3월 19일 아들(현 사장)이 입사할 때 준 글입니다. 나 자신 과연 얼마나 실천했는지는 모르나 실천하려고 노력하며 살았다고 감히 말할 수는 있습니다. 정리하면서 몇 개 항목은 추가했습니다. (N)자 표시된 항목은 새로 추가된 것입니다.…○

1. 몸에 익혀야 할 습관

(1) 항상 기록하라. 기록은 시간이 지나면 귀한 자산이 된다. 10년, 20년 전에 만난 사람은 잊혀진 사람이지만 기록하면 지금도 잘 아는 사람이다. 만난 사람, 경험한 일 등을 기록으로 남겨라.

(2) 상담한 내용, 합의한 내용, 약속한 내용은 반드시 기록하라. 오늘 한 상담, 합의, 약속이 내일 이뤄지면 기록이 필요 없을지 몰라도 시간이 지나면 기억은 희미해지고 각자 자기 중심적으로 해석하거나, 기억될 수도 있다. 계약서, 각서, 합의서 등이 필요하지만 간단한 것은 상담 시 면전에서 메모장 등에 기록하라.

(3) 한 발 먼저 행동하고, 결심하면 즉시 실행에 옮겨라. 특히 대인관계는 특별한 일이 없을 때 돈독히 하라. 목이 마를 때 우물을 파는 우를 범하지 말라.

(4) 쉽게 약속하지 말고 약속한 것은 꼭 지켜라. 모든 시간은 꼭 지켜라. 열 번 지키다 한 번 안 지키면 열 번이 허사가 된다. 시간을 안 지키면 믿을 수 없는 사람으로 취급받는다.

(5) 작은 것은 아끼고 큰 것은 쓰라. 아끼는 것은 크게 쓰기 위해 하는 것이다. 작은 것을 아껴야 큰 돈을 모을 수 있고 돈을

모은 후에도 안 쓰면 수전노일 뿐이다. 이것은 선친의 유훈이기도 하다.

(6) 힘을 아껴라. 10의 힘이 있다면 6만 쓰고 4는 만일을 대비해 비축해 두라. 10의 힘을 다 쓴 후에 일이 실패하면 극복할 힘이 없기 때문이다. 이것도 선친의 유훈이다.(N)

2. 회사 경영

(1) 월급은 적게 주는 것보다는 가능하면 많이 주는 것이 좋다. 직원들은 월급으로 사는 사람들이다. 인건비를 우선으로 하라.

(2) 관리자는 존경을 받는 자가 되어야 한다. 비난받는 자는 관리자가 될 수 없다. 비난받으면서 공장을 경영할 수는 없다.

(3) 관리자는 가슴이 넓어야 한다. 직원들을 가슴에 품어야 한다. 모든 사람은 장점과 단점을 같이 갖고 있다. 단점만 보고 장점을 지나쳐서는 안된다.

(4) 가능하면 직원을 직접 심하게 꾸짖지 말라. 꼭 필요하면 중간관리자를 통해 하라. 잘못을 저지른 직원이 잘못에 대해 잘 인식하고 있고, 또 반성하고 있을 때는 질책하지 말라. 한 번 잘못하고, 한 번 야단맞으면 제로가 된다.

(5) 직원의 요구는 제기되기 전에 충족하라. 투쟁의 산물은 감사의 대상이 아니다. 직원과 이해가 충돌할 때는 최대한 수용하라.(N)

3. 대인 관계

(1) 필요 이상으로 접근하거나, 호의를 베푸는 사람은 조심하라. 어떤 목적이 있는 경우가 있다. 어떤 경우는 배신감을 가질

수도 있다.

(2) 모든 사람을 인격적으로 대하고, 특히 직원의 인격을 존중하라. 갑과 을의 관계는 항상 변한다. 갑일 때 겸손하고 을일 때 비굴하지 말라.

(3) 상대방의 관심사를 먼저 파악하고 공통관심사를 빨리 찾고, 연구하라. 그래야 상대방도 나에게 관심을 갖게 된다. 관심밖의 사람이 되면 그와는 아무것도 이룰 수 없다.

(4) 재물이나 명예나 공로를 나눌 때 5대 5는 상대방에서 보면 4대 6이다. 내 생각에 나는 4 상대방이 6을 가지라고 하면 상대방은 그때야 5대 5로 생각할 것이다. 상대방에게 유리하게 하려면 3.5대 6.5 정도로 하라.

(5) 싸움은 최소 동격이나, 윗사람과 해야 한다. 아랫사람과 싸우면 절대로 이길 수 없다. 혹시 이겼다고 해도 한을 품고 져주었을 뿐이다.

(6) 시간, 돈, 선물, 조언 등 신세를 지면 반드시 감사를 표하고 결례되지 않는 방법으로 보답하라.

(7) 모든 사람은 자기가 누군지 알 때 조심하게 된다. 많은 사람을 사귀고, 관계를 유지하라.

(8) 적을 만들지 말라. 적은 결정적인 시점을 노릴 것이다. 겉으로는 적이 아닌 것으로 행동하여 나를 적인지 아군인지 혼동하게 하라.

(9) 잘못된 사람을 만났다면 그쪽에서 나를 빨리 잊어버리도록 노력하라. 연락을 끊고, 연결될 수 있는 기회를 줄이라. 관계가 계속되면 반드시 문제가 된다.

(10) 전혀 모르는 사람이라도 도움을 청하면 조금이라도 도와줘라. 그에게는 도와 달라고 말한 만큼의 권리가 있다. 매정하게 물리치면 서운한 마음을 갖게 된다.

(11) 내가 조금 불편하면 상대방은 많이 편해진다. 내가 조금 편하기 위하여 상대방을 많이 불편하게 해서는 안 된다. 관청을 보면 알 수 있다. 지금은 많이 나아졌지만 민원인을 얼마나 불편하게 했는가.

4. 자기 단련

(1) 자신과의 싸움에서 이겨야 한다. 자신을 다스리지 못하면 누구에게도 이길 수 없다. 잘못된 습관, 잘못된 만남, 잘못된 결정 등과 결연하게 단절할 수 있어야 한다.

(2) 습관이 쌓이면 성품이 된다. 좋은 습관은 키우고, 나쁜 습관은 버려라. 나쁜 습관은 파멸로 이끌고, 좋은 습관은 성공을 보장한다.

(3) 돌이킬 수 없는 것은 모두 선한 것이다. 과거의 실패에 집착하면 앞으로 나아갈 수 없다.

(4) 최선이 불가능하다고 판단되면, 빨리 차선을 택하라. 생각했던 대로 일이 진행되지 않고, 장애물을 만나면 절망하지 말고 차선의 길을 찾아라.

(5) 처변불경(處變不驚), 어떤 상황에 처하더라도 당황하거나 좌절하지 않고 위기를 극복할 방법을 찾아라. 위기 때 평정심을 잃으면 판단을 그르칠 수 있다.

(6) 성공 실패는 위기관리 능력이다. 순풍에 돛 달고 갈 때는 능력의 차이가 별로 없다. 문제는 위기를 대하는 마음의 자세에 따라 성패가 결정된다. 위기를 만나면 나를 시험할 수 있는 기회라 생각하고 적극적으로 대처하라.

(7) 어려움은 살아 있는 자의 특권이다. 죽은 자에게는 아무 문제도 없다. 어려움이 닥칠 때마다 살아 있음을 확인하고 적극

적으로 대처하라. 난관이 없기를 바라지 말고 어떻게 극복할 것인가를 생각하라.

(8) 보통 사람으로는 살기 어려운 세상으로 변했다. 나만의 세상을 사는 무기를 가져라. 그것이 기술이든, 학문이든, 재능이든, 성품이든 확실한 능력을 갖도록 하라. 기업도 마찬가지다. 제품이든, 신용이든, 좋은 구성원이든, 좋은 비전이든 차별화된 능력이 있어야 한다.

(9) 긍정적인 생각을 가져라. 대학을 실패하고 재수할 때 〈신념은 마력이다〉란 책을 읽고 어려운 시기를 넘긴 기억이 있다. 게는 다리가 떨어져도 다시 난다. 그러나 사람 다리는 나지 않는다. 그것은 나지 않는다고 체념하기 때문이다. 사람도 확신을 가지면 날 수 있다고 생각하고 살았다. 나는 평생 시련이 닥칠 때마다 이 말을 되새기며 살아왔다.

(10) 공짜는 없다. 나는 상거래 관계에서는 손실을 본 일이 있으나 사기를 당한 적은 없다. 머리가 명석해서가 아니라 공짜를 탐하지 않은 결과다.(N)

5. 금전 관계

(1) 보증을 서지 말라.(N)

(2) 적은 이익을 포기할 줄 알아야 한다. 적은 이익에 집착하면 큰 이익의 기회는 사라진다.(N)

(3) 나만 이익이 되는 거래는 없다. 한 번의 거래라면 나만 이익을 취할 수도 있다. 그러나 계속적인 거래는 쌍방이 이익이 되어야 지속될 수 있다.(N)

(4) 돈은 꿔 주지 말라. 비록 작은 돈이라도 그냥 줘라. 꿔 준 돈을 받을 생각을 하면 원수를 하나 만드는 것이다.

저자와의
협약으로
인지생략

일과 삶 그리고 사색

초판 발행 2014 년 9월 1일

지은이 | 곽창근
펴낸이 | 김효열
편집부장 | 김경희
편 집 | 이미정
마케팅 | 김효숙 · 김영미

펴낸곳 | **을지출판공사**

등록번호 · 제 2-741 호
등록일자 · 1985 년 2월 14일
주 소 · 서울시 마포구 양화로6길 27-5(서교동) 301호
우편번호 · 121-840
전 화 · 02) 334-4050
팩 스 · 02) 334-4010
E-mail : ejp4050@hanmail.net

값 30, 000원

ISBN 978-89-7566-152-5 03810